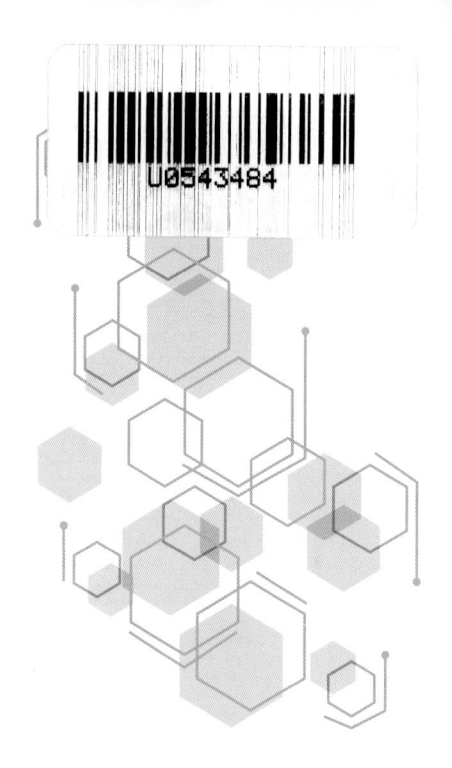

耦合型开放式创新协作机制研究

Coupled Open
Innovation Mechanism

潘闻闻 / 著

上海社会科学院出版社

扬弃旧义　创立新知

序　言

"扬弃旧义，创立新知。"在我看来，这句话是对创新辩证哲学的最佳诠释。我对开放式创新的理论研究，源于工作中问题导向的逻辑思维。在职场生活即将迈入第十个年头之际，从初生牛犊不畏虎、豪情万丈事业心的兴奋，到岁月留痕、挫折磨炼后的坦然面对，正值"船到中流浪更急，人到半山路更陡"的关键时期，唯有变中求新、新中求进、进中突破才是上策，而创新是上策的灵魂。

"宝剑锋从磨砺出"，历经"十三五"到"十四五"规划的研究工作，十年中，我参与并见证了上海发展的大政策、大规划、大思路建设。从上海自贸试验区的1.0、2.0、3.0到新片区的成立，从打响"四大品牌"、建设"五个中心"、强化"四大功能"、打造"五型经济"、提升城市能级和核心竞争力、贯彻人民城市理念、提升城市软实力等相关文件的起草中，在"长三角一体化"上升为国家战略、在供给侧结构性改革发展的主线下，大量的政策制定和研究工作令我开始有些迷茫，不断思考政策研究的科学方法。为此，我深感需要进一步学习，用学术理论深化自己的头脑，用研究方法强化自己的能力。在工作之余，我选择了博士后研究，采用"问题—观察—分析—解决"的研究方法进行逐步分解，对开放式创新的分布式协作机制进行研究和思考，体会到"梅花香自苦寒来"的真谛。

工作中遇到的困惑是选择研究开放式创新的动因。在决策咨询研究中，存在着两种思维：机关思维和学术思维。机关思维属于传统的治理模式，依赖科层制的行政体系，研究过程受到上级的影响，形成纵向的责任传导机制。机关思维的治理模式优劣势明显，其优势是行政体系有利于维护纵向责任传导的可达性，但是会导致真正的研究者所做出的贡献与获得的收益不匹配，长期会明显影响研究成果的质量。学术思维属于传统的研究模式，依赖于每个研究者的学术基础，研究过程可以实现独立运行，形成横向的松散责任机制。学术思维的治理模式优势是具有研究者本身的知识基础保障，并且没有上级的干扰，研究贡献与收益有正向反馈，有利于实现独立研究；劣势则是研究者之间都是平等主体关系，横向松散的合作结构不利于责任分配，约束性受限。两种思维没有好坏之分，而是存在于开展决策咨询研究工作的实践中。

我在工作中能明显感觉到两种思维的碰撞所引发的矛盾，但这仅是从自身感受度出发，局限在某一领域的决策咨询研究中的问题。经过观察，我发现如果发散开去，这种矛盾也一直存在于"产学研政"的创新体系中。虽然无论是在学术研究还是政策规划中，协作创新、构建创新生态等词语屡见不鲜，但是在实际操作中，能获成功的案例少之又少。窥一斑而知全豹、处一隅而观全局，无论是自己工作中个体之间的协作创新，还是组织层面（大学、科研机构等）之间的协作创新，甚至国家层面之间的协作创新，本质上都需要创新主体间的知识流动具有高效性和充分性。但是，信任机制的缺乏、可获得收益期望的不确定、心理满足感和认同感的缺失，会导致创新主体不断降低合作意愿，导致知识共享的有效性降低，甚至难以形成知识共享的机制。在这种情况下，显然更难以获得高质量的创新成果。

分析问题的关键是找到突破口。对于如何解决创新主体之间的信任缺失，实践中较多采用的是契约关系，包括行政科层制度、合同制度、许可制度等都属于契约关系。虽然在复杂度较低的工作中，契约关系可以发挥一定的作用，但是随着创新活动复杂度的提升，需要有效的协作机制实现高效的知识共享。因此，需要寻找一种由制度性信任到技术性信任的可行路径。

开放式创新是我寻找到的、能够解释我疑惑的理论基础。从学术研究层面而言，开放式创新源于企业管理的实践，由时任哈佛大学 Henry Chesbrough 教授提出，以知识跨越企业边界的流动来定义开放式创新。虽然在学术领域，开放式创新的发展以企业发展实践为基础，涌现出非常多有价值的案例，但是，我所理解的开放式创新并不仅仅体现在企业管理层面，从宏观经济部门之间的协作，到中观产业层面的协作，再到微观主体创新活动的协作，都可以体现开放式创新的重要性。在决策咨询工作中，我更关注知识双向流动的耦合型开放式创新，最关键的是如何组织高效的协作；如何能够让创新主体真正毫无保留地贡献智慧，提供知识；如何在创新活动中高效完成知识的整合；如何真正实现高质量的创新成果，在成果中明晰每个创新者的贡献和价值，成为我所追寻的目标。

本书重点探讨耦合型开放式创新的协作机制，其对开放式创新的探索可能仅是万里长征的一小步，但希望能为创新理论的发展添砖加瓦。在我的脑海中，总有这样一幕场景：某一项创新活动，由合适规模的创新小组完成，小组成员之间的知识流动是有序、高效、安全的；用通俗的语言来说，就是小组成员之间的合作和交流是毫无保留、同心协力的，所有人凝成一股绳、劲往一处使，没有对自己创新成果是否会被窃取、替代或遭遇搭便车的顾虑，所有创新人员以高效协作、圆满完成一项创新工作为荣。随着技术的发展，特别是区块链技术场景应用的成熟，希望能够真正实现"创新航船上,众人划桨没有看客",真正实现每个创新主体的价值。

科学有险阻,苦战能过关。今天,我们有幸站在又一个历史转折的极点、迎立风雨浪急的潮头,处于百年未有之大变局的关键时期,更需有广阔的国际视野、深邃的历史视野、鲜明的民族视野、独特的科学视野,去实践、去创新、去苦战,《耦合型开放式创新协作机制研究》一书正是献给大家的创新实践成果。

潘闻闻
2021年9月于上海

前　言

　　创新是一个民族的灵魂，是一个国家发展的不竭动力。处在一个伟大变革的新时代，我们所面对的是经济转型、技术升级、城市变革背景下的新一轮竞争。自主创新、持恒创新、守正创新是新一轮竞争的驱动和引擎。开放式创新协作机制的探索研究及其成果的付梓成书，是对创新理论的实践化、行为化、具体化。在学科体系、话语体系等方面体现中国特色、中国风格和中国气派。

　　中国正在向实现社会主义现代化的目标迈进，新一轮科技革命和产业变革正在加速演进，企业创新模式的演变过程出现明显加速，创新参与主体（利益相关者）不断扩大，沟通协作日益频繁。企业创新活动从以往的单一、封闭向多元、开放演进，企业创新的边界被打破。新型协作模式正在全球范围内逐步改变生产和消费的传统方式，创新流程呈现分布式特征，形成了新情境下的耦合型开放式创新。开放式创新属于创新范式的变化，强调创新主体对创新要素资源的掌控和治理能力。

　　本书聚焦耦合型开放式创新分布式协作的治理机制，基于创新理论、知识管理、信任机制、知识产权等理论基础和制度安排，分别从时间维度、空间维度、结构维度分析创新多元主体的知识共享、耦合互动、分布协作的运作机理，运用区块链技术理念构建了耦合型开放式创新的治理框架。该治理框架是大视野的体现；是站在中华民族伟大复兴的历史维度、改革开放的理论实践维度、科学发展实现全面小康的现实维度的研究成果；是从创新是引领发展的第一动力、创新是从根本上打开增长之锁的钥匙的主旨意义出发，对创新理论新的探索。

在本书的具体内容和构架上，采取具体引证与综合分析相结合、渐进式深入与渗透式分析相融合等创新方法，使历史与现实、创新与未来相互印证，挖掘开放式创新协作的新内涵。

本书首先（第一、二章）介绍开放式创新理论，总结阐释创新范式的转变、创新的分类和开放式创新的类别，对用户创新、产业集群、创新集群、创新网络、知识共享等相关概念进行分析。从知识管理理论入手，总结归纳了与开放式创新协作相关的概念和制度，包括知识的特性、组织中的知识、信任机制和知识产权制度。

其次（第三章），对耦合型开放式创新的概念、特征和主体维度做了全面阐述，提出耦合型协作的主体、结构、动力和方向，明确互动耦合的协作流程，分析知识共享机制和区块链技术的可行性，并基于创新经济、知识管理、产业集群、创新集群等理论，构建了耦合型开放式创新"时间—空间—结构"协作治理的理论框架。

然后（第四、五、六章），分别从时间维度、空间维度、结构维度分析耦合型开放式创新协作的治理机制。从时间维度，基于知识的路径依赖理论，剖析过去的创新实践对现在的知识管理、创新产出的影响和作用；从空间维度，基于知识的系统嵌入理论，分析耦合型开放式创新协作的空间尺度知识溢出机制；从结构维度，分析耦合型开放式创新在产业集群领域的作用机理，从产业异质性结构对耦合型开放式创新的影响机制进行研究。

最后（第七章），以创新街区多元主体的知识共享为例，论证治理机制对创新效率的影响和作用，并运用区块链技术构建耦合型开放式创新的治理框架。

研究得出如下结论。

第一，耦合型开放式创新是有目的地管理穿越组织边界的双向知识流，协作完成创新开发活动，具体机制包括战略联盟、协作研发、创新网络、生态系统等，因此，耦合型开放式创新需要互补性的外部合作伙伴。外部合作伙伴具有不同的性质，包括供应商、客户、研究机构等相关利益者，形成多元主体的协作创新。其中，多元主体之间互动耦合的流程模式是关键，包括四个阶段：定义协作任务和规则、发现外部合作者纳入协作体系、相互协作共同创新、有效利用创新成果。在此基础上，构建了耦合型开放式创新"时间—空间—结构"治理机制框架，丰富了开放式创新理论。

第二，耦合型开放式创新在知识管理战略、创新策略的选择上具有明显的路径依赖性。在知识交互耦合的过程中，过去的创新实践对现在的创新选择具有正面影响，但协作研发的过程中，受到外部合作者的影响更大。在实施开发战略的耦合型开放式创新中，公司主要依赖协作研发、研发外包和并购活动，其都具有知识双向流动和互动耦合过程，而购买知识产权仅有助于利用外部知识，实现对现有技术的改造和深化利用。此外，多元化战略是通过研发外包和并购实施的。就专利技术的潜在创新水平而言，以往的研发外包使进一步的渐进性创新成为可能，而以往的专利购买增加了在当前活动中实现结构性创新和突破性创新的可能性。在当前的创新实践中，并购有助于企业实现渐进式创新，而模块化创新是通过协作研发获得的。

第三，从空间维度分析耦合型开放式创新的知识溢出机制，并对长三角区域的耦合型开放式创新的知识溢出影响机制进行分析发现，长三角区域城市开放创新度出现了区域分化，上海和浙江的创新集群和溢出效应明显,并存在显著的知识溢出效应,这种知识溢出机制体现在空间维度的共生性和联动性上,说明长三角区域的耦合型开放式创新具有明晰的空间依赖性和系统嵌入性。

第四,从产业层面研究开放式创新的必要性,重点分析产业结构在决定耦合型开放式创新适用度方面的影响作用。从产业集群角度,对产业结构的分析主要从产业市场结构、产业成熟阶段、产业研发强度等维度出发,研判其对实施耦合型开放式创新的影响作用。基于长三角地区信息技术业、金融保险业、科技服务业的行业样本分析可得出如下结论:产业的市场集中度、产业成熟度与耦合型开放式创新程度呈正向关系,但产业研发投入强度越大,不一定能推动耦合型开放式创新。由于在市场上占有主导地位的企业具有一定的控制权或话语权,成为焦点公司后更能成功开展耦合型开放式创新。同时,企业规模越大、在行业中地位越高,则更倾向于实施耦合型开放式创新。现有证据表明,在集中度较高的行业中,开放式创新与基于平台或标准的模块化业务体系结构紧密相关。

第五,以创新街区为例,治理机制对耦合型开放式创新的创新效率具有决定性作用。通过构建确权约束下创新街区多元主体知识共享有效性模型,发现多元主体知识共享对创新产出有显著作用:在创新主体呈现多元化的趋势下,政策的强约束将提升知识共享的有效性;在确定政策约束强度的前提下,创新主体维度越多,知识共享复杂度越高,需要更强的确权约束,才能提升知识共享的有效性。最后,运用区块链技术构建多元主体协作创新的治理框架,包括多元主体知识认证(确权)、知识交易机制和主体激励机制。

目 录

序 言 / 1
前 言 / 1

第一章 开放式创新 / 1
一、开放式创新的理论综述 / 1
二、开放式创新的类别 / 7
  （一）创新的分类 / 7
  （二）开放式创新分类 / 13
三、与开放式创新相关的几组概念 / 17
  （一）用户创新 / 17
  （二）产业集群 / 19
  （三）创新集群 / 20
  （四）知识共享 / 23
四、本书基本框架 / 25
  （一）总体思路 / 25
  （二）研究方法 / 27
  （三）技术路线 / 27

第二章 开放式创新：信任与知识产权 / 30
一、知识的特性 / 30
  （一）分散性 / 31
  （二）系统嵌入性 / 33

　　　　（三）路径依赖性 / 34
　　　　（四）默示性 / 35
　　　　（五）复杂性 / 37
　　二、组织中的知识 / 37
　　　　（一）互补性 / 38
　　　　（二）可观察性 / 38
　　　　（三）可编码性 / 39
　　　　（四）可转移性 / 39
　　　　（五）可占用性 / 41
　　三、创新活动中的信任 / 41
　　　　（一）信任与创新绩效 / 41
　　　　（二）信任与学习型组织 / 45
　　　　（三）信任与关系契约 / 46
　　四、开放式创新与知识产权 / 49
　　　　（一）知识产权制度 / 50
　　　　（二）知识产权保护最新趋势 / 59
　　　　（三）合作创新中的知识产权 / 61
　　　　（四）知识产权交易市场 / 64
　　五、小结 / 67

第三章　耦合型开放式创新的分布式协作 / 69
　　一、耦合型的协作机制 / 69
　　　　（一）协作机制的组成 / 71
　　　　（二）协作机制的结构 / 73
　　　　（三）协作机制的流程 / 75

二、协作创新的知识共享 / 82
    （一）知识共享的3T理论 / 82
    （二）知识共享的困境 / 85
三、区块链技术的优势 / 86
    （一）区块链技术的定义 / 86
    （二）区块链技术的流程 / 88
    （三）基于区块链的协作创新 / 91
四、"时间—空间—结构"耦合协作理论框架 / 94
    （一）时间维度 / 95
    （二）空间维度 / 95
    （三）结构维度 / 96
五、小结 / 96

第四章 时间维度：开放式创新的路径依赖 / 98

一、分析框架 / 98
二、理论分析 / 100
    （一）知识管理战略 / 100
    （二）创新类型 / 101
    （三）创新实践 / 102
三、研究设计 / 112
    （一）样本选取和数据来源 / 112
    （二）变量说明 / 113
    （三）实证模型设计 / 119
    （四）结果分析 / 122
四、小结 / 126

第五章　空间维度：开放式创新的系统嵌入 / 128

一、分析框架 / 128

二、理论分析 / 130

（一）空间知识溢出 / 130

（二）多维邻近的知识溢出 / 131

（三）耦合型开放式创新的空间溢出机制 / 133

三、模型构建 / 135

（一）传统空间计量方法 / 135

（二）空间分位回归模型 / 140

四、长三角一体化的开放式创新 / 143

（一）长三角地区一体化发展历程 / 143

（二）长三角地区开放式创新进程 / 151

（三）长三角耦合型开放式创新共同体 / 154

五、空间计量结果分析 / 156

（一）长三角地区耦合型开放式创新的空间依存性 / 156

（二）长三角地区耦合型开放式创新的城市空间分化 / 157

六、小结 / 161

第六章　结构维度：开放式创新和产业集群 / 162

一、分析框架 / 162

二、产业层面耦合型开放式创新影响机制 / 164

（一）产业层面开放式创新适用性分析 / 165

（二）数字产业的开放式创新 / 168

（三）开放式创新和产业优势塑造 / 170

三、理论分析与研究假设 / 174

（一）产业集中度与耦合型开放式创新 / *174*
　　（二）产业成熟度与耦合型开放式创新 / *177*
　　（三）产业研发强度与耦合型开放式创新 / *179*
四、研究设计 / *181*
　　（一）数据来源和样本选取 / *181*
　　（二）变量说明 / *182*
　　（三）模型构建 / *186*
五、实证结果与分析 / *187*
　　（一）产业的市场集中度和耦合型开放式创新呈正向关系 / *189*
　　（二）产业成熟度与耦合型开放式创新呈正向关系 / *190*
　　（三）产业研发投入强度越大，不一定更倾向于采取耦合型开放式创新 / *190*
六、小结 / *192*

第七章　基于区块链的耦合型开放式创新分布式协作 / *195*

一、分析框架 / *195*
二、创新街区多元主体耦合型开放式创新的内在机理 / *198*
　　（一）多元主体与知识共享有效性 / *200*
　　（二）多元主体的界定 / *201*
　　（三）知识的类型 / *203*
三、确权约束与知识共享有效性 / *204*
　　（一）创新街区多元主体作用类型 / *205*
　　（二）创新街区多元主体的知识共享流程 / *207*
四、确权约束下创新街区多元主体知识共享有效性模型与实证 / *208*

（一）确权约束下创新街区知识共享有效性的理论分析框架 / 208

　　（二）确权约束下创新街区知识共享有效性的实证模型构建 / 210

　　（三）杨浦区知识共享有效性的实证检验 / 212

五、案例研究：上海杨浦的开放式创新实践 / 216

　　（一）老工业基地的成功转型 / 216

　　（二）校区、社区、园区的开放式创新探索 / 223

　　（三）创新生态系统构建 / 228

六、基于区块链的多元主体协作创新 / 231

　　（一）基于数字时间戳的多元主体知识认证 / 231

　　（二）多元主体间的知识交易机制 / 232

　　（三）多元主体协作创新治理机制 / 233

七、小结 / 235

参考文献 / 236

后　记 / 263

第一章
开放式创新

一、开放式创新的理论综述

随着互联网上新的知识共享现象的出现及发展，开放式创新理论成为产业创新研究的新范式。开放式创新这一概念由 Henry Chesbrough 教授于 2003 年提出，其认为企业需要"运用有意识的知识流入和流出加快内部创新，同时，扩大创新的外部使用市场"。Henry Chesbrough 教授被称为开放式创新之父。互联网兴起后，引发了一系列新形式的知识获取渠道和知识共享模式不断产生。企业创新模式的演变过程出现明显加速，创新参与主体（利益相关者）不断扩大，沟通协作日益频繁，企业创新的组织模式正在经历由封闭式向开放式演进。新型协作模式正在全球范围内改变生产和消费的传统方式，企业创新的边界被打破，"开放式创新""用户创新"日益受到学术界和业界关注。例如，Google、三星等公司利用 Open Handset Alliance（开放式手机设备联盟）与苹果系统分庭抗礼；全球著名的开放式创新平台：InnoCentive、NineSigma（九西格玛）、HOPE（海尔）等已经初具规模。又如，世界级企业 GE、飞利浦、特斯拉等相继组建"开源与企业创新联盟"生态圈。开放式创新成为创新行为的新范式。

解构开放式创新，要明确对"创新"的理解和对"开放"的理解。创新是指创造新的事物。创新一词在我国出现很早,如《魏书》中的"革弊创新",《周书》中的"创新改旧",《广雅》中的"创,始也"。从学术研究历程看,"创新理论"(Innovation Theory)是约瑟夫·A.熊彼特(1883—1950)于1912年在《经济发展理论》一书中首次提出的。熊彼特认为,创新者将资源以不同的方式进行组合,创造出新的价值。这种"新组合"往往是不连续的,现行组织可能产生创新,但大部分创新产生在现行组织之外,即"创造性破坏"概念。1939年,熊彼特在《商业周期》中比较全面地阐述了创新理论,认为创新是在新的体系里引入"新的组合",是"生产函数的变动"。熊彼特界定了创新的五种形式如下。①开发新产品:开发一种新的产品,即消费者不熟悉的产品;②引进新技术:采用一种新的方法,即在已有的创造部门中尚未通过检验鉴定的方法;③开辟新市场:无论这个市场以前是否存在过;④发掘新的原材料来源:掠夺或控制原材料或成品的一种新的供应来源,无论这种来源是否已经存在;⑤实现新的组织形式和管理模式:创造新的企业组织形式。

创新是生产函数的变动,不是简单的加权,而是一种质的变化,可能形成产业突变,包括新产品、新流程、新服务或者改进的商业化产品和服务。熊彼特的创新概念指的是各种可提高资源配置效率的新活动,与技术相关的创新是熊彼特"创新"的主要内容。其后,许多学者分别从经济学、管理学给创新下定义。经济学领域最具代表性的是弗里曼(C. Freeman)的理论,其在1982年的著作中,将技术创新定义为与新产品的销售或新工艺、新设备的第一次商业性应用有关的技术、设计、制造、管理以及商业活动。弗里曼将技术创新界定为三种形式,包括产品创新、过程创新、创新扩散。产品创新(Product innovation),是指技术上有变化的产品，可以是完全新的产品，也可以是对现有产品的改进。过程创新（Process innovation），即工艺创新，是指一个产品的生产技术的重大变革，包括工艺、新设备及新的管理和组织方法。创新扩散（diffusion）是指创新通过市场或非市场的渠道的传播。没有扩散，创新便不可能有经济效益。管理学领域最具代表性的是彼得·F. 德鲁克（1909—2005）的理论，他将创新引入管理，认为创新是组织的一项基本功能，是管理者的一项重要职责，需要不断改进质量、流程，降低成本，提高效率。

"开放"是与"封闭"相对立的概念。从宏观经济角度而言，开放是国与国的经济往来，包括国际贸易、国际金融等，其核心是要素、商品与服务可以自由地跨国界流动，从而实现最优资源配置和提升经济效率。从微观主体角度而言，开放是企业之间、创新主体之间进行的，其相互之间可以实现知识的自由流动。由于创新需要多主体的交互作用、协同作用，需要合作和流动。因此，创新所需要的广泛开放性，是指知识可以自由地出入组织的边界。

综上来看，开放式创新理论是构建于创新经济学和创新管理学理论基础上的。开放式创新是指"用于创新的知识源广泛分布于经济活动中"，强调知识透过公司的边界有目的地流入和流出，而这种流入和流出分别是为了"撬动"知识的外部来源和商业化路径。开放式创新理论的关键基础源于知识溢出或创新溢出的现象。传统观点认为，知识溢出是企业进行研发活动所产生的成本，并且这种溢出在实质上难以控制。但是在开放式创新模式下，企业开展研发活动时，可以将知识溢出转变为有意识的管理，变被动为主动。例如，企业可以主动寻找外部知识源，将其纳入自身的研发创新活动。同时，企业可以将内部使用不到的知识输出到周围的环境和其他组织中。这需要企业构建与外部知识源沟通的渠道和流程,以此实现导引知识的流入和流出。以上这些研究成果为提炼开放式创新的定义打下了良好的基础。

对开放式创新的定义研究经过时间沉淀和实践积累处于不断完善中。2003年,Henry Chesbrough 将开放式创新定义为一种范式,根据这种范式,企业在提升技术过程中,可以使用内部创意,也可以使用外部创意;可以通过内部渠道商业化,也可以通过外部渠道商业化。这个定义明确了技术和商业模式的关系。由于技术本身没有办法体现价值,必须将技术商业化成功后才能体现价值,开放式创新强调以商业模式体现技术的价值。之后,在 Chesbrough、Gassmann、Enkel、West、Gallaghe 等众多学者的长期研究成果的基础上,学术界统一并明确了开放式创新的定义,认为开放式创新是一个分布式创新流程,结合每个组织的商业模式,以激励机制有目的地管理穿越组织边界的知识流(图1-1)。

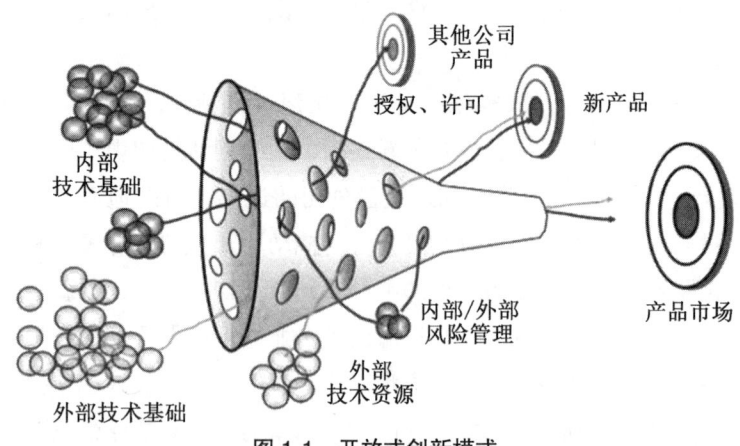

图1-1 开放式创新模式

资料来源:Chesbrough, H. Open Innovation:The New Imperative for Creating and Profiting from Technology [M]. Boston:Harvard Business School Press, 2003.

国外对开放式创新的研究主要聚焦企业主体或采取某一行业的视角，集中于开放式创新的原因、模式、机制、绩效等领域。在研究对象方面，从大企业向中小企业、行业转变。Chesbrough 于 2003 年最早对大企业的开放式创新进行考察，Van de Vrande 等于 2009 年开启了研究中小企业开放式创新之路。之后学者们对开放式创新的研究对象由企业向行业转变，且呈现出由高新技术行业向传统行业转变的趋势。其中 Spithoven 于 2011 年发表的 *Building Absorptive Capacity to Organise Inbound Open Innovation in Traditional Industries* 成为开放式创新由高新技术行业向多行业转变的标志性文章。在研究方法方面，由案例研究转向调查问卷。早期对于开放式创新的研究主要基于对施乐、IBM、英特尔等公司创新模式的归纳总结，后续更多学者也纷纷采用案例研究的方法对企业的开放式创新过程进行研究，在定性研究的基础上，学者们开始加入定量的研究方法。随后研究的样本也由个体扩展到大样本，研究方法也由案例研究发展到调查问卷。在研究内容方面，现有研究多集中在内向型开放式创新层面，忽略对外向型开放式创新层面的研究。针对企业开放度的动态演化、企业内部网络对开放式创新的影响和作用机制的研究也引起学者们的广泛关注。

多数学者专注于对开放式创新开放度的测度问题的研究，尤其是开放式创新广度与深度的测量。另外，部分学者热衷于对开放式创新行为的度量，并基于不同视角提出相应的度量指标，如技术搜寻、技术获取、水平技术合作、垂直技术合作等。

国内学者对于开放式创新的研究起步较晚，在国外大量研究成果的基础上，国内学术界对此论题的研究取得一定的成果。由于我国经济、文化特征及地域发展不平衡的特征，使得国外学者研究中的部分结论与中国社会化大环境出现偏差。因此，基于中国社会化背景的开放式创新研究就极具价值。但是我们不难发现，国内学者基本参照国外研究基础开展研究，其研究的对象仍主要基于企业，部分涉及行业，研究内容与研究方法上也具有相似性，多以定性研究、案例、问卷调查为主。

在工业 4.0、工业互联网兴起的背景下，现有的传统模式和平台已经不能满足新技术背景下形成的大规模定制化生产的要求。创新主体之间的创新互动模式发生新的变化，开放式创新将更聚焦于内外结合的耦合型创新，对于创新主体之间联合创新的互动方式也更强调知识产权的归属，"确权"问题成为协作中的重要一环。更进一步，从利益相关者的理论出发，企业与利益相关者之间的知识流动机制中，并没有建立纵向的知识共享和协作创新机制。对于创新主体异质性更强、创新行为复杂性更高、知识共享困难度更大的耦合型开放式创新而言，为探究其如何发挥作用提升公司乃至整个行业的创新活力，需要深刻剖析以下问题：创新策略是如何确定的？如何认同其他创新主体的创新能力？如何确保各主体间有效地共享异质资源？各主体如何实现协同创新？在区块链、人工智能等新技术快速发展的背景下，能否运用新的技术手段解剖创新的本质，攻破不同主体创新过程中的难点，解构耦合型开放式创新各个主体之间的治理结构，建立创新主体间"强信任"是本研究的重点。本书从创新治理机制入手，在耦合型开放式创新中建立创新主体之间协作的知识创新结构和流程，探索进一步提升耦合型开放式创新多元主体协作创新能力的方法。现行生产关系所形成的开放式创新模式已经突破了以往仅仅由外而内流程的局限，更注重各主体双方的交互式作用（图 1-2）。

图 1-2 开放式创新流程

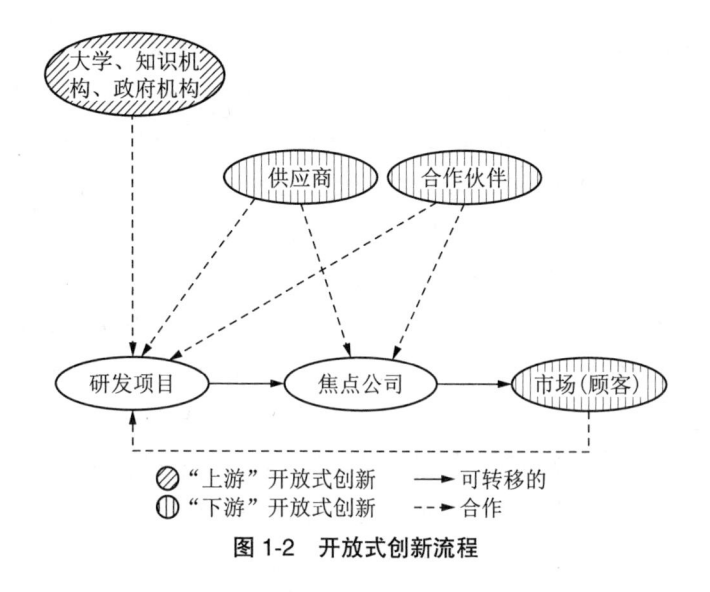

二、开放式创新的类别

(一) 创新的分类

根据熊彼特创新理论,创新的含义是创造新的产品或新的服务,并实现其市场价值。技术创新包括发明、创新、扩散三个关键过程。发明是指产生新概念、新方法、新产品等;创新是指将发明加以商业化的过程,包括开发新产品、采用新方法、开拓新市场、组建新组织等;扩散是指其在市场化过程中可以被复制和推广,从而提高整个生产系统的效率。ROSANNA 和 ROGER 于 2002 年根据创新性大小,将创新分为突破性创新、适度创新和渐进性创新。以此为标准对创新进行分类比较普遍,但不同的学者持不同的观点。英国苏塞克斯(Sussex)大学的科学政策研究所(Science Policy Research Unite,SPRU),把创新分为渐进性创新（Incremental Innovation）、突破性创新（Radical Innovation）、技术系统创新（Change of Technology System）和"技术—经济"范式的变更（Change of Techno-economic Paradigm）。麻省理工学院 Robecca M. Henderson 和哈佛大学的 Kim B. Clark 教授则对创新结果进行了四类划分，即渐进式创新（Incremental Innovation）、颠覆式创新（Radical Innovation）、模块创新（Modular Innovation）、结构创新（Architectural Innovation）。之后，较多文献都对突破性创新（或称颠覆式创新，本书统称为突破性创新）、渐进性创新分类没有异议，但对于无论是模块创新、结构创新，还是技术系统创新和"技术—经济"范式创新，都没有统一的认定，这主要源于宏观和微观角度对创新的理解差异。比如，技术系统创新被定义为与技术创新活动及创新资源的配置和利用相关的各种机构相互作用而形成的推动技术创新的组织系统、关系网络和保证系统有效性的制度和机制。这类创新将产生具有深远意义的变革，通常是技术上有关联的创新群的出现。技术系统创新将引发创新集群的出现，并伴随新产业的出现。"技术—经济"范式变革是系统创新、范式的创新，既伴随许多突破性创新，又包含技术系统变更的创新，影响到经济发展的每一个部门。毋庸置疑，各种分类虽然有部分交叉和重合，但是对实际问题的研究仍有其科学性和适用性。以下按照 Robecca M. Henderson 和 Kim B. Clark 教授的四分法对各类创新进行详细介绍。

1. 突破性创新（Radical Innovations）

突破性创新是指由一项新技术产生了一个新的市场，具有宏观和微观层面上的不连续性。一个引起世界、产业和市场层面不连续性的创新，必然引起一个企业或顾客层面的不连续型创新。当某个产业是由一项突破性创新催生的，其肯定不仅限于满足顾客的需求,而是创造了一种尚未被消费者认知的需求。这种新需求会产生一系列的新产业、新竞争者、新企业、新的分销渠道和新的市场活动。突破性新技术是一种促使新市场或新产业产生的催化剂。要识别突破性创新,已有研究大多用 Foster 于 1986 年提出的技术 S 型曲线来识别突破性创新(图 1-3)。技术产品的绩效是沿着 S 型曲线移动的。在研发早期,通过知识积累开展技术创新,因受物理或自然制约使其性能参数逐渐趋于饱和,而达到上限、遇到技术瓶颈后,研究所花费的精力、时间和资源才会显得无效,从而导致回报的减少。当新的创新取代老的技术后,就会产生新的 S 型曲线。可见技术发展趋近于饱和极限时,必须完成重大创新,才能使技术从一条 S 型曲线跃迁到更高层次的 S 型曲线。技术 S 型曲线可以用来描述不延续或突破性技术创新的起源和演变。

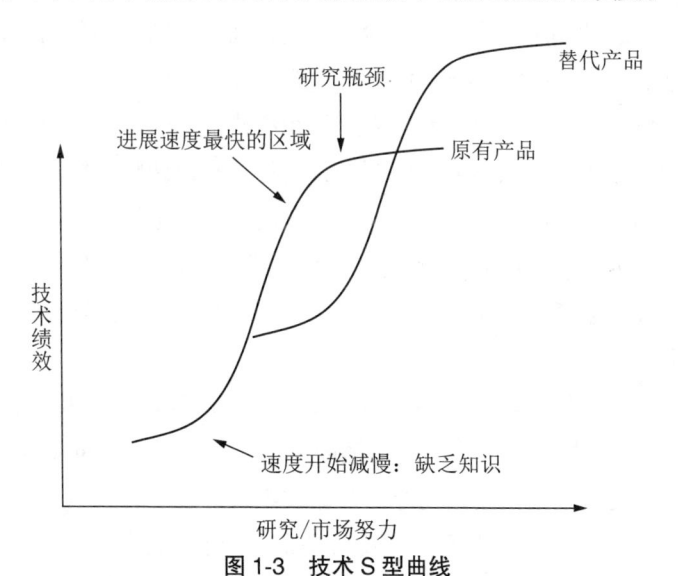

图 1-3 技术 S 型曲线

资料来源:Richard Foster. Innovation:The Attacker's Advantage [M]. New York:Summit Books, 1986。

首先，在市场形成初期，需要进行知识积累，必须明确规定并检验成长路径和与市场相关的所有问题。支持新技术的新市场开始演变，新竞争者进入市场，采取新技术的新合作者和分销渠道出现。这一过程较为缓慢，因此在知道市场如何运作之前，朝市场瓶颈进展的速度也很慢。随后，当市场中存在大量竞争者和同类产品时，回报率开始下降。此时，突破性创新可以通过新技术和新市场的 S 型曲线的产生来识别。对突破性创新进行计划，需要了解如何战略性地计划全球市场的技术不连续性（中断）和市场不连续性。很多企业都不能改变驱动其沿着特殊轨道演进的惯性力量，所以不可能根据宏观层面的变革计划重大的战略性变革。这并不是说敏捷创造性公司或缺乏活力的公司偶遇奇迹就不能带来根本型创新，但基于其性质，突破性创新会很少。

突破性创新的另一个检验方式是判断公司的内部营销和技术 S 型曲线是否受到影响。除了技术能力外，将根本性产品变革引入市场，通常都需要一系列嵌于组织结构、沟通渠道和组织信息处理程序内的组织能力，而领导企业往往难以调整其组织能力来发展创新型产品。如果不能找到企业内技术和市场战略中断，那么产品创新就不可能是突破性的。S 型曲线上的一个微小的移动，是突破性创新的必要但不充分条件，因为它同时也是适度创新的一个标志[1]。

KLEINSCHMID T.E.J. 和 COOPER R.G. 于 1991 年提出处于根本性和渐进性创新之间的是适度创新（Really new Innovations），认为适度创新是由公司的原有产品线组成，但产品并不是创新性的，即市场对其并不陌生，其只是企业当前产品线上的新产品。

---

[1] 吴晓波，胡松翠，章威. 创新分类研究综述[J]. 重庆大学学报（社会科学版），2007，13（5）：35—41.

在宏观层面上，一个适度产品将带来市场或技术的中断，但并不会同时带来两者的中断。如果两者同时发生，这将成为一种突破性创新，而如果两者都没发生，这将是一种渐进性创新。在微观层面上，市场中断和技术中断的任何组合都会发生在企业中。适度创新的标准是在市场或技术宏观层面上发生中断，并且这个中断是轻微程度上的。其能够演变成新的产品线（如索尼的随声听），基于新技术扩张原有的产品线（如佳能的激光打印机）或现有技术的新市场（如早期的传真机）。但是通常情况下，"适度创新"和"突破性创新"很容易混淆，大部分学者并不单独提出适度创新阶段，因此本书将适度创新纳入突破性创新领域进行考量。

2. 渐进性创新（Incremental Innovations）

渐进性创新是为当前市场、当前技术提供新特色、收益或升级的产品。一项渐进性新产品涉及对现有生产和传输系统的改善和提高。渐进性创新只会在微观层面上影响市场或技术 S 型曲线，并不会带来巨大中断（巨大中断一般只有在根本性创新和适度创新中才会出现）。渐进性创新很重要，JOHNEFA 和 SNELSON PA. 于 1988 年提出其可以作为技术成熟市场的有利竞争武器，基于当前技术的流线型流程能够帮助组织迅速抓住企业进入新的技术高原过程中的机会。所以对于很多企业来说，渐进性创新是组织的血液。

渐进性创新根据创新流程的循环本质进行演变。渐进性创新可以发生在新产品开发和发展过程中的任何阶段。在概念化阶段，研发会运用现有技术来改善现有产品设计。Rothwell 和 Gardiner 于 1988 年提出，在产品生命周期的成熟阶段，生产的扩张会带来渐进性创新。从其他产业"借来"的技术对现有市场而言也可能产生渐进性的影响。如果这项技术没有使技术或市场 S 型曲线产生重大变化，或没有对这两条曲线产生微小变革影响，则这项借来的技术可以看作是一项渐进性创新。

3. 结构性创新（Architectural Innovation）

结构性创新即在保持原有产品组件的基础上对产品结构进行创新。产品结构是使系统内部各部分运作更加灵活，并保持协调性的设计概念；而结构性创新则是利用创新性的连接方式对模块连接进行优化与调整，从而利于系统绩效的提升。结构性创新的核心是重新设计产品的结构以及元件的连接方式，而对产品的元件以及核心设计基本上不作改变。结构性创新的本质是重新配置已经建立系统中的现有元件的联结关系，重点强调联结关系的改变。比如，现在新兴的很多电子产品，其采用的元件都是一样的，但不同的架构方式带来了不同的产品。

4. 模块化创新（Modular Innovation）

模块化是作为简化系统复杂性的手段而出现的，系统的模块可分解和简化复杂问题，但与其同时出现的组合性以及不同模块之间的相对封闭性和耦合性产生了新的作用，这主要体现在模块化创新方面。模块化不仅加快变革的速度、增大竞争压力，还改变了企业在创新竞争中的快速进入或退出合资企业、技术联盟、分包协议、改用协议及财务安排等市场。模块化加速了创新速度，也加大了设计过程中的不确定性。这种创新是针对现有产品的几种元件或核心设计进行的摧毁式的创新变革，对产品结构和产品之间的连接不作改变，新的元件可以同时相容于新的产品结构中。例如，数字电话的发明，改变了拨号盘的核心设计，但整个电话的结构并未改变。模块化创新有两种途径：一种是基于各模块内部创新；另一种是基于模块构成的创新。模块化操作的主要方式包括：分离模块、替代模块、去除模块、增强模块、归纳模块等。模块化创新具有三个特点：一是模块化系统的子模块之间通过竞争完成创新的基本工作；二是模块化系统在持续性创新过程中，允许各子模块平行开展工作；三是模块化创新过程就是通过子模块不同的排列组合实现创新，使产品的种类更加丰富。

（二）开放式创新分类

在对企业开放式创新类型的研究中，从创新流程看，Chesbrough 于 2003 年指出在开放式创新活动中，知识可以由企业内部流向外部，也可由外部流向内部。根据知识在公司边界两个方向的流动，Chesbrough 于 2003 年、West 和 Gallaghe 于 2006 年将开放式创新分为由外而内、由内而外的两种模式。之后，Gassmann 和 Enkal 于 2004 年将开放式创新流程进一步拓展，提出了第三种分类形式：耦合型开放式创新。至此，开放式创新分为由外而内、由内而外、耦合型三类。

此外，较多学者也从其他角度对开放式创新进行分类。Keupp 和 Gassmann 于 2009 年基于开放式创新广度、深度（分别为高、中、低）提出 9 种开放式创新类型，开放深度、广度都为低则定义为孤立者；深度低和广度中、高则为搜寻者；深度中且广度中、高为探索者；广度和深度都高为职业化创新。Lazzarotti 和 Manzini 于 2009 年从开放广度和创新过程两个维度将创新模式划分为四类，Dahlander 和 Gann 于 2010 年则在流程的基础上增加了是否获利的维度，认为由外向内流程可以通过非获利的获取（sourcing）和获利的购买（acquiring）实现，前者涉及企业如何利用外部创新资源，而后者涉及从市场上购买许可和专业知识，而由内向外流程则包括获利的出售（selling）和非获利的公开（revealing）。Huizingh 于 2011 年根据创新过程和创新结果是否开放将开放式创新分为三类：过程封闭但结果开放的公共创新（public innovation）、过程开放而结果封闭的私有开放式创新（private open innovation）、过程和结果均开放的开源式创新（open source innovation）。

虽然开放式创新类型的划分标准不一，但较为普遍认同的划分方式是按照创新流程分为三类，以下分别介绍。

1. 由外而内的开放式创新

企业需要将自身的创新理念、资源、流程、创新等向外部开放。Dahlander 和 Gann 于 2010 年提出这个过程可以通过购买或引入信息的方式实现，主要包括信息获取、集成和商业化几个阶段。企业自身的商业模式决定了所需要获取的外部创新知识和资源，但是企业整合外部知识源进行知识创造的场所并不一定就是创新的场所。Chesbrough 于 2003 年、2006 年，West Joel 和 Bogers Marcel 于 2014 年的研究表明企业获取外部资源，开展有意识地促进知识流入的方式，包括搜索知识、知识产品购买、大学研究课题、投资所在行业的初创企业，或者与中介机构、供应商、客户合作签订保密协议等。随着互联网技术的发展，出现了如众包、竞争、竞赛、社区、研发项目买入或回购等新型的合作机制。例如，小米公司率先开发的"粉丝文化"模式，通过互联网上的论坛、微博等社交工具直接接触用户，并推出了"全民客服"计划，鼓励每个员工通过米聊、微博获知"米粉"的需求和意见，外部的客户知识成为小米创新的重要信息源之一，可以有效地把握创新的方向，满足产品定位市场的需求。

2. 由内而外的开放式创新

企业允许没有使用过或使用不足的创意和资产对外展示，让外部合作者用于其企业和商业模式中。这种开放式创新的内外互动需要通过出售或披露企业内部的创新资源或要素，企业通过市场将创新创意、知识产权等出售给外部合作者。Chesbrough 和 Garman 于 2009 年提出管理知识流出企业的机制包括知识产权中许可的授予、技术的捐赠和转移、公司风险资本、公司孵化器、合资的方式、联盟的方式等。West 和 Gallagher 于 2006 年提出的剥离创意（spinouts）、出售互补资源（selling complements）和捐赠互补资源（donated complements）策略均是由内向外流出的方式。此外，Chesbrough 于 2007 年也提出外向许可（out-licensing）、衍生新公司（spin-off）等均是由内向外流出的方式。例如，在信息技术领域，开源软件项目是企业对创新产品的细节进行免费公开，并鼓励外部创新者进行修改和优化。

3. 耦合型开放式创新

将知识流入和知识流出结合在一起，协作完成创新的开发和商业化过程，称为耦合型开放式创新。Gassmann Oliver、Enkel Ellen 于 2004 年扩展了开放式创新模式，提出在创新过程中内外相互作用的耦合型开放式创新，即开放式创新的第三种基本模式。耦合型开放式创新需要合作伙伴共同开展发明和商业化活动，有目的地管理穿越组织边界的双向知识流，并开展协作活动以完成创新，需要由外而内和由内而外相对应的两种机制相结合，形成多个合作伙伴之间的协作，具体的机制如战略联盟、合资企业、研发联合、网络、生态系统、平台等。例如，宝洁实施的"联合与发展（Connect Develop）"战略就是改变传统创新模式，建立全球性网络体系，包括专有网络和开放网络，囊括了技术经纪人、供应商、学术机构、实验室、零售商、风险投资公司等，形成了多方联合创新的模式，让网络中的各项创新资源在全球范围内得到最优配置。

综上所述，开放式创新是一个分布式创新流程，通过运用经济或非经济的激励机制，有目的地管理穿越组织边界的知识流。开放式创新包括与企业创新相关的所有参与者，即利益相关者，如供应商、用户、研发联盟、科研机构等，甚至包括创新社区、创意开发大赛等。开放式创新覆盖了广泛得多的利益相关者。

在现实生产中，公司为实现利润最大化，会更多地重点加强对外部技术的引入和吸收，同时防止自身内部技术知识流出。因此，由外而内的开放式创新获得较多研究成果。根据West Joel、Bogers Marcel于2014年对165篇关于开放式创新论文的梳理，其发现118篇论文主要研究了由外而内的开放式创新，由内而外的创新和耦合型创新的研究则相对缺乏。其中，Bogers于2012年、Enkel等人于2009年、张振刚等人于2014年研究表明耦合型创新的探索大多集中于将由外而内、由内而外两种创新流程结合在一起，忽视了对其互相作用和机理的研究。已有的研究成果中，比较有影响力的是Gassmann Oliver、Enkel Ellen分别于2004年和2012年提出的耦合型开放式流程的维度，主要分为三个维度：外部参与者的性质（个人参与者VS组织参与者）、协作的拓扑结构（二元VS网络）、创新的轨迹（独立的创新活动之间进行协作，还是联合进行互动式共同创新）。在最新的开放式创新展望中，诸多学者都提出了对新情景下耦合型创新协作机理的研究。

开放式创新理论中，对于外部创新源参与创新的隐含假设是基于初期由外而内创新，即知识流的向内流动而设立的。已有的大多数研究认为组织的外部参与者存在经济利益方面的动机，企业会通过外向型开放式创新获取利润。因此，开放式创新的大多数研究专注于企业怎样以金钱购买的方式吸引大批外部知识，将之用于自己的创新流程。虽然有部分研究超越这一关注点，研究非经济利益的创新活动，但归根结底也是为了个人使用或防止竞争对手对创新进行商业化，并没有突破原先的假设范围。相对应的，在由内而外的创新研究中，研究者更专注于自身收益的问题，对于外部合作者的动机研究不足。但在耦合型开放式创新中，基于此假设的研究并不多，根本原因在于非确权情况下，很难实施知识互动之间的经济交易，因此对于耦合型开放式创新的互动模式仍有待进一步挖掘。

三、与开放式创新相关的几组概念

（一）用户创新

用户创新是与开放式创新相关性最强的概念。用户创新（Democratizing Innovation）又称民主化创新，是由麻省理工学院斯隆管理学院 Eric von Hippel 教授提出的，其认为重大创新所需要的信息分布是很广泛的，重点探讨了用户在创新中扮演的角色，提出领头用户、极端用户对创新的重要作用。实践检验发现，在新的技术环境下形成的开放式创新不仅仅是企业之间的协作创新，大规模定制生产将更多关注用户需求，"用户参与"而产生的创新活动值得进行深入研究。"用户创新"理论从"用户"本身的创新动机出发。研究初期，Ericvon Hippel 分别于 1998 年、2005 年重点关注以个体为代表的领头用户、焦点行动者；之后，Frank 和 Shah、Fulle 等人于 2008 年关注以群体为代表的社区化专业用户集群。这些研究都提出用户创新的初衷不是获得经济利益，而是获得个人使用的便利化，通过社交方式来分享创新成果。

用户创新理论的主要观点是认为在生产商制造和销售某种创新产品前，领先用户首先实施了创新活动，并且提供了模型，在这之后，生产商再被说服这项创新将被更多消费者接受，从而开始进行生产和销售（图1-4）。根据Eric von Hippel教授的研究，在科学仪器领域中，77%的创新是由领先用户开发出来的，而在半导体和印刷电路板领域，这个比例也高达67%。由于领先用户对创新的需求先于市场，因此，在创新—决策过程中扮演重要角色。领先用户需要具有一定的能力，这个能力是使生产商相信领先用户的需求将会成为其他用户的需求，领先用户决定了市场需求的方向。

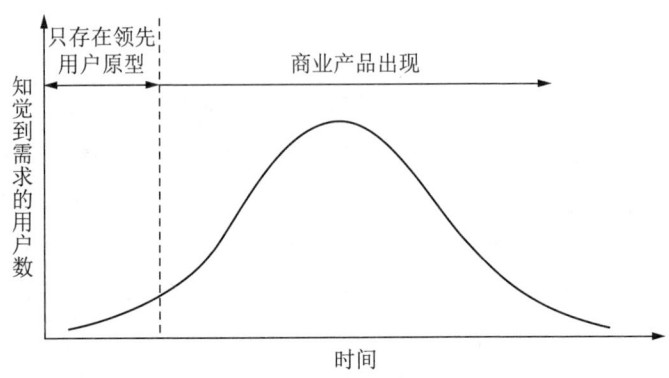

图 1-4 用户创新中的领先用户

资料来源：Eric von Hippel. 创新民主化［M］. 陈劲，朱朝晖，译. 北京：知识产权出版社，2007。

但是，技术变革和生产范式的变化对"用户创新"产生新影响。虽然已经出现诸如 Baldwin 和 von Hippel 于 2011 年，Eric von Hippel、Ogawa 和 de Jong 于 2012 年，Piller、Vossen、Ihl 于 2012 年进行的相关实证研究，关注到很多工业产品和消费类产品创新的发起人是用户，也逐渐产生以经济利益激励为主的用户创新,特别是将用户的定义拓展为外部的相关公司,更多考量用户的经济收益,但是在现有的研究成果中,更多的仍是以用户"非盈利"的性质为前提假设进行研究。对于用户创新以获取经济利益为基础的研究仍不多见,需要进一步深化研究。特别是相对于开放式创新的前提假设是将企业视为创新主体的传统观点,用户创新则认为创新不再要以企业为中心,而应该转为以个人用户为中心。在技术更迭加剧的新情境下,以上两种假设将被突破,无论是公司还是其利益相关者都将成为创新网络中的关键主体。创新需要企业与用户的互动,在创新过程中既有知识流入又有知识流出的现象,符合耦合型开放式创新的特征,同时,其也涉及用户创新理论的相关内容。由此,本研究聚焦创新主体之间具有知识流入和流出的耦合型创新,关注创新中平等主体的协作机制研究。

(二)产业集群

"集群"这一概念来源于波特1990年出版的《国家竞争优势》,作为提高生产率的竞争性商业环境及创新的决定因素而提出。产业集群是指某一特定领域中(通常以一个主导产业为核心),大量联系密切的企业及相关支撑机构在空间上集中,并具有很强竞争力的现象[1]。产业集群包括地理临近和业务相类似的同类型企业,也包括垂直联系的产业链上下游企业,还包括研究机构、大学、专业服务机构、政府等形成一个经济、社会、文化等多位的体系。按照配第克拉克的产业结构分类,第一产业由于资源依赖性较强,较难出现大规模的集聚生产,因此产业集群现象较难产生;第二产业中制造业的集群效应较为明显,特别是知

---

[1] 刘志彪. 产业经济学[M]. 北京:机械工业出版社,2020.

识密集型的高新技术产业，由于专业性强，研发投入高，大多集聚在高校或科研院所附近。例如，全球知名的美国硅谷、波士顿128公路、以色列的特拉维夫、英国的剑桥工业园、中国的北京中关村和上海张江等；第三产业的集聚则以总部经济为特点，服务业集聚的外部效应较强。服务业本身也更注重企业之间的联系，更易形成集聚效应。例如，金融业属于集聚效应较强的典型代表，出现了纽约华尔街、伦敦金融城、上海陆家嘴等标志性的金融集聚区。

产业集群的另一研究流派是以马歇尔为代表的集聚经济论，马歇尔认为产业集聚是专门产业集中于特定的地方，被称其为"产业区"，此后发展为马歇尔新产业区理论，其基本标准包括嵌入性、创新性、制度性、学习型等，形成区域创新网络（regional innovation network）。马歇尔新产业区理论强调经济行为是深深嵌入社会关系中的，创新能力是产业区得以持续发展的先决条件，并且需要在竞争和协作之间找到平衡点。由此，新产业区理论的有关概念不断衍生，由产业集群的理论开始拓展到创新集群理论。

开放式创新的研究展望中，提出了对产业层面开放式创新的研究[1]。特别是产业集群情景中开放式创新的效果。其中，产业集群中企业合作网络成为能力的决定性因素，相关内容将在本书第六章进行深入探讨和分析。

（三）创新集群

创新集群是由创新型企业、科研机构、大学等创新主体构成的地方合作网络，是有利于企业自主创新的地方环境。这些创

---

[1] 切萨布鲁夫，范哈弗贝克，韦斯特. 开放式创新——创新方法论之新语境[M]. 扈喜林，译. 上海：复旦大学出版社，2016.

新主体紧密地联系和互动,尤其是跨界合作,并不断吸收集群以外的知识,实现技术创新[1]。对于创新集群的形成和来源,较多研究认为创新集群是传统产业集群的升级版,创新型企业是作为源头企业(Origin Enterprises)或主导企业、领头企业在本地的产业链延伸或业务合作中逐步衍生而形成的。对于创新集群的发展,较多研究认为创新集群需要制度创新,以此进一步衍生并实现形成持续不断创新的成长机制。创新集群是一种新的区域治理模式,通过产业集聚、知识外溢和集体行动,在特定的技术发展方向上引领市场的变化,维系持久的竞争力。其中,针对创新集群内的企业衍生问题,例如孵化机制、集群内创业、技术衍生、新兴产业的衍生都需要建立有效的机制。

创新集群的衍生同知识溢出有着密切的关系,Gilbert 等于 2008 年以集群中企业的新项目代表"集群衍生"实证检验了集群内吸收知识溢出的新项目对于所在产业以及技术发展方向有更好的引领作用,可帮助我们更好地加以理解,同时在广度上以及表现的高水平上相较于那些集群外的同产业企业的新项目更有优势。Lee、Miller、Hancock、Rowen 于 2000 年发表的研究认为,知识溢出最有可能在那些曾在某一时间分享相同雇员的地理上临近的公司中产生共振,其中专业雇员从一个公司流动到另一个公司进行传递与分享是缄默知识溢出的重要载体。由于知识溢出的存在,Chung、Kanins 于 2001 年提出集群中新兴的企业,特别是规模较小的企业,会比已经建成的企业从集群中获取更多,而 Henderson、cockburn 和 Koberg 等人于 1996 年则提出他们认为其他企业创新活动的知识以及将知识在集群中同化的行为应该

---

[1] 王缉慈.创新的空间——产业集群与区域发展[M].北京:科学出版社,2019.

成为培育创新行为的工具,这些将使其拥有更大容量的市场。然而,知识溢出又并非忽略集群企业间的异质性,采用区别战略的新建企业不仅可以利用其他企业的声誉,并且相比于其他区域内的企业,可以借助已有的声誉高效地开展创新活动。Maskell 于 2001 年提出其认为应对知识溢出,集群企业至少需要三种能力来保持创新集群的不断衍生,包括评估与吸收溢出知识的能力、辨别值得追寻的创新机会的能力以及辨识其可以开发新兴技术市场的能力。

与创新集群相关联的另一概念是创新网络。创新网络是在创新资源的分散性、研发的不确定性与创新环境的开放性日益增强的背景下产生的。尤其是以高新技术产业部门为代表,企业为了获得创新资源和先人一步的创新能力,越来越多地嵌入在社会、产业网络以及交换关系之中。一部分研究使用社会学中的网络分析方法,Freeman 于 1979 年、Chih-Hsing Liu 于 2011 年以网络中心度和核心度作为创新绩效研究中最为常用的网络结构参数。还有一部分研究引入了社会资本(social capital)的概念。社会资本的概念最早是由科尔曼在 1998 年提出,指经济活动所嵌入的地方社会拥有特定的社会资本,属于一种共享的集体资源。Bergenholtz、Waldstrom 于 2011 年研究证实社会关系网络不仅有助于知识交流,还能促进不同公司间互补性技能的外溢。此外,伴随着网络成员而来的既有机会又有限制,一部分研究关注将网络能力作为新型能力,针对企业同所处环境、网络权力分配、参与者之间的控制、网络位置动态变化的管理特征等进行研究。创新集群和创新网络在开放式创新研究中出现的频率很高,创新集群和创新网络的理论基础有助于理解开放式创新形成的动因和影响因素,在实践中,观察开放式创新现象大多基于创新集聚和创新网络。本书第七章将对创新街区的开放式创新进行分析和解码。

（四）知识共享

知识共享可以被定义为知识从组织间或组织内的一部分向另一部分直接或间接转移。Gilbert 等人于 2008 年的一系列调查结论有力地证实了知识共享（或用知识溢出概念）的存在，即企业的创新活动受到临近企业创新活动的影响。知识共享有信息、技术和产品等多种形式，开展知识共享可以帮助企业积极利用最新的技术，同时，企业能够了解其他企业已经进行了哪些技术活动并且正在实施的创新活动已经进行到了什么程度。Audrestsch、Keilbach 于 2004 年提出知识共享有利于预测本产业的技术发展方向，使得企业家们可以将其企业的技术调整到与新兴方向一致，帮助企业在市场中获得竞争优势。知识共享的价值可能会随着空间内的拓展而衰减，因此，从事相似活动的企业必须都有临近性，才有可能为企业的创新活动提供更多前沿的知识，而公司员工的流动通常被认为是地理集聚中知识共享的主要渠道。

知识共享基于知识管理理论的发展而兴起，是一个包括众多因素的理论体系，国内外学者从不同角度对其进行研究，主要有以下四个发展阶段。

第一阶段，聚焦信息沟通和信息流动的角度。将知识共享认定为通过"知识流量"在拥有者和接受者之间相互交流，达到团体间综合效率的产生，更强调知识在人（团体）与人（团体）之间的传递过程。

第二阶段，聚焦组织学习的角度。认为知识共享不仅是信息的传递，更重要的是接受者对信息内涵的学习和转化过程，是知识从个人到团体的"知晓"过程。

第三阶段,聚焦市场的角度。基于市场的观点,认为知识交易是知识共享的基础,知识流量越大,越能促进知识的转换和知识的创造,为组织增强核心竞争力。

第四阶段,聚焦系统的角度。认为企业知识共享是一个系统的工程,是多种因素综合作用的结果。知识转移是知识共享的过程,组织学习是知识共享的手段,知识创新是知识共享的目的。国内外众多学者采用不同模型和语言研究知识共享的过程。其中,知识螺旋模式理论最为著名,揭示了知识创造的基本过程。

基于知识共享已经形成的理论基础,众多学者进行了深入研究。通过对已有文献的梳理发现,目前对企业内部知识共享的研究是主流,大多数国内外研究者都是从企业内部的知识共享角度来研究共享知识的分类、共享方式的选择、影响知识共享的障碍因素、组织学习、信任的产生及评估等多个方面。对于知识共享过程中可能遇到的障碍因素,大多数研究从人、技术和组织三个方面进行了论述,大多数观点认为知识共享的最主要障碍还是由人为因素造成的,如 Richard、Gillia 于 2001 年的研究所示。知识的首要实现方式是团队学习,知识共享是学习型组织的重要特征,也是学习型组织期望实现的主要目标之一,需要建立利于知识共享的企业文化、制度保证及技术保证。韩经纶于 2003 年还论述了知识共享中风险防范的方式和途径。芮明杰于 2014 年首次提出知识创新服务模块化分工的基本方法,从知识依赖和共同知识基础的角度提出知识创新服务的功能分析方法,为知识共享理论提供新的研究方向。

目前在创新网络和知识共享的关系研究中,地理临近性被视为重要的研究变量。近年来这一领域的大量研究试图更好地理解地理空间，Trippl 等人于 2009 年、Mattes 于 2011 年以同一地区的网络参与者的形式，研究这类网络的配置的影响作用，以探究其如何影响以知识为载体的交互形式促进创新的能力。其次，网络嵌入性也是另一个重要研究变量。例如，合作中基于创新目标的合作协议无论是垂直关系还是水平关系，嵌入性都强调学习和知识来源的重要性。随着合作的参与者在合作关系中进一步增强联系，从合作活动中获得的潜在知识溢出会减少，这就涉及成本和收益关系，但合作者彼此间的了解会有所增加。创新网络的中心企业嵌入性最强，在交换网络成员分散的能力和资源过程中担当着领导角色。当占据创新网络中心位置的企业具有较弱的知识溢出水平，则网络中的中小企业机会主义行为将十分严重。最后，企业对知识资源的吸收能力也是创新网络与知识溢出关系中讨论的重要变量，在创新网络中，企业对知识资源的吸收能力会约束关系资源，吸收能力的增强将导致资源类型之间的互补和协同效应。创新是一种集体学习，通过互动的、嵌入社会的地方化过程，具有共同目标和愿景的合作主体共同创造、扩散和使用知识。

四、本书基本框架

（一）总体思路

本书是对开放式创新分布式协作的研究。在现有的开放式创新理论中，探究创新主体协作和治理的研究有限，特别是从空间、产业等中观层面分析开放式创新机理的研究仍不多见。实践观察发现，开放式创新更多表现为知识双向流动的耦合协作过程，同时，在外部行动者的执行范畴，更多的利益相关者开始共同参与创新过程，耦合型开放式创新治理机制发生新变化。本研究对产业集群、创新集群等理论和产业组织价值创造的问题开展新的思考,以知识的分散性、系统嵌入性、路径依赖性、默示性和复杂性为基础,以组织知识的特性和知识的传播、共享、整合为前提分析创新主体的协作机制,突破由地理临近、产业关联而形成的传统创新网络研究范式,从主体间信任机制入手,构建耦合型开放式创新的"时间—空间—结构"治理机制理论框架,形成知识工作者(个体)—创客(群体)—学校/公司/研究机构(组织)—协作组织(跨组织价值机构)的知识共享体系,从空间知识溢出、产业集聚的创新机理解构耦合型开放式创新的创新效应,以创新街区为例剖析多元主体的异质性、政策确权约束与知识共享有效性的关系,并探索运用区块链技术构建多元主体治理结构,论证进一步提升创新效率的可行性,为创新集群、知识管理理论提供新的研究视角和解释,丰富和拓展现有的理论研究。

从实践来看,开放式创新实践较多是以获得可观价值和强大的知识产权保护措施作为开放式创新取得成功的前提。因此,对于内部研发技术穿越公司边界在外部进行商业拓展的开放创新模式形成较多的研究案例。而工业互联网等技术变革催生了诸如 GE、GOOGLE 等公司与外部创新源的双向交互过程,这对传统创新模式和流程提出新的挑战。运用区块链技术分布式的协作理念,有效解决企业和利益相关者耦合协作中知识共享存在的障碍,降低知识流跨越不同主体边界的成本,从而极大提高企业创新效率,重塑企业的创新流程,对于新经济环境下企业研发创新具有重要的意义。本研究试图打破知识流动在事件、空间上的分裂,从横向和纵向网络结合角度构建异构网络的分布式创新机制,利用区块链技术将不同维度的创新网络集成到同一个分布式网络系统中,以共识机制引导各节点之间实行公平、可信的知识转移,这将重塑开放式创新知识共享的结构,有效解决企业和不同利益相关者主体的联合创新障碍,降低不同主体边界形成的协作成本,极大提高企业和产业开放式创新的效率。知识共享模型的仿真研究,可以更加明确地指导协作创新中具体的知识共享活动,有效平衡公司和利益相关者之间的交互影响,为企业在工业互联网时代的创新发展提供有益的探索。

(二)研究方法

为实现研究目标,本书采用多种研究方法。一是规范研究方法。系统梳理国内外关于耦合型开放式创新、知识管理、产业集群、分布式协作创新机制的理论研究成果,把握最新进展,发现和总结现有研究不足,提出本书研究视角,确立研究的总体思路。二是系统分析方法。运用系统理论及分析方法,对耦合型开放式创新中的创新路径进行系统分析,将规范研究与实证研究相结合,运用仿真手段对创新过程进行实证研究,运用区块链技术构建分布式协作治理框架,形成对实践具有指导意义的理论和方法。三是实证分析方法。运用统计方法、空间计量方法、计量经济学模型等,实证分析时间维度的耦合型开放式知识管理战略、创新实践和创新产出的关系;分析空间维度耦合型开放式创新的知识溢出机制;分析耦合型开放式创新和产业集聚度的关系和作用机理。四是实地访谈和案例研究。对实施开放式创新的企业进行实地调研,以访谈、座谈的方式,搜集已有开放式创新的案例,特别是对最新创新模式——创新街区进行调研,以创新街区为例论证确权约束与知识共享有效性的作用机理。

(三)技术路线

通过调查访谈(实证)以及收集文献(理论)两种分析路

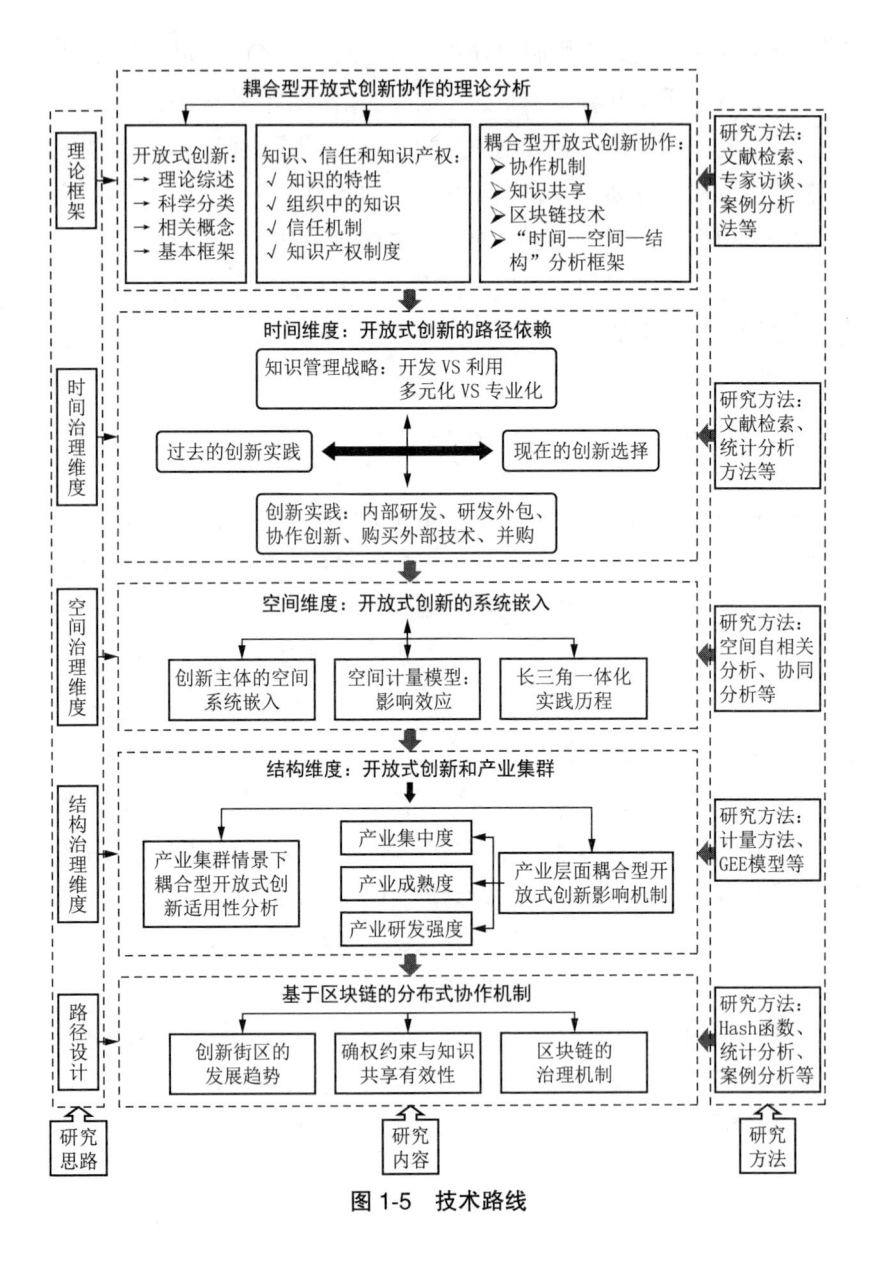

耦合型开放式创新协作的理论分析

理论框架

- 开放式创新：
  - → 理论综述
  - → 科学分类
  - → 相关概念
  - → 基本框架

- 知识、信任和知识产权：
  - ✓ 知识的特性
  - ✓ 组织中的知识
  - ✓ 信任机制
  - ✓ 知识产权制度

- 耦合型开放式创新协作：
  - ➢ 协作机制
  - ➢ 知识共享
  - ➢ 区块链技术
  - ➢ "时间—空间—结构"分析框架

研究方法：文献检索、专家访谈、案例分析法等

时间治理维度

时间维度：开放式创新的路径依赖

知识管理战略：开发 VS 利用　　多元化 VS 专业化

过去的创新实践 ⟷ 现在的创新选择

创新实践：内部研发、研发外包、协作创新、购买外部技术、并购

研究方法：文献检索、统计分析方法等

空间治理维度

空间维度：开放式创新的系统嵌入

- 创新主体的空间系统嵌入
- 空间计量模型：影响效应
- 长三角一体化实践历程

研究方法：空间自相关分析、协同分析等

结构治理维度

结构维度：开放式创新和产业集群

- 产业集群情景下耦合型开放式创新适用性分析
- 产业集中度
- 产业成熟度
- 产业研发强度
- 产业层面耦合型开放式创新影响机制

研究方法：计量方法、GEE模型等

路径设计

基于区块链的分布式协作机制

- 创新街区的发展趋势
- 确权约束与知识共享有效性
- 区块链的治理机制

研究方法：Hash函数、统计分析、案例分析等

研究思路　　研究内容　　研究方法

图 1-5　技术路线

径，提出本研究的逻辑思路如下。首先，对开放式创新的概念、类型、机理进行全面阐述，基于创新经济、知识管理、产业集群、创新集群等理论，明确耦合型协作多维度的主体、结构、动机和方向，提出互动耦合的协作流程，构建耦合型开放式创新的"时间—空间—结构"治理理论框架。其次，分别从时间维度、空间维度、结构维度分析耦合型开放式创新的治理机制：从时间维度，剖析过去的创新实践对现在的知识管理、创新产出的影响和作用；从空间维度，分析耦合型开放式创新中知识溢出的多空间尺度耦合、空间知识溢出的机制；从结构维度，分析耦合型开放式创新在产业集群领域的作用机理，从产业异质性的产业结构对耦合型开放式创新的影响机制角度进行研究。然后，运用区块链技术构建耦合型开放式创新的治理框架，以创新街区多元主体的知识共享为例，论证治理机制对创新效率的影响和作用。（图 1-5）

第二章
开放式创新：信任与知识产权

创新的信息具有不确定性。不确定性是指某个时间段内发生的可能性及其他可能发生的概率。不确定性促进人们去获取更多的信息，包括创新的想法、实践或者其他个人或团队认为是新的事物。一种创新意味着给个人或者团队带来新的选择或者新的解决问题的思路，同时也使得个人或者团队去寻找更多关于这个创新的信息，以便应付其所带来的不确定性。在合作创新中，创新的信息是知识的体现，知识在创新主体之间的交流将引发创新主体间的信任问题，而知识产权是明晰知识边界的有效制度，对开放式创新具有重要作用。

一、知识的特性

"知识的本质特征"是从哲学、社会学、认知科学的角度对知识进行分析，其决定了知识的外在表现。"知识的表现特征"则是从外在的整体角度描述知识，决定了个人和组织获取、存储和运用知识的方式和路径，主要体现了知识在经济学、管理学方面的含义。根据 Rogers 于 1983 年、Winter 于 1987 年的研究，知识可以从四个维度来理解：①默示性/明示性；②使用中的可观察性/不可观察性；③复杂性/简单性；④系统依赖性/独立性。而 Hayek 于 1989 年则强调知识的分散性，认为"理性经济秩序问题的特征由下列事实精确地决定,即我们必须使用的背景知识从来不是以集中或整合的方式存在,而是以不完全的、经常是相互矛盾的知识片断,分散地为分开的个人所占有"。Polanyi 则于 1985 年提出"人类的知识有两种,以书面文字、图表和数学公式加以表述的,是显性知识,而未被表述的、在做某件事的行动中所拥有的知识是隐性知识(tacit knowledge)",以此提出了知识的默会性。已有文献对知识特性的研究较多,总体来看,可以总结为以下几种特征。

(一)分散性

知识的分散性在 Hayek 阐述社会经济问题时处于核心地位。1989 年,Hayek 认为,"如果我们拥有所有相关的信息,如果我们能从给定的所偏爱的体系开始,如果我们把握了使用方法的全部信息",那么建立一个理性秩序"就是纯粹的逻辑问题"。但是,关于资源的知识从来都不可能被一个"单一的头脑"所拥有。正如科学知识并不是全部知识的概括,也就是说,合理经济秩序所需要的知识除了科学知识外,"还存在许多非常重要但未组织起来的知识,即有关特定时间和地点的知识,他们在一般意义上甚至不可能成为科学的知识。但正是在这方面,每个人实际上都对所有其他人来说具有某种优势,因为每个人都掌握可以利用的独一无二的信息,而基于这种信息的决策只有由每个人作出,或由他积极参与作出,这种信息才能被利用"。

理性经济秩序没有考虑到有关某时某地的特定情境的知识,这些知识实质上是以分散的形式存在的。因此,社会经济问题如 Hayek 所说,是"一个如何利用知识的问题,这些知识从未完整地给过任何人"。同样,企业面临的组织问题是如何运用组织中知识的问题,因为知识不可能完全由一个个体所拥有。企业知识的分散性不仅体现在 Hayek 所定义的"关于特定时间和地点的情境的知识不可能由一个人所掌握",而且还表现为知识获取具有天然的不确定性,即没有人能事先知道知识是什么和需要什么样的知识。因此,企业在进行创新活动的时候面临一种基本的不确定性:没有一个人能够事先知道在什么时候、什么地方需要何种知识。

根据 Becker 于 2001 年进行的研究,知识的分散性会产生三个问题。

首先,分散性会产生知识大数问题。大数问题对行动者有两个方面的影响。一是资源需求的增加。需要获取的知识片断越多,获取这些知识片断的过程就越复杂,并可能获得重复的知识片段。对于具有有限认知资源的行动者来说,需要增加获取知识的时间,并且提高注意力,这将导致同一时间能够处理问题的数量减少。二是知识的不透明性。如果存在太多需要处理的知识成分,行动者将失去统领全局的能力,只能顾及当下能够处理的部分。

其次,分散性会产生知识的不对称性。任务分配的方式限定了行动者能够活动的范围,而学习是具有过程依赖性的,创新主要是通过"干中学"获得和发展的。由于专业化的劳动分工,个人学习的内容和发展的能力依赖于个人从事的活动并受其制约,上述情况对不同的个人将产生不同的影响。这将导致个体学习到的知识是不同的,学习知识的程度也是有差异的。专业化的劳动分工形成了知识创造和能力创造的方式。知识不对称性会产生两个方面的影响:一是知识不对称性导致个体不同的学习和能力发展潜力,这是由于在"干中学"的过程中,个体知识转化能力的差异;二是知识不对称性增加了个体知识和能力组合的差异性,进而使知识整合更加困难。正如 Penrose 于 1959 年提出的,由于劳动分工导致了个体学习机会和学习路径的异质性,不同的发展机会进而产生不同的知识、能力和解释模式。

第三,分散性会产生知识的不确定性。分散的知识将产生结构的不确定性,使人们对需要使用的知识具有的可预测性降低,进行决策的难度也相应增大。同时,知识受到外部环境的影响,可能会具有随机性。由此可知,知识具有不确定性的原因,一方面是知识本身的不确定性;另一方面是知识受外界客观世界的影响而形成的不确定性。这些都会导致决策的困难。

(二)系统嵌入性

知识的系统嵌入性(system embededness)是与特定时间和空间相关的,即知识是处于特定情境和系统中,任何知识的产生都依赖于特定的情境,包括物理的和社会的背景。系统嵌入性的概念主要源于技术社会学的研究。技术社会学认为,技术变迁能够被理解,必须基于发生的社会背景分析。因此,知识产生、共享和制度化的社会过程,本质是所有的知识在其所嵌入的社会系统中发挥的一种功能。

其他相似的表述包括系统依赖性(system dependence)和情境关联性(contextuality)。但是已有研究表明系统嵌入性更强调知识嵌入的社会背景的重要性,如Birkinshaw、Nobel、Ridderstrfile于2002年的研究所示,即知识是作为一个整体嵌入到特定情境中的,而不仅仅与情境相关或者依赖于环境。

知识的系统嵌入性表明某些知识更容易受到外部环境的影响。例如,软件研发是根据设计好的流程来进行的,在不同的外部环境中都可以进行复制,对区位和社会环境的敏感性较低。相反,部分资源开发的制造设备研发则通常在专业化的区域进行,这些地方有专业的基础设施和相关的功能活动等(研究、发展、工程、制造、供应商、客户等),此类知识对区位是非常敏感的,如果进行转移则需要很高的成本。因此，不同区位的物理环境和社会环境对不同类型的知识的影响是不一样的。某些类型的知识是在特定区位中随着其与时间变化和外部环境变化的共同演进过程中出现的。这类知识的转移是高成本并且有风险的。因此，企业宁愿在当地发展这种知识。相反，其他一些知识则可能与外部环境相关度较低或者不相关，所以在许多不同的地区都可以适应。例如，目前全球都在致力于发展人工智能技术和产业，此类技术研发知识不受外部环境的影响。而将人工智能赋予场景实验，则与当地的产业、资源等情况紧密联系，则属于具有较强的区位等环境特征的知识。

此外，知识的系统嵌入性与知识的分散性是密切相关的。分散性更着重于强调处于特定时点的情境中，知识在主体和空间分布上的差异性，因此，可看作是一个静态的描述。而系统嵌入性则是描述知识的动态特征，即在特定情境中获得的知识能否在不同的情境中转移和发挥作用。按照系统嵌入性程度可以将知识分为普遍性知识（即基础知识，指与情境依赖性不强，容易转移应用到其他环境中的知识）和特异性知识（即特殊知识，指与特定情境密切相关，难以转移或者转移后难以发挥作用的知识）。

（三）路径依赖性

知识的路径依赖性（Path-Dependence）是指社会中的技术演进或制度变迁均有类似于物理学中的惯性，即一旦进入某一路径就可能对这种路径产生依赖。知识的路径依赖性主要体现在知识的发展和创新是以现有知识存量为基础的，而且现有的知识存量决定了未来知识的发展方向和发展速度。知识是在社会实践中产生的，社会实践在特定情境中进行，从而使知识具有系统嵌入性特征。如同个人的习性是过去社会化的结果一样，知识也是过去社会实践的产物,知识的演进必然与知识产生的情境密切相关。例如,行动过程中顺着环境变化惯性产生的知识,其成本较低,收益较高。Arthur 于 1988 年指出,新技术的应用一般会具有报酬递增的现象,最先发展的技术通常可以凭借先发优势,利用先发规模效应使单位成本降低,通过技术普及产生的学习效应形成竞争优势。知识的路径依赖性是在知识发现、知识开发和知识应用中产生的,知识演进的稳定性和持续性在路径依赖中不断强化。

(四)默示性

知识的默示性(tacit)是指隐藏在个体身上并且没有清晰表达出来的部分。知识的默示性也称为默会知识,是由著名物理化学家、科学哲学家 Polanyi(1891—1976)提出。Polanyi 认为,默示性是个人知识的基本特征,可以明晰表达的知识仅是知识的冰山露出水面的很小的一部分,知识的更大部分是默示的、深藏的、隐置于人的实践中。知识的默示性主要是用来说明个人的技能,即有些技能是难以用言语表达的,行动者可能只会做而不清楚他究竟是怎么做的。例如,在师徒制(导师—学生)的学习模式中,徒弟学习知识的方式除了依靠上课、工作等以学习明晰的知识外,对导师或师傅的模仿,可以形成一种默会知识的传递。即通过遵守一套规则,达到有技巧地完成一件事的目的,但是遵守这套规则的人却不知道,就是在平时实践中常说的"潜移默化"。

与默示性相对应的是明晰性(articulated),由此知识包括已编码(codified)的显性知识和隐性知识(implicit)。但是,这并不是对知识的分类,默示性(tacit)和明示性(explicit)都是知识的组成部分,是知识的外在表达和内在特性。知识的默示性和明示性共同相互构成了完整的知识。

按照知识是否具有可言传性,知识可以分为不可言传性

(unspecifiable)知识和言传性(specifiable)知识。因此,知识的默示性实际上可分为两种:一是不可言传的默示知识,即意会的知识;另一种是可言传的默示性知识,也就是隐藏着的但可以用符号系统表达出来的知识。意会性知识,就是Polanyi于2000年提出的不可言传性的知识(unspecifiability),指"心灵的努力具有启发性效果:为了自己的目的而倾向于把当时情景中任何可得到的、能有所帮助的元素组合起来……如果这些动作对成就的贡献只是被附带地经历到的,那么,在动作发出的过程中行为者就可以从这些动作中选取他觉得有帮助的那些动作,却又一点也不知道这些动作,因为其不再是行为者单独考虑时所显现的样子了。这就是通常的无意识尝试和出错过程。我们正是在这样的过程中摸索着通向成功之路"。因此,不可言传性通常体现在个人的技能和行家绝技知识方面。Polanyi于2000年又区分了两种不可言传性:第一种指实施技能的目的是通过遵循一套规则达到的,但实施技能的人却并不知道自己这样做了;第二种指技能细节的不可言传性,即尽管我们可以相当清楚地确定我们行为的细节,但是如果我们把注意力聚焦在这些细节上,我们的行为就会崩溃,这种行为便是逻辑上不可言传的[1]。默示性知识包含两个方面。一是认知层面上的"心智模式",即个人头脑中关于世界的运行模式,包括帮助个人认知和界定世界的范式、信念和观点等。默示性知识的认知维度指的是个人关于现实的影像和未来的愿景,也就是指现实是什么和未来应该是什么。二是技术层面的知识,包括应用于特定情境的具体的诀窍、工艺和技能。

---

[1] 波兰尼.个人知识——迈向后批判哲学[M].许泽民,译.贵阳:贵州人民出版社,2000:62—63.

（五）复杂性

知识的复杂性（complexity）有多种定义。从计算科学的角度看，复杂性是为了解决一项任务所要求的运算的数量。一个规则较为完善的系统，沟通模式的复杂度要求较低，相应的成本也较低。Kogut 和 Zander 于 1992 年提出规则性和复杂性的区别在于一个系统所要求的参数的数量。所有的知识实际上是一个知识束，在分析知识的复杂性时应将知识视为能够完成一定任务和事项的整体。从社会实践的角度，则可从知识获取、知识储存和知识运用的角度来分析知识的复杂性。知识的复杂性程度实际上是对一个知识系统的知识存量的总括性描述，反映了认知单元相互关联和所创造的内部结构因素的复杂程度。

知识的复杂性可以从两个维度来衡量：知识的广延度（extensity）和集约度（intensity）。知识的广延度是描述知识的分散程度，主要体现在空间距离、文化跨度和技术差异三个方面。知识的集约度则指的是在活动的执行过程中，对高级的专业知识（即知识的专业化程度）和最新知识的需要程度。知识的复杂性受知识的分散性、系统嵌入性、默示性等多种特性的影响，是众多特性的一种综合的外在反映。Nass 于 1994 年也从类似的角度分析了知识的深度（depth）和宽度（breadth）。Cohen 和 Levinthal 于 1992 年在分析吸收能力时，也论述了知识的差异性（diversity）和共同性（commonality）的影响，这可以看作是知识广延度的两个方面。

二、组织中的知识

组织中的知识不仅具有知识本身的分散性、系统嵌入性、默示性和复杂性特征，还具有来自组织外部广泛的产业和社会背景。因此，公司的知识通过企业从事的活动不断进行重构，并形成一个分散的知识系统。组织中的知识具有互补性、可观察性、可编码性、可转移性、可占用性的特征。

（一）互补性

知识的互补性（complementarity）是指为完成某项工作，组织所需要的知识存在于不同的个体中，而且每个个体之间的知识是相互补充的。互补性的另一个含义是指作为整体的知识，既有外在的编码化的部分，同时还包括内在的未编码化的知识，以及虽然已编码化，但是内化于个体之中的知识。例如，一些"附带细节"的知识相对于"焦点目标"的知识而言就是互补性的。知识的互补性与知识的分散性和系统嵌入性的特性密切相关。知识的分散化程度越高，系统的嵌入程度越高，知识的互补性也就越高。知识互补性与知识的关联性有一定的联系，但是互补性更强调结合成一个整体时发挥的作用，而关联性则仅仅说明知识之间在某些方面存在一定的联系，如知识的产生和运用。

（二）可观察性

知识的可观察性（observability）是指在知识使用过程中，需要将关键知识暴露的程度，也指"对企业生产过程或最终产品通过观察和检查来理解活动以及活动中所运用的知识的难易程度"，如 Birkinshaw、Nobel、Ridderstrgle 于 2002 年的研究所示。知识的可观察性是指知识在使用过程当中可以被观察和理解的程度，在组织中需要积极主动地观察和管理知识，特别是对组织目标的实现和竞争优势的保持起关键作用的默示性知识，需要有效的组织结构来增加知识的可观察性。知识的可观察性与知识的系统嵌入性和默示性是密切相关的。知识的嵌入程度越高，默示程度越高，知识的可观察程度就越低，特别是那些意会性知识，在实践中基本上是不可观察的。

（三）可编码性

知识的可编码性（codifiability）指的是知识的结构化程度，即知识可以转化成一系列易于交流、可辨别的规则和关系的程度，如Kogut、Zander于1992年的研究所示。编码化的知识可以从个体进行转移，但是并不是所有的知识成分都可以转换。比如，在烹饪过程中，仅有食谱和配方并不能获得厨师的所有技能。因此，知识又分为可言传性知识和不可言传性知识，这实际是与可编码性和不可编码性相类似，不可言传性的知识都是难以编码的知识，如个人技能和原因模糊的知识。这种难以编码性的知识主要存在于诀窍和技能中，因此，要清楚地以数据的形式识别一个行动者运作中的所有信息或相应的关系几乎是不可能的。知识的可编码性与可观察性有相似之处：可观察程度越高，则可编码程度也越高。但是对那些难以编码的默示性知识（如个人技能），通过在实践中共同工作和生活进行观察（如"干中学"），也可以实现知识的转移和共享。此外，可编码性与知识的系统嵌入性和不可言传性密切相关。一般而言，系统嵌入性越高，则知识的可编码性越低。

（四）可转移性

知识的可转移性（transferability）是指知识超越空间和时间从一个人或团体向另一个人或团体转移的难易程度，其在知识获取和知识应用中处于核心地位。如果知识是完全不可转移的，那么就很难实现模仿和学习，虽然知识的核心技能和能力所塑造的竞争优势能够一直保持，但是却不利于知识转移后的创新。知识的可转移性包含两方面的内容：知识的可传递性和知识的可吸收性。尽管知识可以通过符号系统进行编码，但是如果接受方缺乏相应的文化背景和知识基础，就不能进行解码，也就不可能吸收以信息形式传递过来的知识。因此，知识的核心特征如分散性、系统嵌入性、默示性和路径依赖性都会影响知识的可编码性和吸收能力，并相应地影响知识的可转移性。

根据企业资源基础论，资源和能力的可转移性是企业保持竞争优势的关键决定性因素，如 Barney 于 1986 年的研究所示。Kogut 和 Zander 于 1990 年较早地研究了知识特性对知识可转移性和可模仿性的影响。Winter 于 1987 年提出，具有默示性、不可观察性、复杂性和系统依赖性的知识比较难以转移；相反，明晰的、容易观察的、简单的和系统独立性的知识则容易转移。知识的可转移性不仅表现在组织之间的转移，而且更为关键的是表现在知识在组织内部的转移。因此，可转移性是一把双刃剑，知识的高难度转移性，虽然提高了竞争者学习和模仿的壁垒而利于知识的保护，但是增加了组织内部知识传播和共享的成本，不利于知识的扩散和引用。Kogut 和 Zander 于 1992 年论述了知识复制的悖论，即"企业内或企业间技术转移成本降低的优势鼓励了知识的编码化，这种编码化又存在鼓励模仿的风险，这正是技术复制悖论带给企业的基本困境"。

知识的可转移性与知识的其他特性密切相关。知识的可观察性越高，可编码性越高，知识的可转移性就越高。但是，知识转移除了知识的编码化方式外，还可以通过在实践中"干中学"的方式进行。与编码化相比，实践中的谈话和模仿更有利于知识的保护。此外，知识的可转移性还与知识的集聚性（aggregation）相关。当知识可以用一种通用的、人所共知的语言表达时，知识集聚的效率就会得到大幅度的提高，进而提高了知识的可转移性，如 Grant 于 1996 年的研究所示。

（五）可占用性

可占用性（appropriability）是指资源所有者占用该资源以创造价值的能力。知识的可占用性的大小决定了企业或个人所拥有的知识产生收益的能力，如 Grant 于 1996 年的研究所示。高度默示性的知识难以被占用，因为其难以观察和转移，而明示的知识则存在两个问题：首先，明示的知识作为公共产品或非竞争产品，任何人获得后都能在不损失其的情况下再次将其出售；其次，知识交易的行为可能使潜在的购买者获得知识。因此，市场上交易的知识通常会被占用。企业作为一种有效的知识保护机制，能够阻止组织中的知识不被竞争者偷去或模仿，除此之外，知识本身的特性也会具有良好的保护作用，如具有系统嵌入性、默示性，广泛分散的和具有路径依赖性的知识就很难被竞争者模仿和复制。

三、创新活动中的信任

（一）信任与创新绩效

信任是组织理论研究的焦点。政治学、人类学、社会学、心理学等多个学科的相关理论都对信任进行了解读。从经济学和管理学的角度而言，信任是组织内部重要的调节要素，与组织绩效具有重要关系。Dirks、Ferrin 于 2001 年，Dirks 于 2002 年的研究表明，组织成员之间信任关系越强，完成组织任务的效率越高。组织内成员通过无形资本建立信任关系，这种信任关系可能成为组织独特的竞争优势，显著降低组织内协调成本，从而提升组织任务的效率。Marco Tulio、F. Zanini、Carmen P. Migueles 于 2013 年将信任定义为组织内的非正式协调机制。信任功能的本质逻辑是非正式机制在关系合同（如雇佣合同）中的运作方式。

已有的较多的研究都是将信任作为创新活动的一个中介变量，但较少从信任在创新活动中的作用和信任如何影响创新绩效角度进行全面分析。为此，需要明确信任在创新活动中的作用，特别是在开放式创新中，信任如何影响创新绩效。

在创新主体嵌入的创新活动中，为防止机会主义，其大多都是建立在具有互惠基础的社会关系上。这种基于互惠的社会关系有利于建立创新合作主体之间的信任。社会关系的质量和强度有助于加强信任。Granovetter 于 1985 年提出，在经济生活中形成信任的主要原因是个人关系，而不是制度安排。Arrow 于 1974 年观察到，层级结构中的人际信任可以作为企业代理之间各种经济交易的"润滑剂"。关系契约不是预测所有未来事件，而是通过相互作用，实现预测伙伴之间交易的各种不确定性。由于这些交易的预测是基于这些代理人过去的经验，因此这些契约合同被定义为是不完整的，即不可能有无懈可击的合同。信任要素在组织关系中被定义为非正式协调机制，对组织绩效的影响作用毋庸置疑，但是影响作用的大小仍值得探讨。

Ripperger 于 1998 年提出了一种理论，其超越了理性决策的纯理论，对心理状态进行假设，建立了一种模型实现对信任关系的更好理解。为了更好地理解信任在合作行动中的动机，假设信任必须满足两个条件：第一，信任期望的共存；第二，基于信任的行动。这两个核心成分的存在，即最初的期望和随后的具体行动，是信任关系的特征。

以创新活动为例，假设某一项研发工作需要由主体 A 和主体 B 两人完成，在没有外部层级环境影响的情况下，主体 A 和主体 B 之间的信任期望是信任行为的前提条件。信任期望是指主体 A 信任主体 B 的期望值，即主体 A 相信主体 B 的合作意愿是真实

第二章 开放式创新：信任与知识产权

的，不存在合作中的机会主义行为，并且主体 A 投入创新活动的行为是符合自身的利益需求的。那么，主体 A 在信任期望的基础上自愿投入这项创新工作，即触发信任的行动，这是不需要相关的契约约束或风险控制手段就能完成的。相应地，主体 B 也因信任期望触发信任活动。由此，创新活动中信任关系的产生提高了主体 A 和 B 之间互动的效率，减少了行动中的不确定性。

但是，信任关系存在行为风险。Coleman 于 1990 年提出风险产生于投入信任与发现投入结果的时间不对称。也就是说，在能够验证结果之前，一方必须投入资源，只有这种投入符合未来的预测，才有信任的产生。相互作用的创新主体将资源给另一个主体，只有当前者能信任后者，认为后者会比自己更有效地满足自己的利益，才不会出现信任的风险。信任成为一种降低风险的社会机制，允许相互作用的主体在满足自身利益和实现集体目标的过程中进行合作。

在管理学实践中，管理学大师彼·得德鲁克提出"管理的本质是建立信任，最大的管理成本是信任成本"。全球知名咨询公司麦肯锡以此发明了信任公式：

$$信任（T）= 可靠性（C）\times 资质能力（R）\times 亲近程度（I）/ 自我取向（S）$$

可靠性强调行动的可持续性，无论事物的复杂程度，都能持续地做好。资质能力包括沟通能力、协调能力、学习能力等。亲近程度是指合作伙伴之间具有信任的程度，这个程度越高，主体之间越亲近，越容易实现信任。自我取向是主体个人主义倾向，这个因素与信任程度成反比。因此，更高水平的信任应该是由积极的态度、可持续性的行动力、更高水平的自发合作和亲近程度组成，同时个人主体倾向被未来预测的收益所覆盖，在此基础上，形成组织更好的绩效。

从创新体系看，由各种要素及其相互关系组成的体系中，要素和关系在产生、传播以及使用新知识的过程中互动，这种互动是创新成果的重要基础。当创新活动更加复杂、不确定性更强，创新主体间的信任需求就会增加，对创新绩效的影响作用就会越大。正如 M.T.F. 和 Zanini、C.P. Miguele 于 2013 年提出的信任需要与任务特殊性的关系，当任务活动属于简单范畴，传统的契约性关系（合同、许可）等比较有效；当任务活动属于复杂性高且不确定性强的范畴，则主体互动的信任需求将大大增加（图2-1）。由此可知，对于复杂的创新活动，信任不仅仅是一个中介变量，而是创新绩效的决定性变量。信任将直接或间接有助于协调各种组织任务，并且与组织任务的特殊性（复杂性、不确定性、模糊性和相互依赖性）有关系。

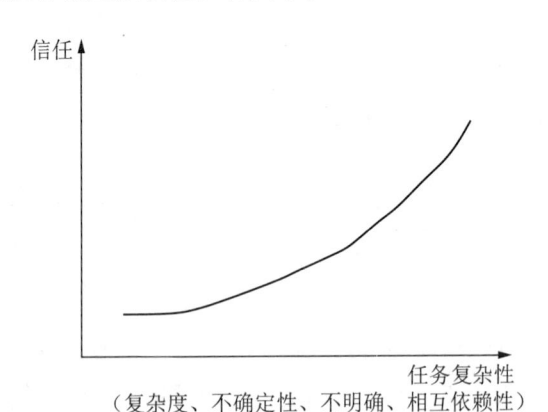

图 2-1 信任需要和任务的特殊性之间的关系

资料来源：Zanini M., Migueles C. P. Trust as an element of informal coordination and its relationship with organizational performance [J]. Economia, 2013, 14 (2): 77—87。

（二）信任与学习型组织

学习型组织（Learning Organization）是美国学者彼得·圣吉（Peter M. Senge）在《第五项修炼》(*The Fifth Discipline*) 一书中提出的管理观念，是指通过培养弥漫于整个组织的学习气氛、充分发挥员工的创造性思维能力而建立起来的一种有机的、高度柔性的、扁平的、符合人性的、能持续发展的组织。这正是知识型组织的理想状态，是知识型组织的实践目标，这种组织具有持续学习的能力，具有高于个人绩效总和的综合绩效的效应。学习型组织核心是在组织内部建立"组织思维能力"，学会建立组织自我的完善路线图，实施自我学习机制，使组织成员在工作中学习、在学习中工作，学习成为工作新的形式。

建立学习型组织被认为是创新的必要条件之一。学习型组织的关键核心是组织内成员间知识共享的有效性。学习型组织作为创新组织形式，可以由主动形成和被动形成。主动形成的学习型组织仍基于成员间的相互信任，这种信任可能基于共同的兴趣爱好、相似的成长经历、匹配的性格特征等多种因素。实践中，成功的企业涌现出多个成功的创新团队，都是学习型组织的生动案例。例如，上海复星集团的四位创始人，20多年相互合作，风雨同舟，利益共享，其年轻、富有激情和活力，始终对未来充满进取心，对事业的成功充满渴望并激情投入，理念一致，个性互补，知行兼优，洞悉市场，成为优秀实干的创业团队，使复星集团成功成为世界500强企业。

学习型组织的基础是团队学习。团队是现代组织中学习的基本单位，更强调组织成员的合作学习和群体智力（组织智力）的开发。创新团队的规模影响了创新成果的类型。埃文斯、吴令飞等人于2019年在《自然》杂志上发表的研究成果表明，团队规模与突破性创新成反比,大科学团队更像是一个建立在已有研究基础上的加速器,那些小团队才是贡献突破性、颠覆性成果,开拓学术未知领域的先锋。埃文斯认为:"大团队把握着当下的研究前沿并且在不停探索已知边界。他们从前人取得的成果中榨干了最后一点产生 idea 的可能性,并且可以做得比其他任何竞争者都快。小团队则为未来注入了动力,他们产生的想法如果成功,将成为未来大团队发展的源泉。"对群体的实验和观察研究表明,在大群体中,个体的思维和行为是不同的,他们产生的新想法更少,能回忆起的学过的信息更少,更频繁地拒绝外部观点,而且倾向于相互平衡彼此的观点。小型团队和大型团队对"与创新相关的风险"的反应也可能不同。大型团队,比如大型企业组织,可能会专注于拥有巨大潜在市场的有把握的赌注,而小型团队可损失的甚少,因此可能倾向于接受新的、未经测试的机会,这些机会同时具有高增长潜力和很大的失败可能,从而导致明显不同的结果。这一结论也可以从团队成员之间的信任机制来解释,大型团队内部具有较高的沟通成本,对于外部知识的吸收和学习流程较长;相反,小型团队成员互动的成本较小,接受外部知识的反馈机制较快,吸收能力较强,容易实现突破性创新成果。

(三)信任与关系契约

信任被认为是有效评价关系合同的一个中心因素。从经济学的角度来看,关系契约是雇佣契约,是用来解释和约束未来事件不确定的不完全契约。关系契约指的是长期的契约关系,因此任何新信息,无论是外生的还是内生的,都可能导致合作伙伴新的行为选择。

为了确保所有合作伙伴之间的持续合作,关系契约原则上不能被外部第三方监视或控制，如果外部环境发生变化，可以对关系契约进行重新安排。在特定的情境下，信任在解决新信息产生的行为不确定性方面具有较高的可行性和有效性。系统中新信息出现的频率越高，行为不确定性增加的可能性就越大，就越需要使用基于信任的关系契约来管理这种不确定性。因此，作为一种治理机制，信任的相关性和效率主要与缺乏信息可信度所导致的内源性和外源性不确定性的程度或可能改变行为的新信息出现的频率有关。此外，当一段合作关系的结束需要付出很高的代价时，特别是当一段合作关系是经过一段时间建立起来的，信任机制就显得尤为重要。

从这个意义上说，雇佣合同是基于特定关系的关系合同。这些合同可以具备正式合同的特点，也可以具有在特殊关系中建立声誉形式的非正式合同的特点。雇佣合同利用促进合同履行的机制来确保合同关系的效率，因为在监督和评估这些合同时会有较大困难，大多只能推动其自发执行。在不可预见的偶发事件存在时，理性行为的声誉模型可以更好地实现关系契约。在人际关系中产生的信任是一种自我控制机制，在所有的合作关系中都存在。其逻辑在于，合作双方事先同意进行长期合作，因为双方都希望在未来的合作中保持自己的声誉。从经济学角度看，关系契约的核心前提是基于信任，允许在资源共享中进行风险分担或风险吸收。因此，在关系合同中会出现正式和非正式财产权利的共存，以确保双方对实现共同利益的承诺，各方出于维护自身信誉和声誉的动机，将采取合作行动。即合作双方天生信任对方时，合作更容易发生。实现这一目标的基本条件是保持对互利关系长期的、持续性的期望。信任成为关系契约中的一个基本要素。在关系契约中，信任的本质是每一方都应该从关系中受益，而缺乏信任可能意味着缺乏互利的可能,将导致合作的失败。

在合作过程中,互动频率的提升需要有坚定的信任,即不可逆的信任投资,促进关系契约的履行,减少任何一方的机会主义机会。在信任关系的基础上建立声誉系统是行为模式发展的先决条件。Ostrom 于 2003 年在研究社会困境中的集体行为的基础上,利用重复博弈模型提出了一个方案(图 2-2),其中包含了信任关系维持的中心变量,即互惠和声誉。在模型中,物理、文化和制度变量对人类互动的社会环境至关重要,可以促进或抑制信任。因此,相互作用的主体之间的物理距离、刺激或抑制合作的行为、生产系统的性质、个体之间的互动频率是分析信任关系的核心要素。信任关系将影响合作水平和特定社会系统中个人和集体的收益能力。

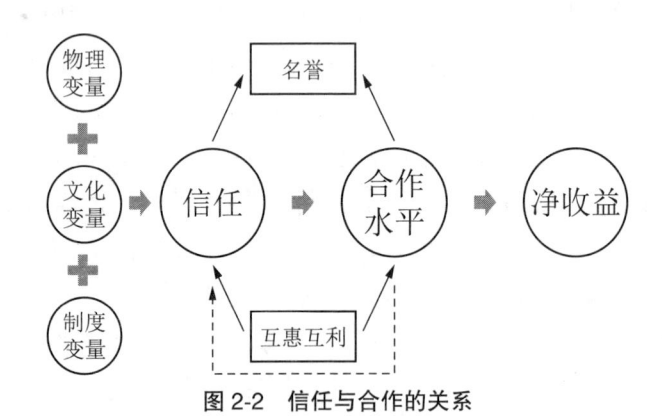

图 2-2 信任与合作的关系

资料来源:E. Ostrom. Toward a Behavioral Theory Linking Trust, Reciprocity and Reputation [C] //E. Ostrom, J. Walker. Trust and Reciprocity. New York: Russell Sage Foundation, 2003: 19—79.

信任可以被看作是行为风险条件下的一种理性的合作形式。加强组织文化是一种通过相互信任实现信息共享和降低行为风险的机制，建立在相互信任基础上的关系契约网络所发挥的功能是合作能否成功的关键。在组织内部，关系契约中发展信任关系所需的信息源分为两类：特定信息和一般信息，如 Ripperger 于 1998 年的研究所示。特定信息是指人际关系中的感知信任，一般信息是指组织中感知的信任。这些信息不是完全独立的，边界模糊，但是这些信息创造了一个合作的良性环境，通过持续的互动推进信任关系的连续性。

四、开放式创新与知识产权

无论是在自然科学还是社会科学领域，研发创新都存在明显的"搭便车"现象。2018 年，电影《我不是药神》火爆全国，影片内容除了探讨人性，更重要的是涉及原研药的知识产权保护而引发的暴利问题。影片中，治疗白血病的药品格列卫由诺华公司研制。根据 2013 年 4 月，美国 NGO（Knowledge Ecology International）调查员 James Love 的调查结论，格列卫的研发成本大概在 3 800 万美元到 9 600 万美元之间，主要包括早期的研发成本、临床试验的成本、政府对于孤儿药（Orphan Drug，针对一些威胁生命的罕见病研发的药物）的税收、研发失败的风险成本、研发资金的机会成本。研制新药需要大量投资，如果没有专利保护制度，新药研发成功后变为"公共品"，任何人都可以无成本、非排他地使用，那么其他人都将坐等别人投入资金从事研发，这样的动机会促使所有人都有"搭便车"倾向，而非促进创新活动的产生。因此，知识产权制度的产生是为保护创新者的利益，以此激发创新研发活动的热情。虽然，学术界对知识产权是促进创新还是阻碍创新有不同的观点，但知识产权制度本身仍有其重要意义。

(一)知识产权制度

知识产权(intellectual property)这一词语诞生于18世纪的英国,其制度出现最早可以追溯到古希腊,之后在15世纪的佛罗伦萨和威尼斯得到了进一步发展。早在1883年的《保护工业产权巴黎公约》中,就已经定义了知识产权权利(Intellectual Property Rights,IPR)的范围。但其得到广泛应用却要到1967年。当年世界知识产权组织(WIPO)成立,有了全世界通用的知识产权标准和管理机构。知识产权主要包括专利、著作权、外观设计、商标、植物新品种、集成电路布图和地理标志七大领域。目前,WIPO拥有193个成员国,成为全球对知识产权进行管理的最主要的国际组织之一。此外,1994年签署的WTO《与贸易有关的知识产权协定》(TRIPs)是全球第一个涵盖绝大多数知识产权类型的多边条约,对执法和争端解决做出了相应规范。WIPO和TRIPs现在是全球知识产权规范、管理和争端解决的两大支柱。

WIPO和TRIPs具有重要的实践意义。一方面,其对知识产权的保护能够推动人类文化和科技的发展。知识产权保护成为一个有效的奖励因素,带来对创新的投入和研发人员的奖励,推动了科技进步和商业发展。另一方面,在知识产权领域具有先发优势的国家,正越来越依靠知识产权巩固其在全球价值链中的上游位置。知识产权领域占据优势的国家或者国际组织通过有偿授权、转让以及品牌营销等方式,获得了丰厚的利润;知识产权领域后发的国家,也通过知识产权授权等技术转让方式,获得了技术使用权,推动了技术在全球的流动,解决了后发国家科研投入不足的问题。

目前，我国已经是世界知识产权大国，随着经济的快速发展，我国知识产权各个领域的申请数量急剧增长。中国专利申请数量急剧增加，2010年发明专利申请首次突破百万大关，2018年达到154.2万件，连续8年居世界第一（图2-3）。2018年全年，中国商标申请达到737.1万件，连续17年位居世界第一。此外，著作权登记中，计算机软件著作权登记数量占比达到47%，同比增速高达48.22%。在地理标志和植物新品种权方面的注册和申请数量上，也有较大增长。在此背景下，中国知识产权运用成效显著，给国民经济带来利益显著。2018年全国专利密集型产业增加值达到10.7万亿元，占当年国内生产总值（GDP）的比重达到11.6%。知识产权使用费的进出口总额从2007年的85亿美元增长到2019年的410亿美元，增长近5倍。

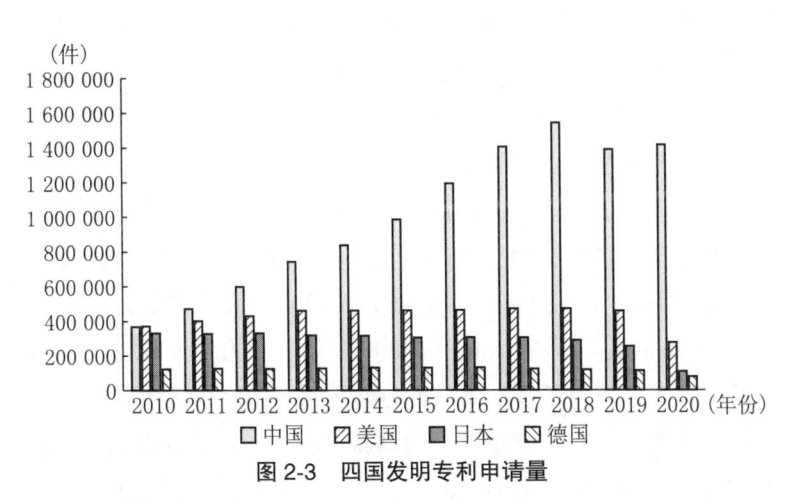

图2-3 四国发明专利申请量

数据来源：国家知识产权局。

知识产权制度是智力成果所有人在一定的期限内依法对其智力成果享有独占权，并受到保护的法律制度。没有权利人的许可，任何人都不得擅自使用其智力成果。知识产权的本质是为发明者提供创新的利益，以此激励创新，保护人们的智力劳动成果，并促进其转化为现实生产力。知识产权是一种推动科技进步、经济发展、文化繁荣的激励和保护机制。各种智力创造，比如发明、外观设计、文学和艺术作品，以及在商业中使用的标志、名称、图像，都可被认为是某一个人或组织所拥有的知识产权。知识产权也是"知识所属权"，知识产权主要分为以下几种重要形式。

1. 专利

专利制度是为了保护专利权人的合法权益，鼓励发明创造，推动发明创造的应用，提高创新能力，促进科学技术进步和经济社会发展。根据我国法律规定，发明创造是指发明、"实用新型"、外观设计。发明是指对产品、方法或者其改进所提出的新的技术方案。"实用新型"是指对产品的形状、构造或者其结合所提出的适于实用的新的技术方案。外观设计是指对产品的整体或者局部的形状、图案或者其结合以及色彩与形状、图案的结合所作的富有美感并适于工业应用的新设计。

在实践中，利用专利制度已经成为企业盈利的重要手段之一。具有较大知名度的是IBM的专利战略。IBM是科技领域的全球知名公司，拥有世界上最大、影响力最广的研发实验室（IBM Research），研究人员达3 000多名，致力于世界前沿领域的技术开发，取得了多项突破性创新成果。IBM的专利体制一直采用高度集权模式，鼓励员工的创新发明，形成了重视创新、保护创新的企业文化。IBM采用进攻型专利战略，凭借强大的专利储备，通过专利许可、转让获得收入，甚至不惜通过诉讼来获得侵权赔偿，让IBM获利颇丰，其纯收入又被投入到新的研发创新活动中，形成技术创新的良性循环。虽然IBM的专利数量最高占到美国专利总量的58%，许可费收入超过12亿美元，但是在专利保护日趋严密的背景下，IBM却率先开放了大部分专利。从2004年开始，IBM向软件开发商、卫生、教育等公共领域、社区用户等开放了多项软件专利。深入剖析其原因，可知这是IBM对长期利益和眼前利益权衡决策的结果。较高的专利壁垒可以获得较高的短期收益，但在行业长期发展的进程中，这将导致行业丧失创新动力和制定标准的先机。IBM应用相对完善的内部创新体制和专利保护体系赢得先机，再通过公开资源，实施与外部知识工作者合作，让更多的创新主体参与创新活动，为创新提供开放式的平台和环境，有利于企业保持可持续发展的竞争力。

2. 著作权

著作权是为保护文学、艺术和科学作品作者的著作权，以及与著作权有关的权益，鼓励有益于社会文明建设的作品的创作和传播而设立的。著作权所指的作品是指文学、艺术和科学领域内具有独创性并能以一定形式表现的智力成果，包括文字作品，口述作品，音乐、戏剧、曲艺、舞蹈、杂技、艺术作品，美术、建筑作品，摄影作品，视听作品，工程设计图、产品设计图、地图、示意图等图形作品和模型作品，计算机软件，符合作品特征的其他智力成果。

著作权的客体是作品，作品是指文学、艺术和科学领域内具有独创性并能以一定形式表现的智力成果。法律意义上的作品具有以下条件。一是独创性。独创性中的"独"并非指独一无二，而是指作品系作者独立完成，而非抄袭。假设两件作品先后由不同的作者独立完成，即使他们恰好相同或者实质性相似，均可各自产生著作权。典型如摄影作品，两名摄影师可能先后对同一景点进行拍摄，角度、取景等内容基本一致，但若后者并未看过前者的作品，系自己独立拍摄，则后者同样可以对其摄影作品享有著作权。独创性须满足一定的创造性，体现一定的智力水平和作者的个性化表达。创造性不同于艺术水准，无论是画家还是普通孩童，只要其绘画能够独立按照自己的安排、设计，独特地表现出自身真实情感、思想、观点，都能够成为作品。二是以有形形式表达。著作权法保护的是思想的表达而非思想本身，作品应当是智力成果的表达，可供人感知并可以一定形式表现出来。思想是抽象的、无形的，不受法律保护，仅当思想以一定形式得以表现之后，方能够被他人感知，才能成为受法律保护的作品。

在实践中，较为知名的案例是被称为"版权狂魔"的迪士尼。作为全球最大的娱乐巨头之一，迪士尼在将近一个世纪里给我们带来了太多的经典角色，例如，米奇老鼠和一众小伙伴们、迪士尼家族的公主们都成为家喻户晓的存在，陪伴着一代又一代人的成长。与此同时，迪士尼对其版权十分重视，其他企业未经授权、稍有涉及迪士尼的东西就会收到迪士尼律师函，以至于产生了"地表最强的迪士尼法务"这种说法。知识产权对一个企业的发展至关重要，保护好知识产权有利于防止企业自身的利益被侵犯，有利于提升企业的竞争力。从一家企业的作风可以感受到其对产品的用心，更容易获得消费者的信赖。

迪士尼的"版权狂魔"形象在版权维护方面表现得淋漓尽致。1989 年，在第 61 届奥斯卡颁奖典礼上，歌手舞蹈家艾琳·鲍曼饰演著名童话角色"白雪公主"与罗伯·劳演唱 *Proud Mary* 作为开场。其中，艾琳的"白雪公主"形象被迪士尼认为与其发行的动画长片《白雪公主与七个小矮人》中的白雪公主相似。迪士尼认为，该角色在未经公司许可的情况下被用于展会，侵犯了迪士尼公司的著作权，迪士尼起诉对方对白雪公主这一角色著作权的侵害及不正当竞争。2008年,迪士尼公司状告美国佛罗里达州莱克县的一对经营派对服务的夫妻,理由是他们购买了盗版的迪士尼角色服饰,并将其用于自家生意的宣传视频之中,此举侵犯了迪士尼公司的著作权。2012年,日本一款游戏用来点缀战斗部分的一种名叫"黑老鼠"的"杂鱼"角色采用了迪士尼著名的米老鼠形象,迪士尼得知后要求该游戏出版的同人社团立即终止开发和散布这一游戏,并要求赔偿600万日元。2016年,迪士尼状告中国国产动画《汽车人总动员》抄袭迪士尼旗下的皮克斯动画工作室创作的《赛车总动员》,迪士尼公司胜诉并获赔135万人民币。另外,迪士尼甚至连小朋友也"不放过"。1987年,日本某小学的毕业生在学校内的游泳池内绘制米老鼠作为毕业纪念。迪士尼发现后毫不留情地要求校方删掉米老鼠的图案。还有某国内大型连锁火锅店在店内布置了米老鼠玩偶,也被迪士尼勒令换掉,据说后来该火锅店把米奇换成了哆啦A梦。以致国外有了一个知名的迪士尼笑话:假如有一天你流落到一个孤岛,想得救,最有效的办法就是在沙滩上画一个巨大的米老鼠,之后迪士尼就会以最快的速度来到荒岛找你[1]。

3. 商标权

商标权是民事主体享有的在特定的商品或服务上以区分来源为目的排他性使用特定标志的权利。商标权的取得方式包括通过使用取得商标权和通过注册取得商标权两种方式。通过注册获得商标权又称为注册商标专用权。在我国,商标注册是取得商标权的基本途径。《商标法》第3条规定:"经商标局核准注册的商标为注册商标,商标注册人享有商标专用权,受法律保护。"

---

[1] 一品知识产权:迪士尼号称版权狂魔不是空穴来风![EB/OL]. [2018-09-17]. http://www.epbiao.com/shangbiaos/20431.html.

商标权的客体是商标，商标是经营者为了使自己的商品或服务与他人的商品或服务区别而使用的标记。商标最主要的功能是来源识别功能。经营者将商标使用于自己的商品或服务上，使消费者通过商标认识、记住自己的商品或服务，了解自己商品或服务的质量、品质特点，建立自己的信誉，消费者则可以通过商标选购心仪的商品或服务。除此之外，商标可以促使商标使用人努力保持、提高商品和服务的质量，因此，商标就有了另一派生功能，即质量担保功能。任何能够将自然人、法人或者其他组织的商品与他人的商品区别开的标志，包括文字、图形、字母、数字、三维标志、颜色组合和声音等，以及上述要素的组合，均可以作为商标申请注册。

对于商标权的保护，同样可以举迪士尼的例子。迪士尼注册了绝大多数类别的商标，对于其他人的商标侵权，依旧是"斤斤计较"。2015年，维也纳官网因为以"迪士尼"字样作为名称开展经营活动被投诉；2018年，长沙一幼儿园擅自使用迪士尼商标被查。在域名方面也同样如此。由于迪士尼产业巨大，知名度高，涉及的域名多，很难全部注册覆盖，所以除了注册自己的域名之外，迪士尼有很多域名都是通过仲裁得来的。2009年，迪士尼通过仲裁获得disneybaby.cn的所有权；2010年，迪士尼通过仲裁获得三拼域名dishini.com的所有权；2011年，迪士尼通过仲裁获得WaltDisneyWan.com所有权；迪士尼最多一年申请仲裁40个域名，并且全部获得成功。另外，每当迪士尼的一个项目进入新市场，相关域名就会被抢注。例如，迪士尼乐园入驻上海的时候，shdsnly.com、dsnly.com.cn、dsnwj.com等相关域名遭热炒，shdsnly.com最高售价8万元。知名域名投资人"无影"在微博中表示，打算无偿赠送迪士尼域名shanghaidisneyLand.

com.cn（已注册5年），以支持上海迪士尼公司建设，目前该域名已经过户到迪士尼名下。而上海迪士尼乐园采用拼音和单词组合的方式，启用了 shanghaidisneyresort.com 这一域名[1]。

4. 商业秘密

商业秘密，是指不为公众所知悉，具有商业价值，并经权利人采取相应保密措施的技术信息、经营信息等商业信息。《民法典》第一百二十三条明确将商业秘密列为知识产权的客体。商业秘密与一般知识产权相比，有其特殊性。一般知识产权具有独占性、专有性、排他性，具有对抗第三人的效力，不特定公众均负有不得使用的义务；商业秘密不具有对抗善意第三人的效力，第三人可以善意地使用通过正当手段获得的商业秘密，例如，自行研发和反向工程等，不特定公众并不负有不得使用的义务，只是因为并不知晓而无法使用。

商业秘密的构成要件包括技术信息与经营信息的认定、秘密性和保密性。技术信息包括：与技术有关的结构、原料、组分、配方、材料、样品、样式、植物新品种繁殖材料、工艺、方法或其步骤、算法、数据、计算机程序及其有关文档等信息。经营信息包括：与经营活动有关的创意、管理、销售、财务、计划、样本、招投标材料、客户信息、数据等信息。前述客户信息，包括客户的名称、地址、联系方式以及交易习惯、意向、内容等信息。不能仅依据与特定客户保持长期稳定交易关系，就主张该特定客户信息属于商业秘密。客户基于对员工个人的信赖而与该员工所在单位进行交易，该员工离职后，能够证明客户自愿选择与该员工或者该员工所在的新单位进行交易的，应当认定该员工没

---

[1] 一品知识产权：迪士尼号称版权狂魔不是空穴来风！[EB/OL]．［2018-09-17］．http://www.epbiao.com/shangbiaos/20431.html．

有采用不正当手段获取权利人的商业秘密。秘密性是指权利人请求保护的信息在被诉侵权行为发生时不为所属领域的相关人员普遍知悉和容易获得。保密性是指权利人为防止商业秘密泄露,在被诉侵权行为发生以前所采取的合理保密措施。

商业秘密是企业最具竞争力的无形财富。例如,可口可乐自一百多年前诞生以来就备受人们喜爱,其商标被称为全球最著名商标。老干妈则被誉为"国民辣酱",近年来走红海外,受到很多"无辣不欢"的人士追捧。其之所以长盛不衰,与其商业秘密——独特的配方密不可分。"祖传秘方""家传绝活"等商业秘密古已有之。我国古代社会的陶瓷、丝绸、铁器等畅销海外,这些产品的技艺成果也大多包含了代代相传的商业秘密。

在知识产权保护格局中,商业秘密是企业最核心和最具竞争力的无形财富。根据美国知名咨询机构统计数据显示,当前科技公司大约60%的创新成果最先是以技术秘密的方式存在。很多高科技企业是非常看重商业秘密的。比如芯片行业,主要不是靠专利而是依赖商业秘密来保护其创新成果。

过去即便法律没有宣布保护商业秘密,市场主体也会采取保密措施,这让商业秘密获得了事实上的保护。随着经济社会的发展和法律的进步,对商业秘密的保护日益严密。根据《反不正当竞争法》,商业秘密是指不为公众所知悉、具有商业价值并经权利人采取相应保密措施的技术信息、经营信息等商业信息。当今社会,从产品配方、制作工艺、实验数据、技术图纸到客户名单、货源情报、采购价格,无一不涉及商业秘密。按照《民法典》的规定,商业秘密连同作品、发明、商标等共同成为知识产权保护的客体。

专利与商业秘密均可以保护技术创新,但两者在提供的保护效率上则完全不同。专利要获得保护,必须经历严格的申请和审查程序，一经授权后就向社会公开。而无论是技术上还是经营上的秘密，只要采取保密措施，使得公众无法接触，就可以获得保护。并且保护是没有期限的，而专利保护的最长期限仅为20年。对于很多高新技术企业而言，如果觉得其技术保密成功的可能性不是很大，产品在市场上很容易被仿造，就会去申请专利。如果比较有信心能守住核心商业秘密，一般不愿意公开。商业秘密涉及的点和面很多、规则复杂，其重要性不输于专利。如果有比较系统的专门立法，对商业秘密的权利归属、侵权规则、权利限制与救济措施等作出规范，将极大加强商业秘密的保护力度，促进投资风险较高的高新技术产业发展。

（二）知识产权保护最新趋势

全球数字经济的兴起，逐渐使知识产权问题成为决定未来经济发展的重要因素之一。数字经济中的知识产权具有迭代快、创新多，以及因为"数字鸿沟"导致技术流通和发展受到阻碍等特点。在中国，数字经济的商业秘密和商业模式是否能获得知识产权保护，其边界不够清晰。此外，数字技术的发展本身也带来了知识产权保护手段的改变，一些技术如区块链已开始用于知识产权保护进程中。因此，数字经济与知识产权的关系将会成为未来一段时间内知识产权发展的趋势。

中国的知识产权权利保护在改革开放之后起步。在40多年时间中发展迅速。不仅在法律上基本完成了对知识产权权利保护的制度配套，同时还紧跟国际趋势，制定了与世界贸易组织（WTO）旗下《与贸易有关的知识产权协定》(TRIPs)配套的法律法规。近年来，中国通过不断努力，改善了国内缺乏知识产权意识以及侵犯知识产权现象较普遍的情况；与此同时，知识产权保护体系建设正成为中国在鼓励科技创新方面获得重大进步的标志性成果之一。

2020年4月7日，WIPO发布2019年PCT体系（发明和实用新型）、马德里体系（商标）和海牙体系（外观设计）三者全球数据，其中，中国PCT申请数量首次超过美国，成为世界第一。在数字经济上，中国的知识产权保护水平已经逐渐达到国际领先水平。但是同时，中国知识产权体系也存在许多问题，其中包括标准不一、执法不力以及低质量专利较多等。在法律修改过程中，有关部门就权力划分和审查标准制定出现了互相掣肘的情况。

在国际上，已经成文并落地实施多年的TRIPs标准目前与全球最新知识产权保护标准差距正在拉大。在世贸组织多哈回合谈判中，知识产权是发展中国家和发达国家之间争议最大的谈判领域之一。2015年多哈回合谈判破裂后，自由贸易区谈判逐渐取代WTO成为知识产权新标准的设定者。以美国为首的西方国家希望将知识产权带来的利益最大化，希望在自贸区谈判中提升对知识产权保护的力度。美国主导的TPP显示出了这个趋势。在美国退出TPP后，虽然由日本和澳大利亚主导的CPTPP的标准较TPP有所降低，但其未来在许多方面仍旧可能是形成高标准自贸区的门槛。中国的知识产权保护标准与CPTPP标准尚有距离，但差距并不大。目前是中国加入CPTPP的"窗口期"，加速国内自身知识产权标准的更新迭代，有助于中国加入CPTPP，实现在自由贸易水平上的进步，以及加速中国融入区域经济一体化的进程。这对于中国应对当前全球化趋势出现波折、自由贸易可能出现倒退的世界经济政治动荡局面，有着重大积极意义[1]。

---

[1] CCG全球化智库.知识产权与亚太经贸一体化研究报告[R/OL].[2020-09-08]. https://wenku.baidu.com/view/e82b53a165ec102de2bd960590c69ec3d4bbdb5a.html.

在数字经济领域，我国知识产权保护具有领先优势。数字经济在 2019 年已经占据中国 GDP 近 35%，预计到 2030 年占 GDP 的比重将超过 50%。在成为数字经济大国的同时，这一领域的知识产权保护也充满着新的挑战。随着数字经济发展，知识产权面临着迭代快、专业程度高、取证困难等新的问题。一般专利授权可以长达 20 年，但是世界大型科技企业的创新保护循环短于 10 年，其中软件的技术迭代周期可能只有 3—5 年。如果数字经济的知识产权保护年限过长，可能难以发挥鼓励创新的作用。随着新业务、新技术形态的更新迭代，现有法律在相关纠纷应对上存在一定滞后性，如短视频、VR、直播等新的业务形态的出现，大数据、云计算、人工智能等新技术的涌现，对新技术背景下出现的知识产权保护问题提出了比较大的挑战，例如，AI 作品的知识产权归属、云游戏领域的不正当竞争等问题。一部分数字经济中的知识产权保护问题已经在法律上得到解决。如软件著作权对于代码的保护、专利对于相关技术方案的保护。

商业方法和商业秘密的知识产权在数字经济中的保护是未来探讨的重点。商业秘密和与技术存在相关性的商业方法已经在 2017 年 4 月 1 日施行的《民法总则》中被列入知识产权权利客体的范围。在数字经济发展的过程中，中国的商业模式经历了从"中国模仿"（Copy to China）到"模仿中国"（Copy from China）的过程。因为自身的基础设施发展，支持了相关数字经济消费文化的兴起，出现了短视频以及其延伸的直播带货等商业模式的兴起。但是对于商业秘密和商业模式的专利保护更加强调与技术发明相结合。

（三）合作创新中的知识产权

在实践中，创新越来越多地诞生于小型创业公司而非大公司，其原因根本在于大公司的研发人员有时会面临上级的反对，因为他们不想通过开发更好的新产品来减少既有利润,一旦研发中的新产品可能会降低已有的产品利润,很可能会放弃这个项目。一方面,研发人员很难说服其上级创新的重要性;另一方面,研发人员提出创新构想、花费人力和时间成本后,很可能难以获得与其贡献相匹配的经济激励,从而导致创新意愿下降。相应的,在合作创新中,缺乏信任和缺乏相应的经济激励也导致难以开展合作创新。

但是,合作开发开源软件成为实践中特殊的案例,其生成和创新过程与传统经济模式不同。传统模式中,公司向员工支付薪水,给他们分配工作任务,并占有他们创造的知识产权。而在一个开源软件项目中,许多对项目作出贡献的人不图回报,他们的付出完全出于自愿,并且程序员可自由选择参与他们认为最有趣或最合适自己能力的子项目。尽管如此,开源软件项目的组织并不混乱。项目负责人将工作分解成明确的模块,并以"正式版本"的形成接收自愿研发者的贡献,从而使他们的贡献有用且具有一致性,使项目开发不会偏离目标或分化为不兼容版本。但是,开源软件的知识产权是受限的。比如,开源软件的许可条件可能载明,任何人在对开源软件的原始版本做出改进后,都应该基于同等条件对外开放。

当前,开源软件在许多领域都发挥着重要作用。比如,安卓操作系统、Linux 系统等,特别是其在脚本语言(Python、PHP 等)、网页浏览器、数据库、服务器管理软件等领域的创新发挥了重要的作用。在开源项目的案例中,最关键的是明确到底是什么激励着程序员参与开源项目。从事开源软件的开发工作需要耗费程序员大量时间,独立工作的程序员还得放弃原本为某个企业或大学工作所能获得的薪酬。对于为雇主打工的程序员来说,从事开源软件开发的机会成本是可能导致占用较多本身的任务时间或者学术研究成果的减少。因此，对开源软件项目中程序员参与研发的动机成为研究的热点。一种观点认为，这些研发贡献者本质上比同行更慷慨或赚钱欲望更低。这种解释显然与经济学理论中的经济人理性假设（即基于个人自利假设）相悖。但是，在经济生活的许多领域，关心公共利益的行为是存在的。同样可以从经济学理论解释，当个人行为的获利方向与整体获利方向一致时，具备了参与行动的动力。因此，另一观点认为，开源软件项目的研发贡献者希望自己的贡献能激发一个广泛互惠的良性过程，由此吸引其他贡献者涌入，从而可能开发出可供所有贡献者使用的开源产品，进而证明他们当初做出贡献的决定看起来是理性的。这种解释与实际观察到的"搭便车"行为相悖，在其他领域的实验鲜少成功。比如，对于全球温室效应问题，有些国家试图树立榜样，激发其他经济体的互惠反应，启动良性循环，但是由于其自身没有做出表率（如欧洲碳排放量占到全球10%），难以实现有效降低碳排放的结果。

其实，开源协作创新能够成功，还可以从多种角度解释人们参与协作的动机。首先，程序员参与开源创新活动能够有效提升其工作绩效，获得更多的外部知识，有利于自身知识的积累。其次，程序员参与开源创新活动，解决某一项难度较大的任务时，可以获得同行间认可的满足感，这种满足感比完成例行工作任务更能令人愉悦。这点可以从经济理论的信号模型进行解构。当程序员的贡献度更能被同行（圈内人）认可时，其参与开源创新活动的积极性将显著增加。

从开源协作项目的治理结构看，开源软件项目本身将任务分解成不同模块，可以确定其难度系数、解决方案的质量和各模块的负责人。当程序员在不受上级和外部环境干扰的情况下参与子项目研发时，将最大力度输出自己真实的能力，以获得项目的成功。开源项目在发布时就设定了每个人的身份职能，例如，程序员、项目经理、开发基金会成员等，强化身份职能的差异有利于高效传递研发信息，实现高效的信息共享和知识共享。

随着开源软件项目的成功运行，将不可避免地与商业软件公司发生竞争。虽然在开源项目出现初期引发了较多商业软件公司的抵制，但是越来越多的商业软件公司顺应开源项目的趋势，不是从开源代码本身获利，而是从与之互补的环节上营利，开发和使用以开源程序为基础的商品和服务。例如，IBM的战略是以开发开源软件为核心，开展新型业务创新，并收取咨询服务费。

开源软件项目的知识产权选择是开放式创新中知识产权选择的有效案例。开源程序员的参与动机与管理开源项目的授权许可有关。如果项目保持开源，必须要有必要的保护。开源软件项目创新性地开发了通用公共许可（General Public Licence，GPL），通过强制要求，除非修改严格限于个人使用，否则各参与方必须确保开源社区成员能从所有修改版本中受益。通用公共许可，可以让参与者不用担心开源软件会被碎片化或被"搭便车"。

随着知识产权行业的发展，出现了一些"专利主张实体"（patent assertion entities）的专利持有公司，他们自身不做研发，而是通过购买专利组合收取专利费用。2011年，这类公司在美国的专利诉讼中占到61%。这些公司的产生无形中创造了二级专利市场，并可能形成以知识产权为价值链的产业体系。但是，这类公司也可以充当市场投机者，导致知识产权交易市场的混乱。

（四）知识产权交易市场

开放式创新中，需要知识产权交易市场开展技术转移。知识产权是推动创新的机制，是推动创新输入的开放式交流的有效方法。双向的知识产权市场是基于交易双方的动机形成,促进创新市场的发展,有利于实现创新的专精化。根据陈磊、黄书立于2020年的统计,中国有各种类型的知识产权交易平台百余家,可谓百花齐放,各有特色。对知识产权交易平台可以有不同维度的分类标准。例如,根据交易标的物类型不同,可以分为综合交易平台、版权交易平台、专利交易平台、商标交易平台。

2014年以来国家知识产权局参与设立了三类知识产权交易平台(牵头的运营平台、批复的运营中心及批复的运营平台),也即"国"字头的交易(运营)平台(表2-1)。

单纯以交易标的物种类或设立来源(股东成分)等标准来区分平台类型并无实质意义,而应当根据平台在知识产权交易过程中发挥的功能对其进行评价。根据交易平台提供服务内容与参与交易程度的不同,可将平台分为信息中介平台、定制服务平台与投融资支持平台三种类型。

第一类是信息中介平台。知识产权交易平台最基础的功能是为知识产权交易供需双方提供信息中介服务,包括信息查询、信息推介、宣传教育、交易撮合等基础服务内容。此类平台从知识产权转让或许可交易中收取一定比例的服务费。目前我国市场上绝大多数交易平台都具备信息中介服务功能。交易标的涵盖专利、商标、版权、软件著作权、技术秘密、IC布图设计、植物新品种等类型;交易方式主要包括转让与许可;具体交易模式包括平台直接交易、线下专场推介、网上竞价、双向挂牌等;平台展示信息包括知识产权公开概要信息、法律状态、费用缴交信息等,较少有平台对知识产权进行个体价值评估或分级。平台通常的交易流程为:意向买受人通过登录平台并以关键词查询相关信息后,选择意向交易标的后下单,卖家进行确认后,买方支付交易款并进行产权交割,交易达成。

表 2-1　国家级知识产权平台

分　类	名　称	成立时间	成立地点
国家知识产权局牵头的运营平台	国家知识产权运营公共服务平台	2014年	北京昌平
	国家知识产权运营公共服务平台军民融合（西安）试点平台	2014年	陕西西安
	国家知识产权运营公共服务平台金融创新（横琴）试点平台	2014年	广东珠海
	中国（南方）知识产权运营中心	2017年12月	广东深圳
国家知识产权局批复的运营中心	中国汽车产业知识产权投资运营中心	2017年12月	北京海淀
	中国智能装备制造（仪器仪表）产业知识产权运营中心	2018年5月	宁夏吴忠
	国家知识产权运营公共服务平台国际运营（上海）试点平台	2018年4月	上海浦东
国家知识产权局批复的运营平台	国家知识产权运营公共服务平台高校运营（武汉）试点平台	2018年6月	湖北武汉
	国家知识产权运营公共服务平台交易运营（郑州）试点平台	2018年12月	河南郑州

第二类是定制服务平台。该类型平台并不局限于提供信息中介服务,还在知识产权评估、知识产权托管、知识产权运营、后续需求开发等方面为企业提供增值服务。平台的盈利模式也较为多元化,通常是根据具体服务内容与服务成果,收取基础服务费+后期约定费用。目前我国市场上的知识产权交易平台,在自我推介内容中,无论是名称上还是服务推介上,很多都反复强调平台的"运营"特征。但是,已有的政府发起设立与企业自发设立的交易平台,更多的是解释具体概念及展示联络方式,并无详细服务内容与参考案例。考虑到"知识产权运营"的内容繁多、内涵复杂,各平台在服务推介的个性化与直观性上应更进一步。从实践看,现有交易平台中能够深度参与企业知识产权运营或能够提供高质量定制服务的仍是凤毛麟角。

第三类是投融资支持平台。对知识产权资产进行投资融资支持是近年来各知识产权交易平台与服务机构努力的方向之一。此类平台依托与银行、融资租赁公司、保理公司、保险公司等金融机构或类金融机构之间的合作关系,将知识产权质押融资、知识产权融资租赁、知识产权保险、企业供应链保理等金融服务融入其中,并尝试通过基金运营、资本运作等方式为知识产权持有人提供增值服务[1]。

五、小　结

本章介绍了与开放式创新密切相关的知识管理理论、信任机

---

[1] 陈磊,黄书立.知识产权平台交易发展现状与未来展望初探[EB/OL].[2020-06-22]. https://www.douban.com/note/768171643/html.

制和知识产权制度。开放式创新的本质是有目的地管理穿越公司边界的知识流。首先，分析知识的特性，包括分散性、系统嵌入性、路径依赖性、默示性、复杂性，再扩展到组织中的组织，具有互补性、可观察性、可编码性、可转移性、可占用性。知识的这些特性对开放式创新协作的方式都产生重要影响。第二，开放式创新的重要影响因素就是合作双方的信息机制。从组织行为学理论来看，信任机制对组织绩效的影响毋庸置疑。在开放式创新中，信任机制的影响作用也会突破中介变量的传统作用，将作为关键变量对创新绩效产生重要影响。第三，开放式创新中不可避免地涉及知识产权制度。知识产权制度对创新的影响作用无论是抑制还是促进，在开放式创新的协作中都发挥重要作用，特别是开放式创新催生技术市场之后，知识产权交易市场运行的成熟度将明显影响开放式创新的协作能否成功。

第三章

耦合型开放式创新的分布式协作

一、耦合型的协作机制

耦合是指能量从一个介质传导到另一个介质的过程。在物理学中,耦合分为两类:热固耦合和热流固耦合。热固耦合是指热量传导产生的热应力与固体的位移、形变、传热和相变等作用相互耦合的现象。热流固耦合是温度场(温度)与渗流场(流体)之间的相互影响。从哲学视角分析,耦合富有辩证法的多维度性。首先,耦合是事物联系性的产物,是联系在一定程度上的相互作用、相互变化,不是简单的"1+1=2"的变化,而是一个量变到质变的过程。其次,在耦合过程中,会生产新的积极能量,采取的是"否定之否定"的辩证之路。辩证法中的肯定因素是事物维持其现有存在重要方面,否定因素是促使现存事物消亡并转化为另一新事物的动力,促使其向更高级的多维度提升和发展。第三,事物经过系统流程的变化,演化为更高级、更新颖的高级事物,从而达到"扬弃旧义,创立新知"的新维度。

开放式创新主体之间强调联合创新,注重发现和获得外部知识,在"去粗取精、去伪存真"的基础上,对知识进行吸收和整合,达到创新的目标。在这一过程中,协作机制的建立至关重要。已有的开放式创新文献研究显示,公司这一微观主体,大多以购买外部知识产权的方式开展联合创新,相关研究属于由外而内开放式创新研究范畴。而开放式创新中关于知识的联合创造流程研究则相对较少。针对公司与公司之间的联合创新,实践中主要通过正式的长期协议开展创新活动,例如,研发联盟、研发平台等。针对公司与用户之间的联合创新,相关研究主要关注知识交流工具的有效性,包括基于互联网的消费者投票、用户社区的建设和运营等。Diener、Piller 于 2013 年的研究表明,企业如果要实施交互的耦合型创新,除了运用软件工具外,还需要专业的中介机构和经纪人。而根据业务领域、软件平台、社区特色的不同,企业如何选择准确的中介机构,成为决策难点。

Gassmann Oliver、Enkel Ellen 于 2004 年、2009 年的研究,将"耦合"确定为除了 Henry Chesbrough 教授提出的原始的由外而内(内向型)和由内而外(外向型)之外的第三种开放式创新模式,强调采用耦合型开放式创新,企业要结合运用由外而内的流程(获取外部知识)和由内而外的流程(进行知识共享),并且必须与战略网络中的其他主体合作。建立健全耦合型协作机制是开放式创新的基石和保障,其本身也是一种创新,是一种全新的体系与机制的创新。

采用耦合型流程的企业要结合运用由外而内的流程(目的是获得外部知识)和由内而外的流程(目的是将创意推向市场)。如 Gassmann Oliver、Enkel Ellen 于 2004 年的研究所示,为了做到上述两个方面,这些企业必须与战略网络中的其他企业合作。结合创新集群理论,集群网络中的企业因接入庞大的共享知识库(Knowledge pool)获得了更多的创新机会及对知识最大限度的开发与应用空间。在创新集群中,耦合型开放式创新的各个主体之间通过共同协作,为创新流程创造新知识和其他输入。

（一）协作机制的组成

耦合型开放式创新的协作机制包括四个部分（表3-1）：协作的主体、协作的结构、协作的动力、协作的方向。

表3-1 耦合型开放式创新的协作机制

组成部分	主 要 内 容
协作的主体	个体：用户、外部发明者
	公司：客户公司、供应商、竞争对手等
	其他组织：大学、研究机构、政府部门、其他非营利性机构
协作的结构	点对点：单一合作伙伴
	网络：多个合作伙伴
	空间：跨组织实体
协作的动力	非经济利益：满足感、成就感、同行认同度等
	经济利益：按照贡献度收获收益
协作的方向	双向：创新在每个组织内部完成
	互动：在组织外部联合完成
	智能：技术手段完成全方位创新

1. 协作的主体

耦合型开放式创新的核心在于"与互补性合作伙伴一起工作"，公司及外部合作伙伴是协作创新的主体。外部合作伙伴包括个体、公司、其他组织。例如，用户、供应商、大学、研究机构等。这些合作伙伴在耦合型的创新流程中形成双向知识流和创新成果。这些不同的合作主体和合作方式都将导致不同的创新激励方式和协作治理模式。

2. 协作的结构

耦合型开放式创新协作的结构主要包括三个层面：第一层面

是点对点的二元协作结构,主要是与单个外部合作伙伴开展创新活动;第二层面是多个伙伴的协作,形成协作的网络结构;第三层面是以空间为基础的立体架构或异构网络结构,形成跨组织、跨地域的合作创新。

3. 协作的动力

大多数开放式创新研究文献都强调企业开展协作创新是为实现某个战略意图。早期的研究认为协作的动力来自情感满足,如个人满足感、同行认可度等。如用户创新中的领先用户、开源软件项目中无偿贡献的程序员的动力来源。随着数字经济发展,知识产权制度日益完善,区块链等技术发展,在复杂情景下的协作创新可以实现协作后的经济收益预期,这将激励协作创新的产生。

4. 协作的方向

关于耦合型开放式创新协作的方向,主要分为三种。第一种是双向型,是指两个行动者(尤其是组织)各自持续地单独从事自己的发明创造,但随后他们互相分享成果。这就是将由内而外和由外而内进行开放式创新的知识流进行合并。在双向型的情况下,知识分享主要依靠协议和其他法律文书的方式正式确定下来。第二种是互动型,创新的知识流是流动的,主要通过许可或者其他支付方式以货币形式确定下来。第三种是智能型,以技术手段完成协作,在企业、社会机构、大学、科研院所、个人用户等之间形成内外部、立体式的全方位开放式创新(图3-1)。创新主体之间存在互动式协作,这种协作在数量和质量上都不同于双向型。相较于用知识流来强化企业的内部创新(和商业化),在互动型中,知识创造发生在某个企业的外部,并且创新成果是通过所有各方的协作活动来完成的。如 Chesbrough 于 2011 年的研究所示,这种外部联合创新不同于双向型创新,这体现在创造性知识产生的地点、创新主体、创造流程的治理方式、回报的分配方式等方面。耦合型开放式创新是以互动、合作为核心的共同价值创造过程。

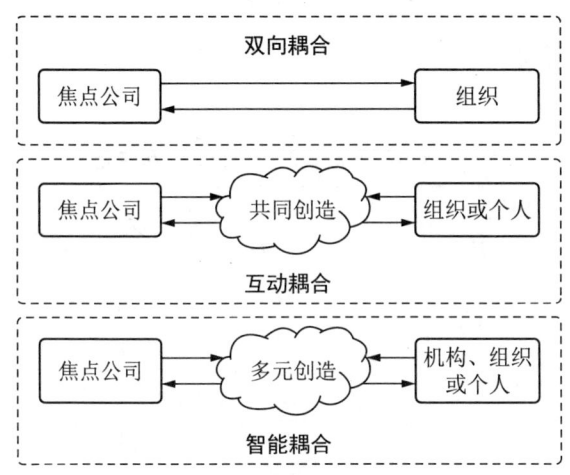

图 3-1 三种耦合型开放式创新

（二）协作机制的结构

开放式创新理论将创新主体分为五个层次：个人和群体；公司和组织；跨组织的价值网络；行业、部门和全国性研究机构；创新体系[1]。对 2008—2018 年开放式创新领域的研究文献的搜索显示，研究公司层次上的分析是最多的，主要针对企业层面的开放式创新战略；而其他层次的研究则明显较少。已有研究对组织内部单元（公司单元、职能领域、创新项目）的分析显示，开放式创新的表现存在着显著的异质性。例如，研发、制造、营销领域的创新知识与外部知识源存在相互影响。本研究致力于在更高

---

[1] 切萨布鲁夫，范哈弗贝克，韦斯特. 开放式创新——创新方法论之新语境［M］. 扈喜林，译. 上海：复旦大学出版社，2016.

层面上研究开放式创新理论,从耦合型开放式创新的新视角,结合地理经济、产业集群、创新集群等理论,对耦合型开放式创新的参与主体进行理论界定,形成更广泛的分析单元主体。

本研究将耦合型开放式创新分析单元分为 7 个层次,可以通过不同组合的多层分析单元或重组多样的研究对象,形成多元创新主体的研究(表 3-2)。

表 3-2　耦合型开放式创新分析单元和多元主体

分析单元	多元主体
组织内部	个人
	群体/团队
	项目
	职能领域/业务单元
组织层次	公司
	其他组织(学校、研究机构等)
	商业模式/创新战略
组织外的层次	外部利益相关者
跨组织层次	联盟
	创新网络
	创新生态
行业层次	行业发展
	跨行业差异
地区创新体系	本地区
	本国
	跨国
社会体系	公共政策

耦合型开放式创新就组织层面而言，在企业和利益相关者的不同网络层次之间仍存在协作创新机制，但由于缺乏"中心"公司或机构的管理，网络组织呈现分散无主的状态，难以形成高效的联合创新活动。由不同利益相关者主体形成的多维度网络层级，构成开放式创新的"异构网络"，主要表现为如图 3-2。

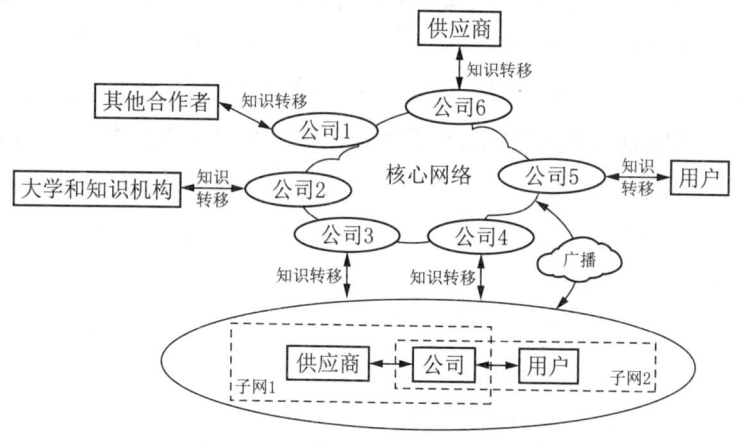

图 3-2 开放式创新异构网络结构

由于异构网络的多样性、多维度、多层级的特性，在协作创新中存在知识共享的困境，包括信息不对称的机会主义、信息认证的困难、契约的不完全性（缺乏共识机制）、公共物品的治理难题、缺乏激励机制等。同时，企业在共享知识的过程中，面临失去核心技术和能力的风险，而利益相关者的知识产权如何得到有效保护也成为待解决的关键问题。本书从多元主体间信任机制入手，构建多元主体协作创新的治理机制理论框架。

（三）协作机制的流程

耦合型开放式创新协作的流程需要结合外向型开放式创新、内向型开放式创新进行理论探讨。借鉴在实践中已经实施的组织竞赛式创意开发、技术问题解决的众包活动、开源软件项目的任务分配等成功经验，将耦合型开放式创新协作的流程总结归纳为以下四个重要步骤。

1. 定义任务和规则

公司需要定义联合外部合作伙伴一起协作创新的关键问题。如 West 和 O'Magony 于 2008 年的研究所示，这取决于外部合作伙伴参与解决问题的规则——不管是焦点公司创建或加入的规则，还是社会或整个经济体广泛运用的分配权规则。公司必须决定能够并且愿意提供的资源，以及更广泛的、面向协作流程的战略协议的层次。因此，第一步的关键是公司需要找寻外部协作者，例如，咨询机构、知识工作者、供应商、科研机构等，明确协作解决的任务和所需要的相关规则，并为之分配足够的内部资源。

（1）构建待解决的问题

耦合型开放式创新协作流程的第一步是提出待解决的问题。待解决的问题需要以问题的模块化方式进行表达，将任务在内部研发主体和外部研发主体之间进行划分。这一步的目标是创建一个可以用来吸引外部协作者的任务描述，同时也明确协作者的关键特点。有关竞赛式众包的研究文献详细分析了任务构建的流程。如 Afush 和 Tucci 于 2012 年的研究所示，企业通过"解决方案征集书"形式，面向所有潜在的问题解决方广泛发布他们的问题、绩效等标准，列明其中的具体细节，准确界定问题的范围，使用专业术语令专业领域的协作者一目了然，对公司目前和未来的技术需求进行有范围、有层次的发布。对于寻求技术信息的竞标活动、用户创新领域的"搜索域"定义等都为构建任务提供了较好的方案研究。初始界定问题的范围对启动耦合型开放式创新流程是至关重要的。

（2）合作规则

耦合型开放式创新在协作过程中，需要明确合作的规则，即拟定相关的合同契约，公司要通过将所有相关的权利以协议形式进行授权以获取使用知识的权利。但是，在更为复杂的合作背景下，必须要采取其他补充措施。例如，在开源软件社区，如果公司将研发的所有权利紧紧抓在手中，将无法吸引和找到相关的协作研发主体。因此，公司经常使用一系列选择性的开放战略，控制知识产权、创建流程以达到社区治理的目的，需要在吸引外部的协作研发主体的同时，最大限度地根据公司自身的目标调整协作的形式和规则。

（3）资源分配

耦合协作中，按照组织资源、智力资源、知识资源禀赋不同，主体贡献创新能力后的资源分配十分关键。企业发起持续的协作创新流程，必须将整个组织和专门资源投入到这个流程中，尤其是在企业对开发方案进行评估的时候，要持续与外部参与者进行互动。在实践中，如 Diener、Piller 于 2008 年，Luttgens 等人于 2014 年的研究所示，企业经常不重视给外部参与者提供及时的反馈，而且缺乏对未来创新成果的激励，一定程度上低估了外部参与者所付出的精力。因此，企业需要具备激励外部合作者持续研发的内部协调机制，明确资源的充分利用和配置的合理性。如果企业具有开放式创新成熟的经验和明确的操作步骤，将有利于整合外部知识资源，达到提升创新绩效的目的。

2. 寻找协作参与者

开放式创新研究的一个重要议题就是如何寻找公司需要的相关外部合作伙伴，这取决于企业怎样理解和强化激励外部合作伙伴，并创造和其分享知识的环境。因此，任何协作的第一步都是搜寻具有相关知识资源并且愿意为实现企业研发目标而参与协作的参与者。

（1）寻找方式

一般来说，企业寻找协作的参与者会通过以下三种方式。

① 公开征集：企业给大量参与者提供提出创意的机会，然后从他们提交的创意中选择合适的方案。公开向不确定的庞大潜在合作者征集建议方案，是类似众包的形式。

② 选择性征集：通过前期的相关推理确定独特的某些特质（如擅长领域、潜力分析等），由此将外部合作者缩小至一定的范围，将征询协作的对象限制在挑选出的那些参与者的范围内。

③ 精准性征集：企业征集前先做一些深入的筛选和调查工作，从大量的潜在合作伙伴中选择合适的行动者，在公司内部决策层统一意见后，直接邀请其加入公司的共同研发活动。精准性征集的优势是在小范围内搜索，实现较小投入的精准征集，但也会存在创新视野受局限的瓶颈。实践中采用较多的典型方式是领先用户项目。

（2）参与者性质

耦合型开放式创新中，参与的潜在任务、创造力、开发新产品创意的经验等都是影响参与者是否能够参与协作创新的影响因素。Fuller等人于2009年提出，如果是典型的个人参与者，会受到专业影响、之前类似项目的影响等，与其自身的知识积累有很大关联性。

（3）激励外部参与者

外部参与者与公司的协作创新是耦合型开放式创新的核心任务，要根据参与者的不同性质采取不同的激励方式。开放式创新理论侧重公司要设法让创新的经济效益最大化，会通过销售、转让许可等方式提升创新的经济回报。目前，对于公司主体之间的激励研究大多关注财务上的回报，而对于个人参与者的动机研究仍不多见。外部创新竞赛往往采用经济激励的方式吸引外部参与者，而用户创新理论研究表明，采用个人声誉、知名度等非经济激励方式，对个人参与者可能更有效。由此区分了经济动机和社交动机的理论，此外也提出存在社区参与的混合模式。例如，集体—私人创新模式，表明一些社区是由社交动机和经济动机共同推动的。

3. 协作机制

耦合型开放式创新中关键的价值创造流程是创造新的互动式协作，关注企业怎样与外部合作伙伴协作交流知识和收益。企业可以从共同创造的相关研究中吸收关键要素，包括创造流程、执行流程，以及提供能够推进协作流程的合适工具（如各种IT平台等）。而企业在耦合型开放式创新中面临的严峻挑战是如何从大量潜在的外部合作者中筛选出最具价值的创意。这些外部互动的前提是公司愿意对外部合作者释放部分自己的知识积累，这就需要企业平衡开放内部积累知识和获取外部知识之间的关系。

开放式创新理论强调发现和获得外部知识，但是在已有研究中，对于知识的联合创新流程和互动机制方面的研究仍不多，已有的研究大多集中于正式的（通过协议进行的）长期协作，如West、Bogers于2014年研究的研发联盟、产学研合作等方式。一些开放式创新的研究分析了内部的协作，如Dahlander、Gann于2010年，Van de Vrande等人于2010年提出内部协作是联系创新知识和外部环境的推动因素。但是，支持企业与外部行动者协作进行知识创造的结构、流程和机制的相关研究较少。为此，本书从协作流程的治理、推进协作的工具和基础设施、协作的中介治理等角度进行分析，以弥补现阶段相关研究的缺失。

（1）协作流程的治理

在已有的联合创新（研发联盟、创新集群、产学研合作等）文献中，Prahalad、Ramaswamy 于 2004 年提出要允许企业通过与外部合作伙伴协作来激励、监督和控制价值创造的结构和流程。对企业来说，一项关键的核心任务是确定企业对外部协作创新者的控制尺度、影响程度和责任意识。当给予协作者更多操作自由、责任意识的时候，协作者就会积极参与协作创新活动。定义控制尺度是企业在实施互动的耦合型开放式过程中的关键决策。例如，在概念构建竞赛中，一个关键决策是外部参与者可以对其他参与者的贡献进行评估和分级。如果企业让参与者决定协作创新的"最佳"贡献是什么，那么这种授权可能会激励外部参与者。实践中较为成功的案例是乐高 Lego Ideas 平台，以多阶段筛选机制建立用户协作创新的互惠。但是这种授权有时候也会令企业丧失对竞赛结果的控制，而这一控制对企业来说是非常重要的。

（2）协作的工具和基础设施

在耦合型开放式创新的广泛协作过程中，有效的沟通工具扮演着重要角色。例如，Piller、Walcher 于 2006 年提出，在创意构建竞赛中，有效的工具可以为寻找参与者、搜集和评估创意、用户反馈、已提交创意的聚类分析等提供极大的便利。现有的研究大多基于网上论坛、微博、博客等形式分析参与者社区内部、参与者与企业之间的交流情况，这种以互联网为平台的沟通工具是开展协作创新活动的关键基础设施。如果能够实现外部参与者可修改、可组合的模块或参数组建，将有助于实现更深程度的协作创新成果。

（3）协作的中介治理

随着开放式创新的深入实践，出现了由专业中介机构和经纪人开展的协作创新相关活动，其成为开放式创新的重要推动者。

协作中介机构主要为合作双方提供交流工具和方法，便于企业获得成熟的问题解决者，包括提供参与者社区信息、流程咨询等专业服务。如 Chesbrough 于 2006 年，Diener、Piller 于 2008 年的研究所示，在业务领域、软件平台、社区特点方面，中介机构各不相同。对于想要实施互动的耦合型开放式创新模式的企业来说，选择相应的中介机构，并保证其能够解决创新项目中各种因沟通成本高而引发的问题，是一个重要的决策过程。

4. 利用外部知识

通过与外部合作者的协作成功创建了新的知识或取得创新成果，也不能保证公司能够从中获得创新收益。内部研发创新由于具有公司组织结构的约束，能够较好地将研发成果转化为具体创新的收益。但是，对于外部知识源产生的创新，只有明确了相应的成果分配机制，才能形成有效协作的治理模式，以有利于更好地将研发成果转化为创新产出。

即使企业完成了协作活动，仍旧面临一个挑战：怎样将外部知识协作创新的成果整合到企业内部，并且在市场上进行商业化，最终让协作创新成果变为现实，产生经济收益。在很多情况下，开放式创新研究的前提假设是：产品和服务通过外部知识的商业化和企业内部创新的商业化过程是完全一样的，但是现实情况更为复杂。创新成果的整合依赖于具体贡献的性质和这一贡献影响的研发通道的具体部分。有的贡献是为推动进一步的内部研发构思创意；有的贡献是和产品或服务的设计有关；有的贡献是评估处于上市前检测的新产品。以用户参与创新为例，根据 Fang 等人于 2008 年通过广泛定性访谈和定量分析后开发的成果，可将外部合作者（用户）参与创新的程度按广度和深度不同分为十类：创意、概念筛选、产品规格、业务评估、产品设计、产品工艺、产品原型制造、产品测试、跨部门的新产品开发团队、产品控制和监管。协作创新最常见的一个结果是对当前的产品进行渐进性改进,形成渐进性创新,而对于实现突破性创新,则需要更加有效的知识共享和知识整合。

协作创新的知识共享和知识整合需要相关组织在不同部门之间以及不同工具和流程之间进行互动。但是,各种共享和整合都面临一个挑战:如何实现与外部协作者的"互信",最大程度上打破协作创新主体之间的"自利性"壁垒,引导公司认同外部协作创新主体的创新能力,从而有效地共享异质资源,实现协同创新的目标。为此,需要运用新的技术手段攻破不同主体创新过程中的难点,明确知识产权在单方创新模式和集体创新模式之间的差异,分析在经济激励和社交激励下不同性质的外部参与者的差异,解构耦合型开放式创新中各个主体之间的治理结构。

二、协作创新的知识共享

开放式创新中对知识共享的研究始于由内而外的创新过程,这一创新过程需要企业将自身内部的创新资源向外输出,从而实现商业化创新。在这一过程中,需要企业与外部合作者实施知识共享机制,促进知识在组织边界的流动。知识共享是耦合型开放式创新协作的基础。在知识共享的过程中,企业不仅将自身内部的创新资源实现共享,向外输出,也积极吸收外部知识资源,在知识双向互动中实现创新。

(一)知识共享的 3T 理论

知识共享的经典研究框架是 Carlie 于 2004 年构建的知识转移、知识转译和知识组合的 3T 理论模型,该框架体现了组织在新产品研发情境下的特定性知识共享特征,体现了外部合作者参与创新的三种经典配置模式,即"黑箱""白箱""灰箱"三种。3T模型具有等级性特征,根据创新水平的不同,行动者将经历不同程度的知识重叠复杂性,当创新水平增加,知识转译对于知识转移而言是必须的,同时知识组合是以知识转译和知识转移为基础,这也表明了知识转移过程是该框架的基石。从图3-3的循环中可知,管理知识边界的复杂性无法在一次尝试中就能解决,需要反复迭代,通过协作双方不断进行知识共享和评估,同时行动者将会制订新的合作协议,采取更新、更高、更强、更科学的行为,基于共同的意义和利益,在打造新方向的基础上,接近并跨越知识边界,构建共同的知识源。

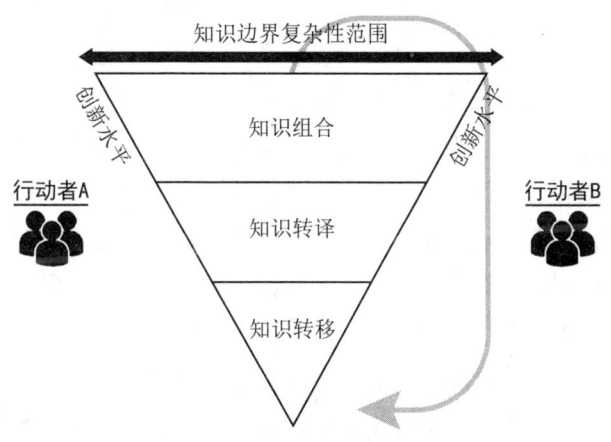

图 3-3　知识边界管理的 3T 理论框架

资料来源:Carlile, P. R. Transferring, Translating, and Transforming: An Integrative Framework for Managing Knowledge Across Boundaries [J]. Organization Science, 2004, 15 (5): 555—568。

在耦合型开放式创新中,知识资源在共享、创新、组合后产生新知识源的共享机制,需要基于知识基础论对知识共享机制进行解构。知识基础论（knowledge-based view，KBV）强调知识是企业的关键战略资源之一，对企业获取超额利润和竞争优势具有重要的意义。大量的研究表明，知识在企业中发挥的作用源于其吸收能力，主要包括三个阶段：知识识别、知识转移、开发学习。由于对知识基础理论的研究是建立在企业内部资源决定论的基础上，忽视了外部环境动态变化的影响，大量的学者开始对知识的动态能力进行研究，并将知识对突破性创新的动态作用分为两个部分：知识获取和知识共享。知识获取是获得和积累知识的过程；知识共享是分享新知识的过程。两者都有利于企业创新绩效的提升，而耦合型知识创新流程在这方面提供了超前的理论构想。

知识获取是集成系统，包括从内部、外部资源中收集信息创造新的知识。获取外部知识反映了企业识别信息的能力，对外部知识的识别成为知识获取的关键要素。知识共享也是一种集成机制，并且涉及知识的沟通和转移。知识共享能力推动企业内部知识的独特性和复杂性，有效的知识共享过程需要各个合作伙伴实施协作机制，这就需要企业与合作伙伴之间有效沟通。从更广泛层面看，知识共享机制的运行在于企业与社会、政府等合作者实施协作机制，在知识识别、知识转移、知识组合后产生新的知识源基础。West等人2014年的研究表明，能够在组织中与各方合作伙伴进行较为成功的沟通将更有助于在之后的创新活动中获取创新资源。知识共享中的沟通机制将有助于企业获得外部潜在的创新资源并激活内部已有的创新资源。知识共享需要建立跨组织间的信息交流机制，高效的沟通交流机制可以激发多样化的创新资源，有助于实现获得更多的创新成果。

由此可知，耦合型开放式创新的知识共享更强调知识流的双向互动，是以互动、合作为特点的共同价值创造过程，以公司与外部合作者之间连续性的合作交流为基础,在这一过程中形成创新来源。这不同于传统研究中认为仅仅在由内而外的开放式创新中,知识共享的作用更加明显。在耦合型开放式创新中,知识共享具有更加重要的作用。

(二)知识共享的困境

由于耦合性开放式创新中的知识共享协作呈现多样性、多维度、多层级的特性,因此在协作创新中存在知识共享的主要困境,如信息不对称的机会主义、信息认证的困难、契约的不完全性(缺乏共识机制)、公共物品的治理难题、缺乏激励机制。

1. 信息不对称的机会主义

社会关系的"嵌入"与知识共享的风险相关。"嵌入"(Embedding)是指经济的行为和结果被企业和利益相关者的双边社会关系和整体社会关系网络所影响。外部社会关系的嵌入使知识共享的风险变大;同时,内部知识源输出后,在外部不一定能形成有效的新知识反馈,使内部知识源在流程中丧失作用。

2. 信息认证的困难

"私人信息"的存在与信息失真。在企业知识共享网络中存在着并非所有"局中人"都知道的"私人信息",并且交易主体的私人信息往往是不可观察和无法验证的。知识的复杂性、默会性使得其在交易中难以被辨明真伪,由此增加知识共享的成本和不确定性。

3. 契约的不完全性

企业加入知识共享网络,就可能对创新网络进行专用性资产投资,这很大程度上会转化为沉没成本,使得交易的一方不承受经济损失就不能退出。这本质上是由交易双方缺乏共识机制造成的,契约关系的强制性关系到知识共享的有效性。

4. 公共物品的治理难题

知识产品的社会共享性（公共物品属性）与局部专有性冲突。在企业协作创新中，知识共享是企业与利益相关者跨越企业边界传递私有知识，从而使利益相关者与企业拥有的私有知识向企业网络的共有知识转换。

5. 缺乏激励机制

企业与外部合作者参与协作创新的动力不足，知识共享的"社会困境"使企业更愿意免费享受网络的共有知识，而不愿为网络的共有知识提供维护。同时，企业在共享知识的过程中，面临失去已有的核心技术的风险，而利益相关者的知识产权如何得到有效保护也成为待解决的关键问题。

综上来看，耦合型开放式创新中，知识穿越组织边界是双向流动机制，并且以互动流程实现"共同创造"。在以获得可观价值为激励的前提下，需要强大的知识产权保护作为开放式创新取得成功的前提。现有研究发现，实践中存在知识产权保护力度不强或者保护成本太高的问题，并且难以从创新产品中获得经济收益，由此引出"用户创新"中，用户无偿披露创新成果的观点，即用户自愿放弃对创新成果的分配权。但新型生产关系的变革、工业4.0、工业互联网将催生新的生产方式，组织的可渗透性将进一步加强，仅以知识产权许可的传统方式进行边界内外的知识流动已经不能满足新型生产关系的需要。因此，需要构建新型的协作流程以实现创新效率的提升。

三、区块链技术的优势

（一）区块链技术的定义

区块链（blockchain）源于2008年由化名为"中本聪"（Satoshi

nakamoto)的学者发表的奠基性论文《比特币:一种点对点电子现金系统》。随着新型数字货币——比特币(bitcoin)的快速发展,作为比特币底层技术的区块链受到学界和产业界的关注。Melanie Swan 在其著作《区块链:新经济蓝图及导读》中将区块链定义为一种公开透明的、去中心化的数据库,并针对区块链应用范围的扩张,提出了从区块链 1.0、2.0 到 3.0 的演进阶段。工信部发布的《中国区块链技术和应用发展白皮书(2016)》将区块链定义为:包含分布式数据存储、点对点传输、共识机制、加密算法等计算机技术的新型应用模式。袁勇和王飞跃于 2016 年将区块链定义为:利用加密链式区块结构来验证与存储数据、利用分布式节点共识算法来生成和更新数据、利用自动化脚本代码(即智能合约)来编程和操作数据的一种全新的去中心化基础架构与分布式计算范式。他们进一步指出,区块链技术是由加密算法、共识机制等关键技术有机组合而成的一种去中心化的技术框架。目前,学术界尚未形成一致的区块链定义。一般来说,广义上,区块链技术指的是利用加密链式区块结构来验证与存储数据、利用分布式节点共识算法来生成和更新数据、利用自动化脚本代码(智能合约)来编程和操作数据的一种全新的去中心化基础架构与分布式计算范式。狭义上,区块链指的是一种按照时间顺序将数据区块以链条的方式组合成特定数据结构,并以密码学方式保证其不可篡改和不可伪造的去中心化共享总账,数据具备存储安全、能在系统内验证等特点。

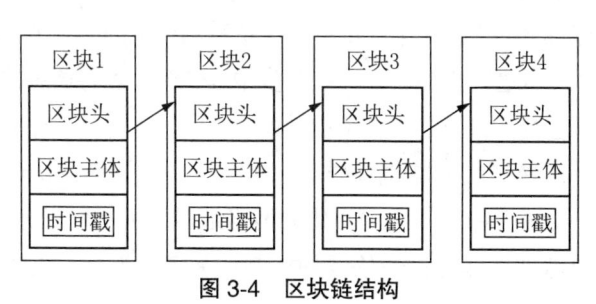

图 3-4　区块链结构

在区块链技术出现之前,传统的记账方式为中心机构统一记录和管理记账账单,而区块链的运作机理则是按照时间顺序生成并记录待处理的交易信息,可将账单全网公开并由各个节点共同维护,每笔交易信息均可通知到全网用户,并由所有用户共同核对。区块链记账方式在没有第三方信用主体时一样可以得到信用担保,从而保障信息的真实性与可信度。具体而言,从区块链结构角度,区块由区块头和区块主体两部分组成,区块头负责通过主链连接到下一个区块,区块主体负责存储数据信息;当区块和链形成时系统会自动生成时间戳并为数据信息打上时间标签,这是区块链数据库的一大创新点。在传统方式下,共享加密数据需要通过第三方信用主体完成;而在区块链中,加密数据以点对点的去中心化方式传递。

区块链本质上是一个去中心化的数据库,通过密码学方法产生相关联的数据块,每一个数据块中包含一段时间内全网交易的信息,用于验证其信息的有效性(防伪)和生成下一个区块。区块链是以去中心化和去信任化的方式,来集体维护一个可靠数据库的技术方案。

(二)区块链技术的流程

如图3-5所示,第一步中,由A创建了一个面向B的信息,使用私钥签名加密这个信息;第二步中,A将所创建的信息在P2P网络上进行全网广播;第三步中,区块链网络上的所有节点都会收到广播,并且进行交易验证;第四步中,各个节点将通过共识验证的交易信息写入自己的账本(数据记录)中,未通过验证的数据将被拒绝。区块链技术能将多样化、多维度、多层级的协作流程进行重构,形成分布式、去中心化的网络结构,更有利于协作创新。

区块链技术作为创造信任的机制,关键在于其是集体维护一

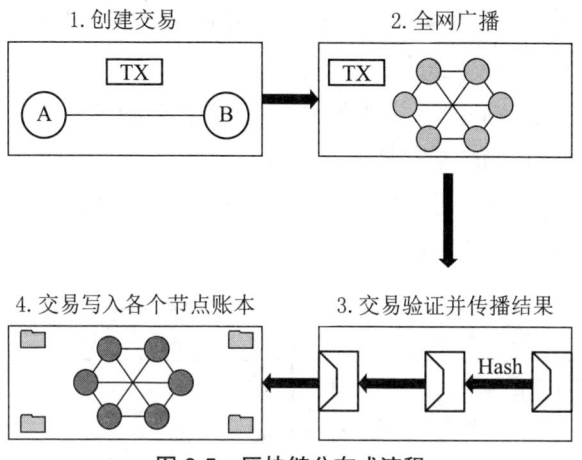

图 3-5　区块链分布式流程

个可靠数据库的技术方案。其主要有以下的特征。

① 分布式机构（去中心化）：由于区块是构建在分布式网络基础之上的，整个网络中没有中心化的管理机构，任何节点之间的权利和义务都是均等的，并且任一节点的损坏、失去都不会影响整个系统的运作，具有极好的稳定性。

② 去信任：参与整个系统的每个节点间进行数据交换是无需信任的，整个系统的运作规则是公开透明的，每个节点都是按照系统指定的规则范围和时间开展数据交换，节点之间是无法欺骗其他节点的。

③ 集体维护：系统中的所有节点都参与开展维护数据块的工作，形成共同维护功能，并且这项工作是开放式系统中的每个节点都可以参与的。

④ 可靠数据库：整个系统将通过分数据库的形式，让每个参与节点都能获得一份完整数据库的拷贝。由于单个节点对数据库的修改成本极大，系统基本上具有不可篡改性。

⑤ 开源：由于整个系统的运作规则必须是公开透明的，整个系统必定是可开源的。

⑥ 隐私保护：节点和节点之间无需公开身份就能完成工作，每个参与节点的隐私都是受保护的。

通过分析，可以发现区块链技术的特征可以有效解决耦合协作中知识共享存在的问题。（图 3-6）

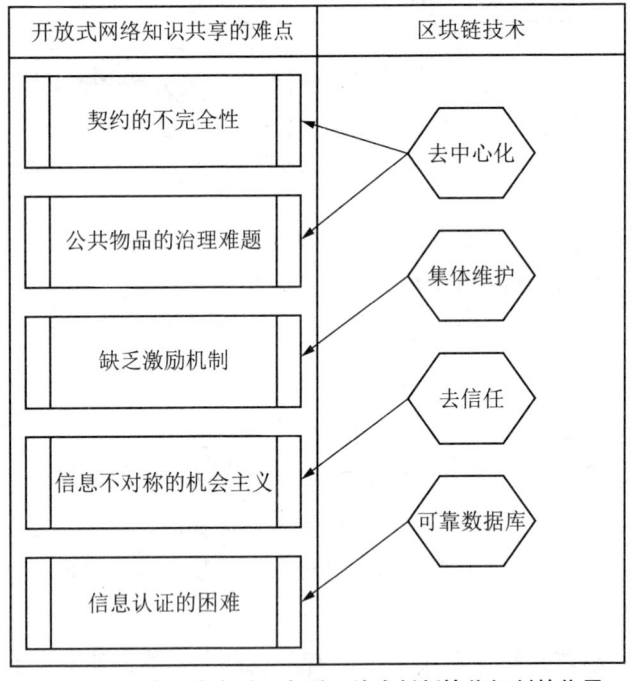

图 3-6　区块链技术对耦合型开放式创新协作机制的作用

区块链技术的核心优势是去中心化，在节点无需互相信任的分布式系统中，通过数据加密、时间戳、分布式共识和经济激励等手段，实现点对点交易、协调与协作；而在传统的中心化机构中，普遍存在高成本、低效率和数据存储不安全等问题，这些问题基于去中心化的区块链技术可以得到有效解决。

基于区块链技术的分布式特性，区块链能实现全球数据信息的分布式记录、分布式存储与分布式传播。其中，分布式记录指的是由系统参与者集体记录，而非由一个中心化的机构集中记录；分布式存储指的是存储在所有参与记录数据的节点中，而非集中存储于中心化的机构节点中，其对数据信息的可容错性极高；分布式传播指的是每一次交换都传播到网络中的所有节点。区块链也能传递信息，且传递的信息内涵更为广泛。基于开源的、去中心化的协议，区块链构建了一个分布式的结构体系，让价值交换的信息通过分布式传播发送给全网，通过分布式记账确定信息数据内容，盖上时间戳后生成区块数据，再通过分布式传播发送给各个节点，实现分布式存储。

基于已有的开放式创新研究理论，开放式创新网络中创新主体之间联合创新协作机制建立的难点在于缺乏相应的交流工具。区块链技术的核心优势是去中心化，能够通过运用数据加密、时间戳、分布式共识和经济激励等手段，在节点无需互相信任的分布式系统中实现基于去中心化信用的点对点交易、协调与协作，从而为解决中心化机构普遍存在的高成本、低效率和数据存储不安全等问题提供了解决方案。这为探索运用区块链技术研究耦合型开放式创新中的知识共享模型提供了可行方案。本研究聚焦当下互联网环境下形成的多样化创新主体之间协作创新的新模式，探索运用区块链将不同创新主体的知识流动紧密结合，形成新的耦合型创新协作模式。

（三）基于区块链的协作创新

在耦合型开放式创新网络体系中，多元主体之间如何协作共同开展创新活动，已有研究是从产业集群理论的产业链创新、创新网络复杂系统角度分析多元主体知识转移的特点、路径和绩效。最新的研究显示，创新主体的规模对于创新绩效具有重要的影响。根据 Lingfei Wu、Dashun Wang、James A. Evans 于 2019 年的研究表明，小型团队由于研究问题的集中和深入，更有利于进行"颠覆式"创新，而大型团队则因想法变多而容易相互抵消，会产生中庸的结果，更适合"渐进性"创新。而要解释创新主体规模异质性为何会对创新产生影响，需要从新的创新范式角度对治理结构进行论证。现有对创新主体间合作的机制研究，大多是从社会资本理论中关系机制所强调的目标一致性来解释。更多学者将其作为中介变量进行实证研究，对于其本身对创新作用机制的研究仍不多见。更进一步的是，信任和治理结构在创新中的作用都已被大量学者论证，包括李志宏等人于 2010 年、王国红等人于 2014 年的研究从小世界特性揭示创新孵化网络知识转移绩效；张红宇等人于 2016 年、党兴华等人于 2014 年的研究从跨层级的治理机制、交互学习和信任演化角度论证信任在创新中的中介作用。在创新街区的创新机制研究中，已有学者关注到多元主体确权与知识共享有效性之间的作用关系，如潘闻闻、邓智团于 2019 年的研究，但是对于信任机制构建的治理结构如何对各主体的知识确权发挥作用，以及知识共享的绩效方面的探讨仍有深挖的空间。

治理机制对创新网络的创新效率具有决定性作用。为剖析耦合型开放式视角下多元主体怎样共同协作，为创新流程创造新知识输入，本书运用区块链技术分布式协作理念，构建多元主体知识共享模型，探索有效平衡异质性创新主体之间强耦合关系的方法，建立有效的协作创新模式。

地理临近性在新的知识技术和产业体系中意义重大，已有研究通过对研发实验室集群地理的传导，发现集群效益随着距离增加快速消散，从而得到知识溢出"高度集中化"的结论。地理临近不是必要条件，不能保证深层次的合作和思想交流，但是在传统模式下，对创新主体开展协作来说是充分条件。耦合型开放式创新所产生的知识共享因主体的多元化和异质性，与传统产业集群内的知识共享存在差异，因此，有必要从知识类型、主体作用、共享流程三个方面进行比较和辨析，剖析多元主体与知识共享有效性之间的影响关系。通过多元主体与知识共享的有效性、多元主体间空间影响关系论证多元主体知识共享机制，分析确权约束对知识共享有效性的重要作用。

区块链记录具有可靠又可追溯的优势，天然适合于权属的登记和确权，可以有效解决在耦合型开放式创新中多元主体知识共享过程中知识（技术）的确权问题。本研究致力于构建多元主体间的知识共享模型，主要包括多元主体知识认证（确权）、知识交易机制、主体激励机制。为解决传统模式下多元主体创新网络所形成异构网络的低效沟通困难，采用分布式点对点知识流传输机制，打破原有模块边界，提高创新主体之间协作创新的效率。通过建立基于区块链技术、无需第三方机构进行管理和信任背书的知识共享系统以及配套的治理机制，让多元主体可以进行无障碍、低成本、零摩擦的知识共享与协作创新。

在区块链系统中，参与者不需要了解其他人的身份背景，也不需要借助第三方机构的担保，运用"零知识证明"机制[1]，仅

---

[1] "零知识证明"（Zero-Knowledge Proof），是由 S. Goldwasser、S. Micali 及 C. Rackoff 在 20 世纪 80 年代初提出的，是指证明者能够在不向验证者提供任何有用的信息的情况下，使验证者相信某个论断是正确的。零知识证明实质上是一种涉及双方或更多方的协议，即双方或更多方完成一项任务所需采取的一系列步骤。

凭技术就能够保障价值转移活动的记录、传输、存储,因此保障了交易的有效性与可信性。区块链技术能将多样化、多维度、多层级的异构网络进行重构,形成分布式、去中心化的网络结构,更有利于协作创新。

四、"时间—空间—结构"耦合协作理论框架

在耦合型开放式创新范式下,异质性的创新主体具有多维度的拓扑结构。第一个维度考虑了外部协作主体的性质,包括个人、企业、组织、机构等;第二个维度考虑了协作流程的拓扑结构,包括二元协作、多元主体的协作。从问题导向看,创新治理机制对创新效率具有重要影响,但是现有的理论研究方式对耦合型开放式创新这种新模式仍有部分不适用,创新资源是如何实现有效治理,从而提高创新效率的"黑箱"并没有打开,需要引入新方法对耦合型开放式创新中的治理机制进行分析。由于创新主体异质性更强、创新行为复杂性更高、知识共享困难度更大,为了探究耦合型开放式创新的互动协作机制,需要深刻剖析以下问题:耦合型开放式创新中各主体如何认同其他创新主体的创新能力?如何确保各主体间有效的共享异质资源?各主体如何实现协同创新?在区块链、人工智能等新技术快速发展的背景下,能否运用新的技术手段解剖创新的本质,攻破不同主体创新过程中的难点,解构耦合型开放式创新各个主体之间的治理结构,建立创新主体间"强信任"是重点。为此,本书从创新治理机制入手,构建耦合型开放式创新"时间—空间—结构"治理机制框架,解构耦合型开放式创新互动协作的治理能力,并探索进一步提升多元主体协作创新能力的方法,丰富开放式创新理论。

为深入研究耦合型开放式创新不同层次互动耦合机制，在对多元主体的种类、特征、作用进行界定的基础上，聚焦知识双向流动和互动耦合的机理，分别从时间维度、空间维度、结构维度分析耦合型开放式创新的治理机制。

（一）时间维度

从时间维度来看，耦合型开放式创新是分布式的创新流程。对分布式的理解需要包括时间维度的分析，区分过去的创新策略和现在的创新策略。因为不同时间维度的创新策略对知识交互过程的影响是不同的。过去的创新实践影响了知识积累的程度，而知识累积的程度又影响了现在的知识管理战略。这一假设与Arthur 于 1986 年提出的研发路径依赖、Arts 于 2012 年提出的知识积累、Cohen and Levinthal 于 1990 年提出的知识重组、Katila 和 Ahuja 于 2002 年提出的吸收能力等理论是一致的。开放式创新允许企业获得新知识和技术，这取决于实践中的知识管理战略。随着技术知识的发展，当前的策略可能会偏离以前的策略，甚至是部分偏离。因此，特定创新实践的选择可能会影响当前的研发创新的产出。本书从时间维度，重点剖析过去的创新实践对现在的知识管理、创新产出的影响和作用。

（二）空间维度

在开放式创新的理论研究中，国外学者的研究大多基于企业维度，而国内对开放式创新的深层次理论问题探讨和案例实证研究才刚起步，扩展到产业和空间维度的研究尚不多见。在开放式创新深层次的研究方面，国内外学者纷纷以企业为研究对象，基于调查问卷及量表分析，研究企业的开放式创新发展与创新绩效的关系；也有学者基于调研视角，研究企业开放式创新的影响因素。基于企业视角的开放式创新研究的优势在于其活动具有明确性，但是较少有研究扩展到跨地区的空间层面。从创新集群理论看，基于地理临近性、开放式创新、龙头企业引领和集群政策支持是产业集群向创新集群转化的关键因素。结合开放式创新理论和产业集群、创新集群理论，跨越地理空间边界的知识交互和耦合将对创新绩效产生重要作用。为此，本书从空间维度，分析耦合型开放式创新中知识溢出的多空间尺度耦合、空间知识溢出的机制。

（三）结构维度

产业集群作为一种互动性的网络生态环境和平台，能够通过供应链与价值链上的价值活动的协同效应，促成集群内外企业的知识和信息共享。在产业集群中，由于相同或相关行业的企业在地理上集聚，企业之间同时存在竞争与合作、分工与协作的关系，共享区域内的信息和知识。产业集群内的主体包括供应商、采购商、生产企业、专业市场、协会和公共服务平台等中介组织、金融机构以及政府组织等，共同构成了一个有机的产业生态系统，是企业自组织或有组织的综合体。在这个产业生态系统内，由于具有集聚性、竞合性和根植性等特点，产业集群促进了信息的流动，为企业开展开放式创新提供了基础。从跨组织层面的生态系统和创新网络视角，本书从结构维度，分析耦合型开放式创新在产业集群领域的作用机理，从异质性的产业结构对耦合型开放式创新的影响机制角度进行研究。

五、小　结

耦合型开放式创新属于一种广为分布的创新流程，其基础是根据每个组织的技术基础和商业模式，有目的地管理穿越组织边界的知识流。本章研究界定了耦合型开放式创新的本质特征：有目的地管理穿越组织边界的双向知识流,协作完成创新开发活动,具体的机制包括战略联盟、协作研发、创新网络、生态系统等,这就需要互补性的外部合作伙伴。外部行动者具有不同的性质,包括供应商、客户、研究机构等相关利益相关者,形成多元主体的协作创新。其中,多元主体之间互动耦合的流程模式是关键,其包括四个阶段:定义协作任务和规则、发现外部合作者纳入协作体系、相互协作共同创新、利用创新成果。在此基础上,构建了耦合型开放式创新"时间—空间—结构"治理机制框架,丰富了开放式创新理论。

第四章

时间维度：开放式创新的路径依赖

一、分析框架

早期开放式创新的研究强调利用外部资源来提高企业的利润。公司在实施开放式创新过程中，更多地希望在知识交流过程中能够保护自己的知识，并获得更多收益。因此，开放式创新理论研究不可避免地会涉及开放、知识流动和知识产权保护工具之间的关系和作用。开放式创新的协作机制，必然涉及合作双方知识流出和知识流入。根据知识的特性，开放式创新协作的知识流也必然会具有路径依赖性。开放式创新协作的路径依赖性是指事物发展的未来走向受制于其发展的历史。历史上的某种偶然因素的作用就可能使事物发展具有路径依赖的特征，最终锁定某种低效或高效状态。

产生知识的路径依赖性的根本原因在于人的有限理性。个体的决策过程，并不是一种在各种抑制条件下的纯粹的最大化计算，而是一种搜寻和心理评价的过程。决策的过程实质上是在面临外部不确定性的条件下逐步试错的过程。在这个过程中，搜寻总是从边际开始，即决策者在原有方案的"附近"（过去所熟知的方法）寻找新的方案。换句话说，过去的方法集合，也就是知识存量决定了未来的选择，就是以搜寻方案的边际努力不高于决策结果的边际改进作为搜寻继续进行的原则。因此，分析开放式协作的路径依赖性可以探索从时间维度对协作的过程、结果进行解释。

本书探索用专利数据来测度基于时间维度的耦合型开放式创新对企业的创新策略和创新类型的影响。目前的开放式创新理论研究中,更多集中于公司在创新战略中是否采用开放式创新,较多关注单一型开放式创新,即单向的知识流动过程;而很少考虑双向的知识流动过程的交互机制,即耦合型的开放式创新。因此,基于双向的知识流动对创新策略和创新产出类型的影响是值得深入研究的议题。同时,从时间维度来看,需要区分过去的创新策略和现在的创新策略,不同时间维度的创新策略对知识交互过程的影响是不同的。过去的创新实践影响了知识积累的程度,而知识累积的程度又影响了现在的知识管理战略。这一假设与研发路径依赖、知识积累、知识重组、吸收能力等理论是一致的。

另一方面,开放式创新允许企业获得新知识和技术,这取决于实践中的知识管理战略。随着技术知识的发展,当前的策略可能会偏离以前的策略,甚至是部分偏离。因此,特定创新实践的选择可能会影响当前的研发创新的产出。由此,借鉴Cammarano, A.等人2017年的研究成果,可以总结出耦合型开放式创新中知识双向流动基于时间维度的概念模型(图4-1)。

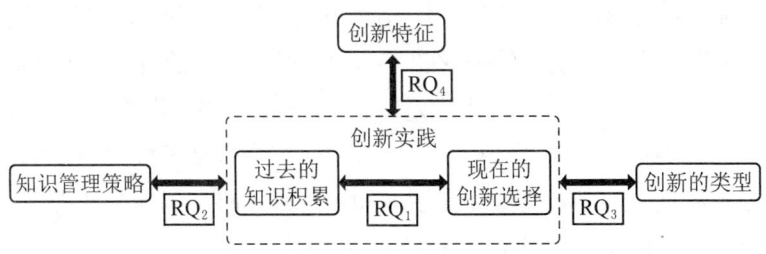

图 4-1 耦合型开放式创新基于时间维度的创新效应分析框架

为了探究耦合型开放式中基于时间维度的创新机理,从知识管理战略和创新产业的类型分析知识积累、知识重构、知识更新的运行机制，主要聚焦以下四个问题。

① 在知识交互流动过程中，过去的知识积累如何影响现在的创新实践选择？

② 当前的知识管理战略是由过去的创新实践产生的吗？

③ 创新产出的类型是否受过去和现在创新实践的影响？

④ 特定领域背景下专利组合的规模与创新实践是怎样的关系？

基于以上问题的思考，在耦合型开放式创新中，通过设计一套可操作的方法，采用创新实践、知识管理战略、创新产出的类型角度，对知识的双向流动过程和知识的交互机制进行深入研究。其中，假设每一个技术领域都有特定的知识积累的过程，主要包括三个方面：基于焦点公司在过去耦合型开放式创新中吸收的知识；对公司来说形成了一个特定的技术创新战略；当前研发的创新产出不仅是公司特有的，也是某个知识领域所特有的。

二、理论分析

耦合型开放式创新强调知识在不同主体之间的双向流动和交互机制。现有的理论研究缺乏对耦合型开放式创新实践的研究，也缺乏从时间维度区分过去和现在的创新实践影响作用的研究。在企业的创新行为中，这个过程不仅受到当下创新策略的影响，也是基于过去的创新策略所产生的影响。为研究耦合型开放式创新中，过去和现在的创新实践如何影响知识管理战略和创新产业类型，对知识管理战略、创新类型、创新实践的理论基础进行分析。

（一）知识管理战略

知识管理战略主要从知识的开发和利用，知识的专业化和多元化角度来考虑。March 于 1991 年的研究显示，知识利用主要是运用现有的知识进行产品的标准化、升级和精炼；而知识开发则是运用新知识进行基础研发、实验和研发新产品，Belderbos 等人于 2010 年的研究显示，知识利用可以使企业获得规模经济并且在短期内获得利润，其主要基于现有知识领域的搜索，在当前的技术框架下改进产品。不同于知识利用，知识开发更强调对新知识领域的探索，基于远距离的知识领域进行搜索，并与实验、具有风险的工作相联系，更多地创造新的研发能力和新的知识，如 Miner 等人于 2001 年的研究所示。这种新的知识体系将为未来的技术开发奠定重要的基础，并有利于公司开发新的技术路径和进入新产品的目标市场，主要达到长期增长的目的，如 Miller 等人于 2007 年，Benner、Tushman 于 2002 年，He、Wong 于 2004 年的研究所示。

知识的专业化和多元化主要取决于利用和开发知识的程度。开发知识的程度不同会导致对知识的熟悉程度不同，从而影响专业化和多元化的选择，如 Campbell 于 1990 年，Santalo、Becerra 于 2008 年的研究所示。如果实施专业化战略，公司将专注于一个较为狭窄的知识、技术和研发活动领域，但是知识利用的深度将得到最大程度的挖掘，如 Brusoni 等人于 2001 年，Duysters、Hagedoorn 于 2000 年的研究所示。另一方面，多样化战略可以将业务活动扩展到不同的领域，这样可以使积累的知识具有潜在的多样化应用价值。Leten 等人于 2007 年的研究表明，将分散在许多领域的知识进行技术组合被认为是技术多样化程度更高的标志。

（二）创新类型

从知识管理的角度，将创新分为突破性创新、渐进性创新、模块化创新、结构性创新。这是麻省理工学院 Robecca M. Henderson 和哈佛大学的 Kim B. Clark 提出的分类方法，可参见 Henderson、Clark 于 1990 年的研究。他们认为，创新活动所运用的新知识可能强化现有知识，也可能摧毁现有知识，并采用元件知识（component knowledge）与建构知识（architectural knowledge）两个变量，依据创新对于现有知识破坏和强化的程度，将创新活动分为突破性创新、渐进性创新、模块化创新和结构性创新四类（图 4-2）。其中，"元件知识"是指技术性的知识、可编码的显性知识（codified knowledge）。主要包括有关某一产品中某一零件的知识，或者关于产品各项核心设计理念以及这些理念如何在各元件上实施的知识。"建构知识"是指系统性、整合性的隐性知识（tacit knowledge）。主要包括串联某一产品中各零件的知识，通常存在于组织的例行工作或程序之中，即使对其作任何改变也是难以观察或表达的，是将各元件完整地、系统地进行整合的知识。对于元件知识的改造主要是由于前瞻性技术的缺失而引发对现有核心要件的升级和细化，如 Hall 等人于 2001 年、Jaffe 等人于 1993 年的研究所示。由于不同部件之间的影响关系，创新被认为是通过对现有元件知识的重新排列组合或者建立新的元件知识，如 Hargadon、Sutton 于 1997 年的研究所示。因此，新技术能够驱动元件知识的重新组合，并且重构已有元件知识的架构。

（三）创新实践

为研究耦合型开放式创新中不同类型的创新实践活动，将内部研发作为研究对标组进行分析，重点分析研发外包、协作研发、购买外部技术和并购等创新活动引发的知识管理战略和创新产出类型。

```
                    建构知识(隐性知识)
           强化现有知识      摧毁现有知识
                ┌─────────┐ ┌─────────┐
                │         │ │         │
强化现有知识    │渐进性创新│ │结构性创新│
                │         │ │         │
元件知识(显性知识)────────────────────
                │         │ │         │
摧毁现有知识    │模块化创新│ │突破性创新│
                │         │ │         │
                └─────────┘ └─────────┘
```

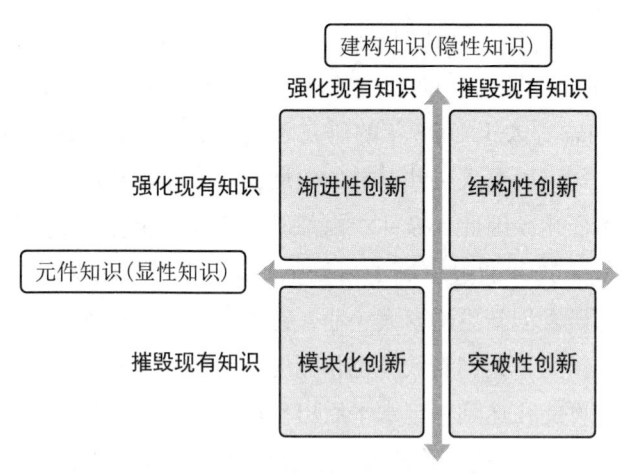

图 4-2　基于知识管理的创新分类

1. 内部研发

企业实施内部研发战略，可以直接享受新产品和服务开发带来的利润成果，并且获得进入市场的先发优势，如 Chandler 于 1990 年的研究所示。实际上，Almirall、Casadesus-Masanell 于 2010 年，Boudreau 于 2006 年的研究表明，如果焦点公司掌握了所有技术研发所需的知识、能力、资源等，对于复杂程度较高的技术而言，内部研发将比合作研发具有更好的效率。在这种情况下，内部研发较低的沟通成本可以实现研发较高的效率。在实践中，尽管大部分公司希望能够实施内部研发，但伴随产品创新的复杂度提升，不可避免地需要获得外部知识资源，以吸收、评估、使用新知识，刺激内部研发活动。Dzikovski 于 2015 年，Gomes 等人于 2011 年，Mothe、Nguyen-Thi 于 2013 年的研究表明，如果研发活动长期脱离于外部环境变化，将失去对市场形势变化的判断。

内部研发是实践中大部分公司开展知识管理的创新实践。通过对已有知识和资源的编码、加工、开发和再创造，实现核心技术水平的提升，提高创新绩效。持续和专注地对某一领域关键技术进行研发，有助于在领域内挖掘更深层次的知识性能。Guadamillas 等人于 2008 年的研究表明，专门从事某些特定技术领域的公司可以进入一些互补的领域，从而导致其资源可以扩展领域的多样化。因此，专注于内部研发活动可能有助于产生突破性创新成果，并通过更高的研发强度，刺激新的创新。在实践中，内部研发创新更适合大企业，特别是在高科技领域，随着企业规模的扩大，其创新效率也相应提升。但是，内部技术力量的积极影响可能在达到一定水平后出现消退。这是因为现有的知识体系一旦固定，有关组织和程序很难重新配置，随着时间的推移，将逐步向渐进性创新产出发展。

2. 研发外包

研发外包是指公司通过与外部第三方合作，实施开发新技术的创新活动。以达成技术研发协议的方式开展合作，是研发外包的主要表现形式。在研发外包的实践中，大部分采用的是外部知识源向内转移的路径，即由外而内的开放式创新。但是公司需要开放内部已有的相关知识，使第三方研发主体能够在一定知识范围内开展研发活动，实质上存在知识的双向流动。此外，由研发外包活动产生的知识产权可能是难以分配的。Andries、Thorwarth 于 2014 年，Howells 等人于 2012 年的研究显示，其原因在于供应商和外包商之间的信息不对称，可能导致较高的道德风险。

公司在内部开发核心产品时，主要倾向于让不属于自己专业领域的合作伙伴参与进来，如 Ciravegna、Maielli 于 2011 年，Laursen、Salter 于 2006 年的研究所示。通过这种方式，焦点公司能够获得内部研发无法获得的多样化技术能力，并将自身主要的研发力量集中在一个专业的技术领域，如 Gadde 于 2014 年的研究所示。一方面，专业化是公司采用研发外包的主要影响之一，如 Narula 于 2001 年的研究所示，将主要研发力量聚焦于一个核心领域；另一方面，随着研发活动的外部化，公司业务可以实现多样化，在原本不太了解的领域产生新知识，并利用更广泛的知识领域。因此，通过利用研发外包组织，既可以利用现有的技术能力（通过识别、搜索和吸收来自合作伙伴的一些信息），也可以通过获取新知识来探索新的技术学习机会，如 Chuang 等人于 2015 年的研究所示。

在研发外包实践中，由于第三方主体只承担研发工作，但对于市场情况和服务的实际用户并不了解，因此，研发外包所形成的创新产出大多是渐进性创新。Contractor、Lorange 于 2002 年，Roy、Sivakumar 于 2011 年的研究表明，当产品知识在整个供应链中广泛传播时，企业雇佣外部合作伙伴只是为了在其专业化范围之外的活动中实现增量创新。Ciravegna、Maielli 于 2011 年的研究表明，由于公司通过划分研发任务给不同的第三方研发主体进行研发，这也意味着很难获得结构性创新。

大量文献表明，虽然研发外包不能帮助小企业克服知识储备有限的劣势，但可以帮助他们启动高风险的研究项目，并且比采用相同创新战略的大公司能够获利更多，如 Andries、Thorwarth 于 2014 年的研究所示。对于生物制药行业内的特定行为，制药公司将研发外包视为获取专业技能的有效方法，而无需在内部资源上投入大量资金，如 Festel 等人于 2010 年的研究所示。大多数企业从更小但更专业的生物技术公司的外围和非核心研发活动中吸收新知识，如 Howells 等人于 2012 年的研究所示，其甚至会将外部专家整合到内部研发团队中。但是这样的合作研发将导致制药企业获得知识产权，对于外部的第三方合作者不利。

3. 协作研发

协作研发的基础是创新主体双方具有进行知识交流的意愿。协作研发可以使合作伙伴不仅获得显性知识,而且可以在合作中获得隐性知识,并且这些知识是无法通过市场交易(如订立合同)而轻易获得的,如 Spithoven 等人于 2010 年的研究所示。公司与外部第三方研发主体协作创新,可以帮助公司减少研发的不确定成本和风险,并分摊研发新产品的技术成本,如 Das、Teng 于 2000 年,Nakamura 于 2003 年的研究所示。此外,对于在技术复杂性较高的行业中运营的公司来说,这是一个补充专业知识的来源,在这些行业中,没有一家公司能够拥有所需的所有知识、技能和技术,如 Hung、Tang 于 2008 年的研究所示。与此相关的理论是由 Teece 教授提出的创新获利理论(Profiting from innovation,PFI),认为阻止创新被模仿并拥有将创新成功商业化的能力是企业获取创新收益的关键所在。

创新获利问题的提出,与企业创新激励问题密切相关。熊彼特认为"垄断是创新的先决条件",较大的市场份额可以帮助企业占有创新收益。而 Arrow 则认为,专利和知识产权保护等市场干预手段可以赋予创新者在一定期限内知识(信息)的排他性权利,限制模仿者对创新者所付出的努力搭便车,从而激励创新者对知识产品进行投资。

不同于从社会整体层面研究视角分析创新获利问题,Teece 从企业角度考虑了创新获利问题,以单个创新为分析单位,构建了以独占性机制(Appropriability Regime)、互补资产(Complementary Assets)为核心的创新获利理论框架。

独占性机制(Appropriability Regime)是指创新的外部环境因素,这些因素具有阻止创新被模仿的能力。其包含两个最重要的内容：一个是创新的技术知识属性（知识的显隐性或可编码性）；另一个是专利、商标、著作权、商业秘密等外在的法律保护机制（IPRs）。创新获利理论框架认为创新的可模仿性是法律机制保护强度和创新技术知识属性的函数。创新的技术知识属性会影响模仿的难易程度，显性技术知识容易传递和模仿，而隐性技术知识很难表述清晰并转移，从而增加了模仿难度。专利、商标、版权、商业秘密等外在法律保护机制可以在特定行业或具体情境下保护企业的创新不被竞争者模仿。

互补资产（Complementary Assets）的提出是对创新获利理论的另一个巨大贡献。其强调互补资产在创新成功商业化中扮演的重要角色。Teece认为，仅有创新不足以使企业获得成功，独占性机制可以帮助企业创新不被模仿，但是创新的成功商业化离不开将创新引入市场的互补资产（能力），如制造能力、分销渠道、服务网络等。Teece进一步区分了三种不同类型的互补资产：通用、专用和联合专用（图4-3）。通用的互补资产可以通过市场交易获得，因此，并不构成竞争优势的来源；专用性或联合专用互补资产表现出创新对互补资产（或资产对创新）的单边或双边依赖，难以模仿，很难在短时间内建立起来，由此构成了阻止竞争者模仿、帮助企业获取独特市场价值的重要机制。

传统独占性机制主要由法律保护程度与技术知识的显性、隐性属性等外生变量决定。但是随着企业发展和外部商业环境的变化，传统的独占性机制开始由外生变量拓展为内生变量。这些新的独占性机制不再是一种单纯的环境变量，而成为企业主动战略选择的结果；不再作为隔离机制使企业所拥有的知识具有排他性和独占性，而作为一种联结机制，促进创新者之间的知识流动、共享和共创。

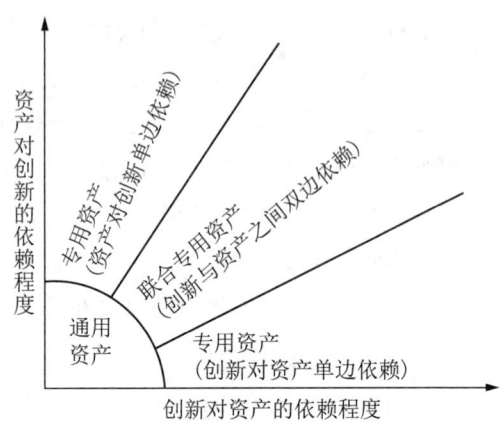

图 4-3 互补资产：通用、专用和联合专用

技术的独占性是决定公司之间是否能够成功开展协作创新的主要影响因素，即保护创新手段的可行性是决定性因素。van Beers、Zand 于 2014 年的研究显示，知识的无意识溢出需要有效的知识产权保护，能够预防相关的法律风险，并提高相互之间的信任。因此，协作研发的关键是在知识共享过程中对成果的有效确权。联合专利对于协作创新来说是至关重要的，因为在知识转移过程中，经济上有价值的知识可能会被窃取，联合专利保护了企业在知识转移过程中免受关键知识的暴露，如 Belderbos 等人于 2014 年的研究所示。

当企业聘请外部第三方参与研发工作时，他们可以专注于自身的核心竞争力，并从合作伙伴那里引进其他需要的知识，如 Zhang 于 2016 年的研究所示；以扩展技术边界，实现知识管理的多样化，如 del Henar Alcalde Heras 于 2014 年的研究所示。

协作研发可以有利于开发和探索新的技术领域。一方面，开发联盟建立在互补性的基础上，使公司能够受益于合作伙伴的专业知识，并实现有效交易和利用现有的内部资源，如 Grant、Baden

Fuller 于 2004 年的研究，Yamakawa 等人于 2011 年的研究所示；另一方面，在协作研发过程中，合作伙伴关系使分享和学习新技术成为可能，以便通过获取知识、技能和技术来发现新机会和开发新技术。实践中，公司在寻找合作伙伴的时候，也是在寻找新的学习方法，也要接受合作带来的风险和不确定性。协作研发的开发活动需要建立在已有的经验和信任的基础上。因此，开发是一个长时间的维度，具有较高的不确定和高回报性，较多实现突破性创新；而利用则是短时间的维度，具有可预测性和低回报性，较多实现渐进性创新，如 Hoang、Rothaermel 于 2010 年的研究所示。

协作研发使企业能够获得高质量的组件技术，以补充其内部知识库，从而能够实现结构式创新，如 Jaspers 等人于 2012 年的研究所示。特别是当产品采用模块化设计时，因为合作伙伴更容易实现知识共享，如 Bouncken 等人于 2015 年，Jacobides 于 2006 年的研究所示。不同知识资源之间的互补性越高，实现突破性创新的可能性越高。Oerlemans 等人于 2013 年的研究显示，因为公司已经拥有能力有效地吸收隐性和显性知识，将有助于实现突破性创新。

小公司寻求与大公司结盟，利用其现有的技术知识，以获得合法性和声誉等互补性资源。然而在实践中，小公司可能会因为与大公司的合作关系而遭受损失，因为在合同设计和成果分配方面缺乏优势，同时他们的议价能力也较弱，而大公司往往比小公司更善于学习和利用资源，小公司开发的创新成果有很高的被占用风险，如 Yang 等人于 2014 年的研究所示。从生物制药行业看，由于技术复杂性和产品创新的高成本，几十年来，制药公司通过与大学、研究中心和生物技术公司合作，联合力量开发新药和化合物，以此建立了自己的知识库，如 Zhang 于 2016 年的研究所示。这种关系对生物技术公司和制药公司都是有益的。事实上，生物技术公司寻求研发合作来吸引资本和增加他们生存的机会，而制药公司需要保持他们的产品线以满足更敏捷的创新研发活动，如 Dan、Zondag 于 2016 年的研究所示。

4. 购买外部技术

外部技术的购买包括从其他组织获得知识产权和非专利技术（如独特的设计、造型、制造工艺、配方、计算公式、软件包等技术秘密），如 Acha 于 2008 年的研究所示。技术收购的作用可以被看作是创新战略选择背景下的"购买"决策，分别指进行内部研发或商业购买技术，如 Huang、Rice 于 2009 年的研究所示。当企业需要快速获取特定的已经可用的技术、第三方开发的技术或者自身没有足够的知识和研发专长来开发技术时，则需要依赖于收购技术，如 Lee 等人于 2010 年的研究所示。因此，这种实践为快速整合外部专有技术提供了可能，如 Schroll、Mild 于 2011 年的研究所示。购买知识产权的公司必须面对的主要问题是长期内部研发能力水平可能会降低。因为研发人员可能会意识到，从外部引进的技术比他们自己研究开发出来的技术更好。这也意味着吸收能力的丧失和对所获得的技术缺乏专门知识，从而延长了公司将其商业化所需的时间，如 Schroll、Mild 于 2011 年的研究所示。

企业通过购买获得专利能够提供具体的解决方案，有助于快速有效地解决持续存在的问题。通过获得专利技术，可以用来支持多样化战略。因此，公司依靠外部市场技术来探索新的机会，如 Cesaroni 于 2004 年的研究所示。在此基础上，公司可能同时获得增量技术和激进技术，如 Messeni Petruzzelli 等人于 2015 年的研究所示。第一种可以帮助解决当下的问题，并以较低的价格出售，从而增加收购的机会，降低了被收购发明的开发不足的风险，如

Adner、Levinthal 于 2002 年的研究所示。第二种可能提供更重要的技术贡献，但意味着要付出相当大的经济成本，并需要互补的资产和能力，以维持其转化为可销售和有利可图的解决方案。技术市场构成了小公司和个人发明家（他们缺乏大规模开发、生产和销售的能力）存在的可能性，形成了将他们的技术转让给更大的公司的重要渠道，这些公司能够使发明商业化，如 Galasso 等人于 2013 年的研究所示。然而，技术收购只有在技术市场有效运作的情况下才有吸引力，即企业可能从更多的战略选择中受益，如 Cesaroni 于 2004 年的研究所示。

5. 并购

并购有助于通过合并或从目标公司获得新的知识和能力来扩展公司的资源。事实上，这些技术资源一般不属于企业的核心能力，企业的成员很难理解和应用；这些技术大多以隐性的形式存在，由于很难识别，会阻碍已有知识的传递和编码，如 Lin 等人于 2015 年、Miller 等人于 2007 年的研究所示。效率的提高是通过在合并后的实体内传播专门知识和重新分配技术来实现的。Ensign 等人于 2014 年提出通过并购可带来使用和协同效应，这种做法允许通过结合两家公司的技术知识来提高创新绩效。实际上，当技术知识相似到足以促进学习，但其差异又足以提供新的机会和激励去探索新知识时，并购行为最能提高创新绩效，如 Grimpe、Hussinger 于 2014 年的研究所示。然而，实施并购的优势可能会被许多问题所抵消，例如，来自被收购企业内部整合信息的挑战、不对称知识基础的挑战、协同的困难、企业文化距离与技术不兼容等问题，如 Bena、Li 于 2014 年，Hoberg、Phillips 于 2010 年，Stettner、Lavie 于 2014 年的研究所示。

公司可与技术接近或互补资产的合作伙伴合并，通过推出新产品扩大产品范围，如 Hoberg、Phillips 于 2010 年的研究所示。因此，在收购过程中，企业寻找的目标需要有一定程度的重叠。当重叠度较低时，收购者可能因为缺乏吸收能力而无法重组知识，而重叠度高则意味着重组的可能性较小。此外，当重叠度较高时，收购企业的员工将发现自己在与目标企业的知识员工竞争有限的资源。Stettner、Lavie 于 2014 年的研究显示，可以利用并购来实现多种知识管理战略。事实上，企业既可以通过收购超越其行业边界的新业务来进行探索，也可以通过合并紧密相关的业务来进行开发。然而，通过并购进行探索意味着管理不熟悉的知识，并存在协调困难。因此，只有利用互补资产才能获得效率收益。在技术密集型行业，企业利用其创新驱动产业内的并购来促进新知识的探索，并将具有技术和管理技能的人才引入其收购的公司，如 Phene 等人于 2012 年的研究所示。

不同知识基础的整合和共同社会环境的创造产生了高阶学习。因此，从长远来看，并购有望产生突破性创新。业界普遍认为，并购适合有资源的大公司，以维持和整合目标公司的资产和知识，如 Arvanitis、Stucki 于 2014 年，Khansa 于 2015 年的研究所示。在生物制药行业，并购已经成为一个频繁被实施的战略，以填补产品线和管理日益复杂的研发工作。因此，许多研究活动较薄弱的制药公司表现出强烈的收购倾向，以获得制造各种产品所需的专利权，如 Marco、Rausser 于 2008 年的研究所示。

三、研究设计

（一）样本选取和数据来源

在本研究中，借鉴 Cammarano, A. 等人 2017 年的研究所采用的专利研究方法，运用我国专利数据研究过去和现在的创新实践与知识管理战略和创新产出之间的关系，同时也考虑到专利组合规模和行业作为控制变量的作用。本研究的数据来源为incoPat专利数据库，其拥有专利文件获取范围广泛的客观和标准化的信息，并且包括几十年来不断更新和涵盖的创新活动。这其中还包含对技术独占性问题的考量，通过捕捉技术变化和竞争方面的信息，提供关于所有权、参与研发工作的参与者和最终的权利转让的信息。由于专利统计可以分解为特定的技术领域，因此可以在知识领域级别进行分析。以往的文献指出，在一个单一的技术领域内，知识管理战略是相互排斥的，同时又可以是交叉的，而其在不同的领域则是正交的。因此，不同的知识管理战略可能同时存在于同一公司内，如Gupta等人于2006年的研究所示。

本研究是基于中国工信部2013—2019年度中国医药工业百强榜单100家顶级的生物制药公司[1]的专利数据进行分析。选择生物制药行业，是因为在该行业中，行业内的协作研发是普遍存在的，使用专利是一种普遍的保护创新的手段，并且其实施了较为偏向耦合性开放式创新的实践。本研究的样本公司是从工信部生物医药领域的名单以及incoPat数据库比对中挑选出来的。在数据收集方面，子公司名单是从合并后的公司中提取出来的。在该年度报告中，从受让人字段中搜索到母公司及其子公司的名称，即假定公司拥有由当前授予的母公司和子公司的专利组成的专利组合。

（二）变量说明

1. 过去和现在的创新成果

本研究分析的年份是2017年。当前的创新实践对应以下两

---

[1] 根据中国医药工业信息中心发布的权威榜单。

个方面：一是焦点公司在 2017 年申请的专利，并且包括在之后被授予的；二是其他公司在 2017 年之前申请的专利，但在 2017 年权利转让或前持有人合并后归焦点公司所有。为了确定以前的创新成果（即知识储备中的专利技术），只需要在专利组合中附上申请日期在过去 7 年内的已批准的文件。实际上，在文献中，学者对企业所积累的知识进行考察时，使用了 5 年的时间跨度。这是基于这样一种假设，即知识发展迅速，如果放弃，公司将失去大部分技术经验，因此关注 5 年的技术领域，如 Ahuja、Lampert 于 2001 年，Argote 于 1999 年，Fleming 于 2001 年，Hall 等人于 2005 年，Leten 等人于 2007 年的研究所示。然而，考虑到生物制药行业研发时间较长的具体特点，因此将时间跨度延长到 7 年，如 Michelino 等人于 2015 年的研究所示。事实上，一种新药的开发大多需要 5 年以上的时间，在某一特定技术领域没有专利申请并不一定意味着知识的损失，因为一项发明可能仍处于开发阶段。此外，从以知识为基础的角度来看，在 t 年初，有效贡献知识存量的专利数量低于重点公司拥有的实际专利组合，因为合法专利保护期限更长。因此，授予专利申请或 2017 年收购被认为是当前的创新实践的一部分，而积累的知识被定义为所有提交文档为 2010 年到 2016 年期间，以及 2017 年仍然属于焦点公司的。

2. 创新实践

对于当前的创新成果和知识储备中的每一项专利，根据焦点公司为获取专利而采用的创新实践，将其分为五类。

① 仅使用内部资源开发的专利，不涉及外部参与者。

② 利用外部合作伙伴开发的专利，焦点公司是唯一的受让人，但当有些发明不属于其时，可以合理地假设开发过程的一部

分外包给了第三方。

③ 联合专利，由焦点公司与一个或多个公司联合开发，形成与组织／合作伙伴的协作研发。

④ 由外部机构开发的专利，随后通过单独收购的方式转让给焦点公司。

⑤ 由后来通过并购合并到焦点公司的公司开发的专利。

为了衡量这些创新实践类别，采取不同的步骤。

在开始分析之前，任何在受让人领域中披露的发明者都被删除，只有组织被报告为受让人。在调整之后，对所有披露受让人领域重点公司的专利文件进行分析。许多学者认为，如果在受让人领域发现两个或两个以上受让人，则该专利应被标记为联合专利。否则，应检测发明人的从属关系：对于每一个发明人，提取过去专利申请中披露的所有不同受让人的名单，报告联系人，并假定发明人主要属于此类文件中出现的组织。因此，如果在申请中发现的所有发明人都属于焦点公司，专利就会被标记为内部的，而不是外包的。此外，通过审查专利文件的法律地位，可发现向重点公司转让专利权的行为，并将这些专利称为购买。最后，为了发现来自并购的专利，进一步调查了属于焦点公司的每一个子公司，以了解其以前是否被收购／合并。对于被收购和合并的单位，在收购／合并日期之前确定专利组合，并将所有专利标记为已注册。

对于当前的创新工作，使用五个虚拟变量来定义每个实践的采用情况：内部开发、研发外包、协作研发、购买外部技术、并购。而对于知识存量，则计算采用创新实践的份额。虽然每个专利都可以通过使用某一项创新实践来获得，但是知识的存量（由更多的专利组成）是通过混合实践来建立的。

3. 知识管理战略

由于知识管理战略是在知识领域层面进行研究的，因此有必要对技术领域实行可操作化。知识领域通过合作专利分类（CPC）代码定义，每个 CPC 代码由表示部、大类、小类、大组、小组的五个层次符号组成。通过考虑整个代码，可以在组件级别，或者更确切地说，在最大的分解级别上研究创新。然而，当我们研究知识域时，应该使用第四级代码（即大组）。实际上，不同的产品或组件可以在相同的知识领域内开发，因为创新过程中所需的能力可能几乎是相同的。

为了在知识领域层面上检验开发和利用战略，根据 Belderbos 等人于 2010 年提出的操作方法，可区分为如下。

（1）利用战略

① 如果公司申请了某个知识领域的专利，该领域就会被贴上独有性的标签，说明近 5 年在这项技术领域中，只有利用战略。

② 这个技术领域连续 3 年保持利用状态。

然而，正如前文所述，仅考虑用 5 年时间确定生物制药公司的知识存量是不够的。与此类似，在这个领域，企业掌握一项技术并使其真正可被利用所需要的时间可能超过 3 年。事实上，生物制药行业的创新活动主要来源于基础搜索：产品的整体性迫使企业花费更多的时间来开发一个技术领域。因此，需要将调查时间延长至 7 年，还要将利用时间跨度延长至 4 年，如 Michelino 等人于 2015 年的研究所示。因此，在 2017 年提交或获得的专利文件中披露的每一个 CPC 代码都可以被认为是一种独占。这个阶段需要 4 年的时间。例如，如果一个企业在 2010 年开始探索一个新的知识领域，那么其将在 4 年后，即 2014 年，结束利用阶段。这意味着在 2017 年可以在该领域实现的知识管理战略是利用。

（2）开发战略

其发生在知识领域已经被利用的情况下，但在本研究中，企业在2017年仍处于利用阶段，或者在2017年专利申请中首次报告了一个新的技术领域。

一旦评估了涉及每个专利的每个知识领域的开发和利用战略，就可以计算出利用阶段的CPC代码占文档中代码总数的比例。因此，定义专利的百分比作为知识管理战略的变量，范围从0%（如果文档中声明的所有CPC代码都处于利用阶段）到100%（如果其都是开发战略）。

至于专业化和多样化战略，尽管学者们考虑了公司在特定技术领域内运作的频率，但没有测算专利数据的贡献，因此，本研究采用该特定技术领域在公司实施的整体创新战略中所占的权重作为专业化程度。事实上，并不是所有的领域对公司都是同等重要的，只有一些知识领域受到了重视，并且其中对当前业务活动的核心技术的发展贡献较大的才受到关注。因此，学者们可能在每一个技术领域都发现不同的专业化战略。总之，企业将研发工作集中在少数相关领域，实施专业化战略。相反，研究范围更广的知识可以被看作是多样化战略的代表。在文献中，类似的概念被称为技术熟悉度，如果一个组件是公司熟悉的，那就会被经常使用，如Arts、Veugelers于2012年的研究所示。对于每个知识领域，专业化是通过将公开CPC代码的专利数量除以知识库存中的专利申请总量来估计的。评估专利技术专业化是计算平均值的专业化编码，其是一个变量，以百分比表示，从0%（没有在代码文档中发现专利知识）到100%（如果专利中的所有技术领域都在知识库的所有文档中公开）。

4. 创新的类型

为了判断创新的类型，可通过逆向引用来评估创新水平，同时考虑专利文件中披露的技术领域组合的新颖性来评估组件之间联系的影响（图4-4）。一方面，没有对现有技术的反向引用的专利可以被认为是开创性的，而反向引用的存在则是基于对核心概念的强化的创新类型；另一方面，整个CPC代码用于标识组件，使其组合构成一个体系结构。为了解这种组合是否"是新的"，验证了国家专利局的所有专利申请中，在过去7年是否出现了相同的组合。只有当没有检测到相同的组合时，才认为专利组合是新的（即体系结构是新的）。

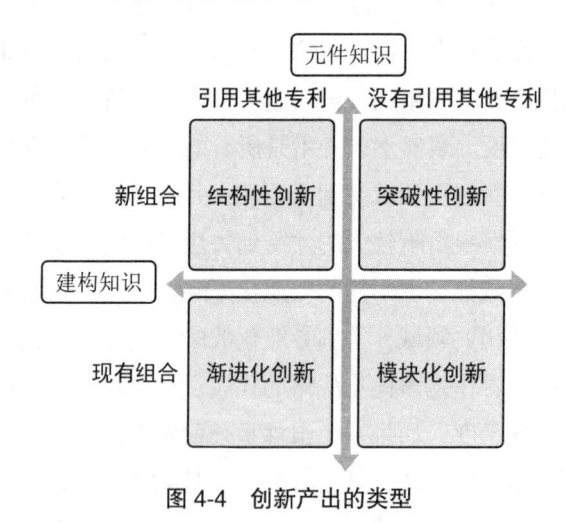

图4-4 创新产出的类型

创新的每个类型被定义如下。

① 渐进性创新：如果现有的专利引用了其他专利，并且没有发现新的组件组合时。

② 结构性创新：当发现新的技术成分和现有技术参考的新组合时。

③ 模块化创新：如果不涉及先验知识，但没有检测到新的组合时。

④ 突破性创新：以技术原创性为特征，产生新的技术成分组合时。

5. 控制变量

为了更好地了解各变量的关系，设置两个控制变量：部门和专利组合的规模。专利组合的大小，以计算有效的专利数量导致的知识积累来表示（即从 2010 年至 2016 年开发、获取的创新成果），而不考虑焦点公司在 2017 年初实际拥有的专利组合，其中也包括 2010 年之前申请的专利，并在 2017 年仍在使用。这样能更好地确定焦点公司的潜在创新能力，并了解哪些差异代表了小型和大型投资组合持有人。

（三）实证模型设计

首先，对样本数据进行统计性描述（表 4-1），可以发现，制药公司在其知识储备中表现出更高的专利生产率并拥有更多的专利技术。在当前的创新活动中，超过一半的知识来自过去的创新活动，并且是通过内部研发获得的。此外，研发外包对进一步的创新发挥了关键作用，有利于产生较好的创新绩效。这对制药公司（其从合作伙伴那里获得了新知识）和生物技术公司（其积累了经验，提高了专有技术的价值）来说都是如此，如 Howells 等人于 2012 年的研究所示。

表 4-1　样本的统计性描述

行　业	公司数	当前的专利数	以前的专利数	平均每年专利数
生物技术	39	246	1 545	7
制药技术	61	1 757	3 785	29
总　计	100	2 003	5 330	21

此外，制药公司的特点是通过购买和并购获得更高份额的外部知识，这证实了在这一细分市场中技术被广泛使用，如 Cesaroni 于 2004 年的研究所示。事实上，研究活动丰富的制药公司通过控制生产各种产品所需的专利权来吸收知识，避免了知识产权的重叠或相互阻碍，如 Marco、Rausser 于 2008 年的研究所示。相反，在生物技术领域，大量采用的是研发外包和协作研发。这类活动既涉及其他生物制药公司，也涉及科学合作伙伴。当生物技术研究人员被整合到合作伙伴的研发团队时，将产生新的知识共享、吸收和重组。关于目前生物制药公司采用的创新实践，其与之前的行为相比，在获取已有专利技术和整合知识方面有所增长。事实上，只有当焦点公司具备足够的成熟度和资源来实现规模经济、范围经济和市场开发时，才能获得外部专利的有效知识。

表 4-2 知识存量的构成和当前的创新实践

行业	以前的创新实践（知识积累）					
	内部研发	研发外包	协作研发	购买外部技术	并购	总计
生物技术	43.47%	28.84%	15.49%	7.93%	4.27%	100%
制药技术	55.19%	19.17%	7.23%	10.13%	8.28%	100%
总计	49.17%	22.05%	9.32%	8.95%	10.51%	100%

行业	当前的创新实践					
	内部研发	研发外包	协作研发	购买外部技术	并购	总计
生物技术	29.75%	21.23%	4.16%	15.97%	28.89%	100%
制药技术	54.13%	9.34%	3.16%	12.89%	20.48%	100%
总计	49.41%	10.92%	3.37%	13.16%	23.14%	100%

从知识管理战略来看,生物技术公司更倾向于开发,因为他们的研发工作集中在发现新的化合物、微生物或生物物质的操作上。与此相反,制药企业由于更多是以市场为导向,其利用活动所占比例更高。尽管专业化是非常相似的,但生物技术公司的价值可以看作是在开发阶段对新技术领域的熟悉程度较低和对其核心技术的熟悉程度较高之间的一个平均值。

就创新的类型而言,渐进性创新和模块化创新主要是由生物技术公司进行,即他们对现有成分进行更新,而结构性创新则是由制药公司在已上市的疗法上开发新的成分。没有发现突破性创新的部门之间的差异(表4-3)。

表4-3 知识管理战略和创新的类型

行业	知识管理战略		创新的类型				总计
	开发	专业化	渐进性创新	结构化创新	模块化创新	突破性创新	
生物技术	61.73%	10.25%	41.64%	29.73%	18.62%	10.01%	100%
制药技术	21.71%	10.72%	26.15%	53.75%	9.87%	10.23%	100%
总计	26.3%	10.51%	28.81%	50.97%	10.07%	10.15%	100%

本研究方法是通过对专利数据进行文本分析,得到相关的需要变量,再进一步进行实证分析。通过合作专利分类代码定义知识领域。根据 incoPat 数据库,每个代码由表示部、大类、小类、大组、小组的层次符号组成。通过考虑整个代码,可以在组件级别,即在分解的最大级别上研究创新。当研究知识领域时,应使用第四级代码(即大组)。在进行统计性描述的基础上,采用斯皮尔曼相关分析(Spearman's correlation analysis)统计方法进行验证。斯皮尔曼(Spearman)相关系数是一个非参数性质(与分

布无关）的秩统计参数，其是衡量两个变量的依赖性的非参数指标，主要利用单调方程评价两个统计变量的相关性。如果数据中没有重复值，并且当两个变量完全单调相关时，斯皮尔曼相关系数为 +1 或 –1。为论证之前的四个假设，采用斯皮尔曼相关系数进行论证。

（四）结果分析

1. 在知识交互流动过程中，过去开展的创新活动如何影响现在的创新实践选择

具体而言，公司采用的创新实践与通过之前类似活动开展的创新实践之间呈正相关关系。从耦合型开放式创新的角度来看，这意味着过去采用的创新实践可能会使企业运用相同的实践来吸收新的外部知识，表现出明显的路径依赖。但对协作研发而言，其受到外部合作第三方的影响更大，这意味着进一步选择与第三方联合开发技术独立于过去的合作。由于技术联盟的形式、动机、合作伙伴类型和所涉及的阶段各不相同，因此，一些合作伙伴能够生存下来，而另一些则可能已经消失。特别要注意的是，过去的合作活动与当前的并购之间呈现正相关关系，说明之前合作过的创新主体在一段时间后将会合并。实践中，生物医药、信息服务等行业都有这样的现象。

此外，以往内部研发的比例越高，除了并购以外的创新实践进一步采用耦合型开放式创新的概率就越低。当公司主要通过购买已经获得专利的技术来获得外部知识时，在新的创新实践中采用其他开放式创新实践的可能性较低。实际上，技术的购买是第三方与收购人的技术知识之间没有直接接触的唯一开放式创新活动，属于典型的由外而内的知识流。因此，其只是获取了外部技术，而没有共享其他开放式创新实践中出现的内部知识。相反，

以往的并购有利于未来研发外包的使用,但阻碍了专利技术的购买(表4-4)。

表4-4 过去和现在的创新实践之间的关系

		现在的创新实践				
		内部研发	研发外包	协作研发	购买外部专利	并购
过去的创新实践	内部研发	0.183**	−0.091*	−0.076*	−0.230**	0.080**
	研发外包	0.009	0.178**	0.037	−0.221**	0.038
	协作研发	−0.163**	0.056	−0.041	−0.075**	0.273
	购买外部专利	0.051	−0.179**	−0.061*	0.387**	−0.237**
	并购	−0.173**	0.112**	−0.014	−0.066**	0.257**

注:*表示相关性在0.050水平上显著,**表示相关性在0.010水平上显著。

2. 当前的知识管理战略是否由过去的耦合型开放式创新产生,当前创新实践的选择是否与这种战略有关

通过协作研发、研发外包和并购,开发战略会与更高的知识积累份额呈正相关,如 Andries、Thorwarth 于 2014 年,Stettner、Lavie 于 2014 年,Yamakawa 等人于 2011 年的研究所示;而利用战略则可能还是侧重于之前的创新实践所购买的外部技术。此外,当企业通过内部研发积累了知识后,会实现更高的专业化,而过去的研发外包和并购则会导致多样化。这些结果与之前的研究一致,如 Arvanitis、Stucki 于 2014 年,Hoberg、Phillips 于 2010 年,Teirlinck、Spithoven 于 2013 年的研究所示。对于当前的创新实践选择,可进一步通过协作研发和企业合并来支持开发。相反,当公司必须保持利用战略时,就会采用内部开发或收

购已知的技术。高度专注于核心技术领域的公司会在当前的创新实践中保持其封闭的做法，而并购是进一步多元化其技术组合的一种选择（表4-5）。

表 4-5　创新实践与知识管理战略之间的关系

		开发战略	专业化
以前的创新战略	内部研发	−0.031	0.091
	研发外包	0.222**	−0.267**
	协作研发	0.165**	−0.018
	购买外部专利	−0.211**	−0.013
	并购	0.076**	−0.127**
现在的创新战略	内部研发	−0.152**	0.157**
	研发外包	0.038	−0.026
	协作研发	0.118**	−0.054
	购买外部专利	−0.074*	0.005
	并购	0.135**	−0.156**

注：*表示相关性在0.050水平上显著，**表示相关性在0.010水平上显著。

3. 创新产出类型是否与以前和当前的创新实践相关

研究发现，研发外包活动与渐进性创新之间存在正相关关系；获得外部专利技术最多的企业，在当前的活动中可能实现模块化创新和突破性创新；协作研发更有利于实现模块化创新（表4-6）。通过知识产权转让获得的知识吸收，使公司具有不同程度的新知识。在当前以积累新知识为目标的创新实践中，企业收购其他企业主要实现了渐进性创新。这样的结果有两方面的解释：一方面，渐进性创新通常更多地体现在公司的专利组合中；另一方面，并购企业不仅对目标企业的专利技术感兴趣，而且对研发人员的隐性知识感兴趣。不同于过去的结构性创新，现在购买外部专利的公司对专利技术中固有的模块化创新感兴趣。最后，结构性创新是通过内部开发实现的，因为这需要具备开发新知识所必需的整体结构知识。

表 4-6　创新实践与创新产出类型之间的相关性

		渐进性创新	结构性创新	模块化创新	突破性创新
过去的创新实践	内部研发	0.014	0.027	−0.037	−0.062
	研发外包	0.064*	−0.008	0.001	−0.092**
	协作研发	0.043	0.009	0.000	−0.047
	购买外部专利	−0.096**	−0.061*	−0.052	0.095**
	并购	0.017	0.017	0.018	−0.062*
现在的创新实践	内部研发	−0.025	0.068	−0.112**	0.034
	研发外包	0.024	−0.029	0.065	−0.051
	协作研发	−0.010	−0.019	0.048	−0.017
	购买外部专利	−0.050	−0.037	0.090**	0.039
	并购	0.069*	−0.023	−0.017	−0.051

注：*表示相关性在 0.050 水平上显著，**表示相关性在 0.010 水平上显著。

4. 特定领域下的专利组合规模和与创新实践的关系

研究表明，购买知识产权的公司建立了更广泛的知识储备。已有专利规模较大的企业倾向于购买外部技术和内部研发新技术。相反，已有专利规模较小的企业倾向于采用并购、研发外包和协作来进行当前的创新活动，如 Andries、Thorwarth 于 2014 年，Banerjee、Nayak 于 2015 年，Yang 等人于 2014 年的研究所示。在特定的细分领域，制药企业大多倾向于通过内部开发和购买外部技术来积累知识，而研发外包、研发协作和并购在生物技术企业知识存量构建中的比重较高。制药部门与内部研发呈现出正相关关系，而生物技术部门则与协作研发和研发外包呈正相关关系（表4-7）。

表4-7 专利组合的规模和与创新实践的关系

		专利规模	制药行业
以前的创新战略	内部研发	−0.181**	0.239**
	研发外包	−0.369**	−0.284**
	协作研发	−0.345**	−0.292**
	购买外部专利	0.688**	0.220**
	并购	−0.189**	0.097**
现在的创新战略	内部研发	0.203**	0.157**
	研发外包	−0.107**	−0.119
	协作研发	−0.098**	−0.035
	购买外部专利	0.215**	−0.005*
	并购	−0.336**	−0.089**

注：*表示相关性在0.050水平上显著，**表示相关性在0.010水平上显著。

四、小　结

本章主要利用专利数据解构耦合型开放式创新时间维度的治理机制。从知识管理策略、创新实践、创新产出之间的关系，剖析耦合型开放式创新中，过去的知识积累和创新实践对当前知识管理和创新产出的影响。从知识管理战略看，主要区分了开发还

第四章 时间维度：开放式创新的路径依赖

是利用，专业化还是多样性；知识管理战略在单个的技术领域是相互排斥的，但是在跨领域的技术中是正交的，如 Gupta 等人于 2006 年的研究所示。从知识的角度来看，有效贡献知识存量的专利数量低于焦点公司在 t 年初拥有的实际专利组合，因为合法专利保护的期限更长。研究发现，通过实施不同的创新策略可获得不同的创新产出。

此外，本章研究了创新实践与知识管理策略之间的关系，并探讨了其与专利技术潜在创新性之间的联系。除了封闭式创新的方法外，还考虑了四种开放式创新的实践：研发活动外包、协作研发、购买外部技术和通过并购整合知识。通过构建一个基于专利的框架，考查了 2017 年的创新实践和 2010 年至 2016 年积累的知识存量，以授予专利最多的 100 家顶级生物制药公司的专利为样本进行了测试。测试结果表明，耦合型开放式创新实践覆盖了公司知识存量中专利总数的一半左右，制药公司以收购活动为主，生物技术公司以外包和联合开发活动为主。平均而言，开发战略覆盖了公司研发工作的 1/4，生物技术公司更致力于采用这种战略。以往对具体创新实践的探索影响了当前的实践选择。具体来说，历史上使用耦合型开放式创新实践的公司可能会使用相同的实践来吸收创新过程中的外部知识。在用于探索的耦合型开放式创新实践中，公司主要依赖协作研发、外包和并购，而购买知识产权有助于利用外部知识。此外，还通过研发外包和并购实施多元化战略。就专利技术的潜在创新水平而言，以往的研发外包使进一步的渐进性创新成为可能，而以往的专利购买增加了在当前活动中实现结构性创新和突破性创新的可能性。在当前的创新实践中，并购允许企业嵌入渐进性创新，而模块化创新则是通过知识产权转让获得的。

第五章

空间维度：开放式创新的系统嵌入

一、分析框架

在开放式创新的理论研究中，国外学者的研究大多基于企业维度，而国内对开放式创新的深层次理论问题的探讨和案例实证研究才刚起步，扩展到产业和空间维度的研究尚不多见。知识的系统嵌入性是由社会实践的结构决定的，任何社会角色和习性都是在特定的情境下相互作用的，知识必然是在特定的时间和空间中，在由特定的个人或集体为实现既定的目标而采取的特定的实践活动中产生的。尽管个人和组织可以超越特定的情境进行抽象化和一般化，从而应用于新的情境，但是这种抽象化和一般化程度越高，即使其应用的情境范围越广，规则和指导的可靠性和有效性也越低。也就是说，系统嵌入性程度越高，知识的丰富性程度就越高，知识对特定情境和系统的依赖性越大。以此类推，从系统嵌入性看，开放式创新协作具有许多相互作用的成分，如合作主体工作之间的相互依赖性程度、个人具有的经验水平、既定活动的不可分割性、创新活动的位置独特性等。

在开放式创新深层次的研究方面，国内外学者纷纷以企业为研究对象，基于调查问卷及量表分析，研究企业的开放式创新发展与创新绩效的关系；或基于调研视角，研究企业开放式创新的影响因素。基于企业视角的开放式创新研究的优势在于其活动具有明确性,与之相比,基于区域视角的开放式创新研究则面临着测度指标的模糊性。这与区域创新体系均衡性、创新要素流动、创新平台开放共享、创新资源整合能力息息相关。因此,从空间维度研究开放式创新的机制和影响作用具有重要意义。

本研究聚焦耦合型开放式创新中知识溢出的多空间尺度耦合、空间知识溢出的机制。通过区域之间耦合型开放式创新的知识双向流动,在知识和技术转移的过程中实现区域创新能力、吸收能力、技术水平的提升。以知识溢出的双方主体、渠道、环境等部分构建统一有机整体,各部分共同作用,推动空间知识溢出效应的产生。空间知识溢出机制可归结为:在市场与政策环境的双重作用下,区域A、区域B、区域C通过溢出渠道发生知识的溢出现象,其中溢出的大小主要取决于知识溢出方的知识存量与溢出接收方的吸收能力(图5-1)。为此,本章运用长三角区域的企业样本数据,聚焦创新集聚和溢出现象,验证耦合型开放式

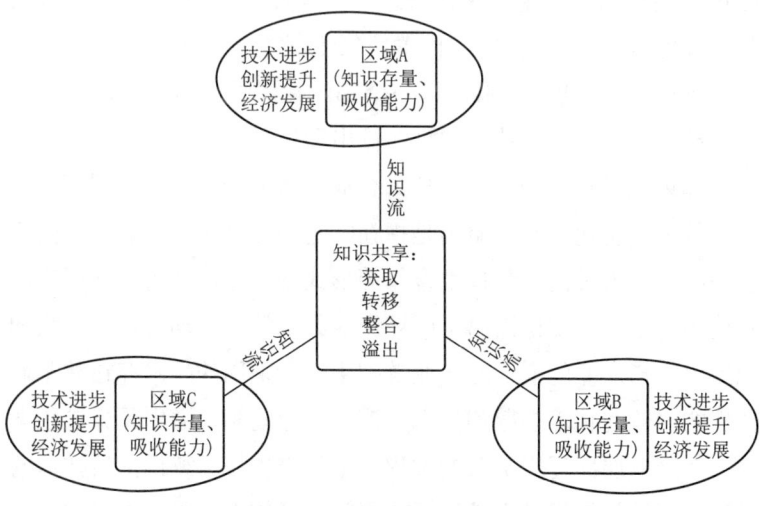

图5-1 耦合型开放式创新的空间知识溢出效应

创新在空间维度的知识溢出机制。数据样本来自 incoPat 专利数据库和 Orbis 全球企业数据库中的微观企业数据，在知识溢出框架下采用空间计量方法对长三角区域的开放式创新分布和溢出效应进行定量分析。

二、理论分析

（一）空间知识溢出

Arrow 于 1962 年指出"当新技术的秘诀成为公共商品而不为创新企业独占时，溢出效应就会出现"；Griliches 于 1992 年指出通过模仿创新而获益的行为就是知识的溢出；Klaus Kultti 和 Tuomas Takalo 于 1998 年指出技术创新溢出就是"一个企业在创新投入的同时减少了其他企业的生产成本"。之后很多学者基于不同视角，对知识溢出给出各种定义。李志国于 2013 年指出，知识溢出在增长理论、新经济地理学等经济学分支中广受关注，是解释区域增长、集聚、创新的重要概念之一。对知识溢出最通俗的理解是，"知识溢出是指一个部门在对外进行经济、业务交往活动时，其知识和技术的自然输出和外漏"。

知识溢出在不同纬度可分为企业、产业和区域三个层面的溢出。其中，企业间知识溢出是指在特定的环境中，企业之间由于业务联系、人员流动和技术合作等形式的交流而产生的知识交流和输出。企业间知识溢出是区域产业集聚的主要动力。产业间知识溢出是指产业的上下游产业链间由于所采用的技术存在差距而产生的产业间技术扩散和技术交流。产业间知识溢出是先进科学技术在产业层面逐步扩散的过程，也是先进技术替代落后技术的过程。区域间知识溢出是指区域之间由于技术差距而形成的知识和技术会自然输出和外漏。

知识溢出分为显性知识溢出与隐性知识溢出，两者的溢出机制存在很大的区别。显性知识可依靠文字、数据、多媒体等介质传播（如标准、专利、广告等）实现知识溢出；而隐性知识溢出主要存在两种机制：基于人才流动、模仿的被动知识溢出机制，基于合作、投资的主动知识溢出机制。

从已有研究成果看，以企业、集群为研究对象的知识溢出机制的研究比较成熟，而针对区域为主体的知识溢出机制的研究较少。学者们多采用间接方式对空间知识溢出进行检验，如知识溢出绩效的比较分析研究，而很少有学者采用直接方式研究知识的溢出机制。对于空间知识溢出发生机制进行研究仍是一个难题，是亟待打开的理论"黑箱"。近年来，地理临近成为空间知识溢出机制研究的重要考量，随后包括认知邻近、组织邻近、社会邻近和制度邻近等在内的多维邻近性在空间知识溢出机制研究中的作用日渐凸显。

（二）多维邻近的知识溢出

在影响区域创新及知识溢出的邻近性研究中，Wilson 于 1967 年最早指出区域间的溢出效应随距离的增加而减弱且呈现负指数形式，此后地理邻近性论题得到国内外学者的广泛关注。Jaffe 于 1993 年，以及 Trajtenberg、Henderson 的研究也得到相似的结论，Anselin、Varga 和 Acs 于 1997 年指出大学科研活动和高技术产业创新活动之间存在着局域空间外部性。Keller 于 2002 年指出当地理距离大于 1 200 千米时，溢出效应减小到原来的一半；Bottazzi 和 Peri 于 2002 年利用 86 个欧洲区域 19 年的横截面数据进行研究，进一步指出地理距离小于 300 千米时，溢出对邻近区域的创新呈现显著的促进作用；Moreno 于 2005 年发现地理距离大于 300 千米时，溢出效应呈现显著下降趋势；张浩然和衣保中于 2011 年研究指出当城市间的地理距离大于 50 千米、小于 180 千米时溢出效应较明显，当地理距离大于 200 千米时溢出效应明显减弱。

另一方面，国内外学者围绕地理邻近的概念，采用不同的指标对其空间权重矩阵进行测量，已经不仅仅局限于单纯的地理距离的概念。Le Sage 和 Pace 于 2004 年在知识溢出模型中引入技术距离权重矩阵，综合考虑区域邻近因素和空间衰减系数，并指出衰减效应与区域邻近存在一定关系；Anselin 等人于 2006 年运用空间计量经济学分析方法对美国高新技术创新和大学研发数据进行研究，指出 R&D 溢出存在空间特性。苏方林于 2006 年分别采用 Delaunay 三角形、基于 K 个最近邻居的地理邻接矩阵研究中国省域 R&D 空间溢出效应，研究结果显示省域 R&D 知识生产存在空间依赖性且创新活动随距离而衰减；邓明、钱争鸣于 2009 年基于 2000—2007 年 30 个省市的数据，以地理空间权重研究区域间的空间溢出效应，并指出知识生产在省际间存在溢出效应，一个区域的高知识生产能力对邻近区域的知识生产能产生正的溢出。

近年来，学者们研究指出地理临近成为空间知识溢出机制研究的重要考量，随后包括认知邻近、组织邻近、社会邻近和制度邻近等在内的多维邻近性在空间知识溢出机制研究中的作用日渐凸显。比如，徐德英于 2016 年开展的区域开放式创新及空间溢出效应研究，采用空间计量经济等方法，对我国区域开放式创新及其空间溢出效应进行研究，主要探究了电商运营模式下区域开放式创新的国内发展战略，并对信息化、交通便利度的作用效果、稳健性及空间溢出效应进行研究。

（三）耦合型开放式创新的空间溢出机制

目前，创新和空间的研究主要集中在采用 R&D 投入等传统的创新度量指标上，在区域创新的集群研究中忽略了空间因素，仅是对科研活动结果的描述，并未揭示区域创新系统内部各创新主体间的相互关系。而且，研究过程往往暗含各区域相互独立的假设，忽视区域之间的空间关联。事实上，区域创新活动存在明显的空间关联和空间依赖性。一方面，科研投入所产生的技术进步具有空间外溢效应，一个地区科研投入不仅影响本地区的生产效率和经济增长，而且通过空间溢出渠道影响周边地区经济效率；另一方面，科研资源的动态流动也会增强各地区的空间联系，进而影响地区生产率。

区域层面的耦合型开放式创新的最终目的是实现区域间各种优势资源共享。优势资源包括人才资源、基础设施、先进技术及已有的科技成果。其本质在于开放与创新的结合发展，旨在避免资源的重复建设，提升人力资本的研发效率，实现已有成果的市场价值最大化，在开放过程中极大推动区域间的创新生产与空间知识溢出。另一方面，区域开放式创新水平的提升，会拓宽知识溢出的渠道，使得空间知识溢出更加高效。区域开放式创新水平的提升也预示着区域自身创新水平在合作与发展中提升，合作与转移的成果在丰富区域自身知识储备的同时，也增强区域对外部知识的吸收消化能力，更有利于区域间的知识溢出。

在空间维度的耦合型开放式创新中，知识溢出主要包括三个部分：知识溢出主体、溢出渠道及溢出环境。其中，溢出主体分为知识溢出方和溢出接收方，是溢出发生的先决条件。对某项具体的知识而言，知识溢出一般由高知识水平方向低知识水平方流动。一方面，溢出是否发生取决于溢出方是否具有值得溢出的知识，即溢出方的知识存量。各主体内部的知识储备种类繁多且参差不齐，既存在多种优势知识，也存在众多亟须发展的潜在知识。归根结底，各主体都有向行业领先者看齐的趋势，均努力提升自身的知识储备以推动知识的溢出。因此，即使是行业排名较后的主体，其优势知识也会被其他主体吸收，而其中知识没有获得对应价值流动的部分即为知识溢出。另一方面，溢出是否发生还取决于溢出接收方的知识吸收能力。学者们在研究中一致认为，溢出接受方的吸收能力受到技术差距、基础设施研发投入、人力资本等因素的影响。综合当今国际化、全球化发展趋势，溢出吸收方的信息化发展水平、开放式创新水平、交通便利度等均成为影响其溢出吸收能力的重要因素。即使存在先进知识正向外溢出，如果接收主体本身发展基础、消化吸收能力不足，仍无法接收到相应的溢出。因此，溢出接收方的知识吸收能力强弱决定知识溢出程度的大小。

知识溢出渠道是溢出发生的重要途径，渠道的便利性对空间知识溢出产生巨大推动作用。知识溢出渠道具有多样性、复杂性，换句话说，只要有交流，就会产生溢出。学者们在研究中一致认为国际贸易、外商直接投资、对外直接投资是国际间知识溢出的主要发生渠道。而国内知识溢出的渠道更加广泛，合作、会议、参观、学习均有利于知识的溢出，如美国硅谷咖啡馆、酒吧内的知识溢出现象成为最有力的证明。随着信息化、全球化及虚拟集聚趋势的发展，各主体之间的交通便利度、信息化发展水平、开放式创新水平、技术距离、社会距离等均成为影响溢出渠道便利程度的重要因素。

空间知识溢出作为经济发展中的一项实际活动，同样受到市场环境与政策环境的双重影响。其中，政策环境主要是政府、行业协会等相关部门为推动创新主体发展而制定的相关政策及社会保障措施，分为激励与制约政策两种。市场环境涉及技术、经济、文化、社会、竞争等多个方面，即是经过不断沉淀后形成的自发运行机制。

在空间维度上的耦合型开放式创新更强调知识互动耦合过程，并与区域间的交通便利度、信息化水平有密切影响作用。区域信息化发展水平、交通便利情况、开放式创新水平等因素不仅是影响区域知识存量、知识吸收能力的重要指标，也是提升溢出渠道便利水平的重要影响因素，对空间知识溢出的全过程产生影响。综上来看，关注空间维度的耦合型开放式创新的知识溢出效应的研究仍不多见。本研究采用空间计量模型，运用长三角地区的企业样本数据，论证耦合型开放式创新的空间知识溢出效应。

三、模型构建

（一）传统空间计量方法

1. 空间权重矩阵

空间中面积单元之间的空间接近性可以使用空间邻接矩阵度量，根据测度的标准，有两种方法：一种是边界邻接法，即通过确认面积单元之间存在共同边界来认定邻接关系；另一种是重心距离法，即面积单元重心间的距离小于给定值就确认邻接关系。在使用边界邻接法时，邻接关系的选择可以按照车、象、后三种方式，其区别在于是否把"点连接"认定为邻接关系。但普通的空间邻接矩阵，无论采用边界邻接法还是重心距离法，都隐含超过一定距离的两个地区之间没有相互影响的假设：如果是边界邻接法，则其暗指不相邻的地区没有相互影响，而邻接地区的影响大小一致；如果是重心距离法，则需要主观确定一个距离标准 d，而 d 的确定缺乏评价的标准，具有随意性。

基于邻接矩阵的上述缺陷，我们通过地理距离标准构造空间权重矩阵，这也符合地理学第一定律：任何事物与其他周围事物之间均存在联系，而距离较近的事物总比距离较远的事物联系更为紧密。常用的空间距离矩阵 W_N 中元素的定义如下：

$$\omega_{ij} = \begin{cases} 1/d^2 & i \neq j \\ 0 & i = j \end{cases} \quad (4.1)$$

其中 d 为两个地区地理中心位置之间的距离。在实证研究中，通常采用的是所研究地区的政治经济中心之间的距离，比如研究的是省份之间的关系，就采用省会之间的距离。

在本文的空间方法中，将采用相关城市的空间地理距离来刻画两地的距离，之后采用两地空间地理距离平方的倒数衡量两地空间相关关系，最后将得到的矩阵进行标准化，最后生成的就是本章在地理空间计量时所使用的地理空间权重矩阵 W_N。

2. 全局空间自相关

一般选用 Moran's I 度量空间自相关性，因为其分布特征更加合意，如 A.D. Cliff 于 1981 年的研究所示。下面是 Moran's I 的定义式：

$$I = \frac{N}{\sum_{i=1}^{N}(y_i - \bar{y})^2} \cdot \frac{\sum_{i=1}^{N}\sum_{j=1}^{N} W_{ij}(y_i - \bar{y})(y_j - \bar{y})}{\sum_{i=1}^{N}\sum_{j=1}^{N} W_{ij}} \quad (4.2)$$

该式中，W_{ij} 即空间权重矩阵中对应位置的元素，y_i 表示第 i

个地区的观测值，N 为地区总数。Moran's I 指数的变化范围从 -1 到 1，当 I 的期望值接近 0 时，意味着不存在空间自相关，若 I 小于 0，一般表示存在空间负自相关，而 I 大于 0 时，则表示存在空间正自相关。

在空间对象属性取值为正态分布假设条件下，如 Cliff 等人于 1981 年的研究所示，可以构造 Moran's I 的 Z 统计量，表达式为：

$$Z = \frac{I - E_I(I)}{\sqrt{Var(I)}} \qquad (4.3)$$

在 P 值小于给定显著性水平时，Z 值为 0 表示随机的空间分布，而 Z 值取正或负时分别对应正或负的空间自相关性。

3. 空间自回归模型（SAR）

SAR 常用来度量空间溢出效应，其模型表达式为：

$$y = \rho W y + X\beta + \varepsilon, \ \varepsilon : N(0, \sigma^2 I_n) \qquad (4.4)$$

式中，y 为因变量向量，W 为空间权重矩阵，X 为解释变量矩阵，ρ 表示空间邻接单元对因变量的解释程度，进行变换后易得：

$$y = (I_n - \rho W)^{-1} X\beta + (I_n - \rho W)^{-1} \varepsilon \qquad (4.5)$$

从变换后的式子容易看出 SAR 模型中最小二乘法的系数解释不再适用，解释变量存在空间溢出效应，即给定地区的一个解释变量的变化将通过 $(I_n - \rho W)^{-1}$ 影响其他地区的因变量。Lesage 于 2009 年针对这种情况指出应该使用直接效应、间接效应和总效应来进行解释，否则将会错误度量解释变量的影响。

根据 SAR 模型表达式容易变换得到以下等式：

$$y = \sum_{r=1}^{k} S_r(W) x_r + V(W)\varepsilon \quad (4.6)$$

$$S_r = (W) = V(W) I_n \beta_r \quad (4.7)$$

$$V(W) = (I_n - \rho W)^{-1} = I_n + \rho W + \rho^2 W^2 + \rho^3 W^3 + L \quad (4.8)$$

其中[1]，x_r 为第 r 个自变量，共 k 个自变量。

自变量对因变量的影响通过几个效应值来衡量：平均直接效应，即 x_r 第 i 个观测值的变化对 y_i 的效应，表达式为 $n^{-1} tr[S_r(W)]$。平均总效应是对于任意的 i、j，所有的 y_i 对 x_{jr} 的偏导的平均，计算公式为 $n^{-1} \iota_n' S_r(W) \iota_n = (1-\rho)^{-1} \beta_r$，其既表示所有 n 个观测值的第 r 个解释变量的改变对于观测值 y_i 的影响，也表示第 r 个解释变量受第 j 个观测值的变化而变化对所有 y_i 的冲击效应。平均间接效应就是平均总效应和平均直接效应的差值。

4. 空间误差模型（SEM）

$$y = X\beta + \varepsilon, \ \varepsilon = \lambda W\varepsilon + u, \ u: N(0, \sigma^2 I_n) \quad (4.9)$$

该式中，y 表示因变量向量，X 表示解释变量矩阵，W 是空间权重矩阵，λ 是空间相关误差的系数。

SEM 考虑了误差项的空间依赖，Lesage 于 2009 年指出忽视误差项的空间依赖会导致估计有效性的损失。但从系数解释的角度看，OLS 和 SEM 中自变量对因变量的影响都可以用回归系数直接反映。

---

[1] 此处给出的公式表达式和 Lesage 于 2009 年在书中给出的略有不同，此处省略项，但不影响理解与计算。

采用最小二乘法估计上述模型可能导致回归参数、空间参数以及标准误估计的不一致性。然而 Lee 于 2004 年指出对这些模型的最大似然估计量是一致的，本章对于 SAR 和 SEM 模型的估计都采用最大似然估计。

在实际应用中，倘若模型选择错误，会导致差异巨大的估计结果，所以根据相应的检验结果选择合适的模型是一项重要的工作。相关检验一般通过 Moran 指数检验、LMERR、LMLAG、R-LMERR 以及 R-LMLAG 五个检验来进行。Anselin 等人于 2004 年提出了如下判别准则：如果在空间依赖性的检验中发现 LMLAG 的检验结果和 LMERR 相比更加显著，而且 R-LMLAG 检验结果显著而 R-LMERR 并不显著，此时更适合使用 SAR 模型；反之，若 LMERR 和 R-LMERR 都更为显著，则认为 SEM 模型是恰当的模型。

5. 空间面板模型

空间面板模型是指可以通过空间和时间两个因素来分析面板数据间的空间溢出效应。Anselin 给出了空间面板线性模型的一般形式，如下式所示：

$$\begin{aligned} y &= \lambda \left(I_T \otimes W_N \right) y + X\beta + u \\ u &= \left(l_T \otimes I_N \right) \mu + \varepsilon \\ \varepsilon &= \rho \left(l_T \otimes W_N \right) \varepsilon + v \\ v &: N\left(0, \sigma_v^2 \right) \end{aligned} \quad (4.10)$$

其中，y 是 $NT \times 1$ 的观测值反应向量，X 是 k 个解释变量的矩阵，I_T、I_N 分别为维度为 T 和 N 的单位向量，β 为相应的变量系数，W_N 就是前文所述的空间权重矩阵，λ 就是对应的空间滞后参数，μ 为个体效应，l_T 为 $T \times 1$ 且元素均为 1 的向量，ε 是一个空间自回归误差项，ρ 是其空间自回归参数，N 为面板数据中的个体数，T 为面板数据中的时间维度。

在这里对 μ 的不同处理就分成两种模型，一种是将 μ 看成是固定的，那么这个模型就称为固定效应模型；另一种将 μ 看成是随机的，即 $\mu_i: N(0, \sigma_\mu^2)$，那么这个模型就称为随机效应模型。

由式（4.10）根据参数不同的条件可具体分为两大基本模型：空间滞后模型和空间误差模型。

空间滞后模型（spatial lag model）：

$$y = \lambda (I_T \otimes W_N) y + X\beta + u, \quad u: N(0, \sigma^2 I) \quad (4.11)$$

空间误差模型（spatial error model）：

$$y = X\beta + u, \quad u = \lambda (I_T \otimes W_N) u + \varepsilon, \quad \varepsilon: N(0, \sigma^2 I) \quad (4.12)$$

（二）空间分位回归模型

1. 分位回归

普通的最小二乘法在实际使用中经常遇到误差项不满足模型假定的情况，而 Koenker 和 Bassett 于 1978 年提出的分位回归可以解决这一问题，下面简单介绍一下分位回归方法。

先定义分位数，设 X 为实值随机变量，分布函数为 $F(x) = P(X \leq x)$，则 X 的 θ 分位数的表达形式为 $F^{-1}(\theta) = \inf\{x; F(x) \geq \theta\}$，当 $\theta = 0.5$ 时即为中位数。常用 $Q(\theta)$ 来表示 X 的 θ 分位数。

在分位数回归模型中，定义损失函数为：

$$\rho_\theta(u) = u(\theta - I(u < 0)) \quad (4.13)$$

其中，$0 < \theta < 1$，且有：

$$I(u<0)=\begin{cases}0, & u\geqslant 0\\ 1, & u<0\end{cases} \quad (4.14)$$

可以看到，损失函数其实还可以写成分段函数的形式：

$$\begin{aligned}\rho_\theta(u)&=u(\theta-I(u<0))\\ &=uI(u\geqslant 0)-(\theta-1)uI(u<0)\\ &=\begin{cases}\theta u, & u\geqslant 0\\ (\theta-1)u, & u<0\end{cases}\end{aligned} \quad (4.15)$$

这是一个分段线性凸函数，如图 5-2 所示：

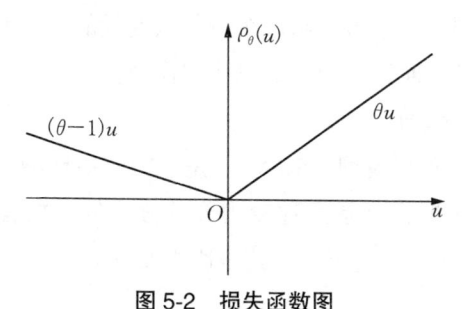

图 5-2　损失函数图

其实这里的损失函数可以类比线性均值回归方程的残差平方和来理解。若给定的样本观测值 $(x_{i1}, x_{i2}, \mathrm{L}, x_{il}, y_i)$ $i=1, 2, \mathrm{L}, n$，对于线性回归模型 $y_i = x_i^T\beta + \varepsilon_i$，在普通最小二乘法中，我们通过极小化残差平方和求解，即求：

$$\min_{\beta\in\Theta}=\sum_{i=1}^n(y_i-x_i^T\beta)^2 \quad (4.16)$$

Θ 是 β 的参数空间，其实损失函数就是 $\rho(u)=u^2$。而这里分位回归的损失函数变为 $\rho_\theta(u)$，即：

$$\min_{\beta \in \Theta} = \sum_{i=1}^{n} \rho_\theta (y_i - x_i^T \beta) \qquad (4.17)$$

得到的参数估计值可表示为:

$$\hat{\beta}(\theta) = \arg\min_{\beta \in \Theta} \sum_{i=1}^{n} \rho_\theta (y_i - x_i^T \beta) \qquad (4.18)$$

由于这里的损失函数为分段线性函数,其并没有残差平方和那么好的处理性质,这里的求解就是一个线性规划问题,目前已有多种算法可予以解决。

分位回归方法相对普通最小二乘法的假设要更为宽松,适用情况更多,同时由于可以给出个分位数变量的估计,所以提供了更丰富的信息,而且回归系数也非常稳健。

2. 空间分位回归

空间分位回归模型(SQAR)是空间滞后模型(SAR)在分位回归上的拓展,这是两种较为成熟方法的一次有机结合,由Kostov 于 2009 年首先定义,其表达式如下:

$$Q_\tau (Y \mid X) = \rho(\tau) WY + X\beta(\tau) + u \qquad (4.19)$$

与前面的模型类似,Y 为响应变量,X 为协变量,$Q_\tau(Y \mid X)$ 表示在 X 条件下 Y 的条件分位数。W 是空间权重矩阵,$\beta(\tau)$ 是 τ 分位水平下的协变量系数,$\rho(\tau)$ 也表示 τ 分位水平下的空间影响强弱。由于采用分位回归,u 为误差项且没有分布要求。

针对一般的空间滞后模型,空间分位回归模型在两方面进行了改进,一是由于分位回归的估计方法,其对于误差项的分布没有要求,可以适应更多情况,而数据中如果存在空间相依性将导致最小二乘法的参数估计有偏;二是由于不同分位水平 τ 下系数估计不同，可以更细致地刻画协变量在不同分位水平下的影响。

在模型的估计上，Kim 和 Muller 于 2004 年，以及 Chernozhukov 和 Hansen 于 2006 年分别提出了一种估计思路。本文采用 Kim 等人提出的两阶段分位回归思路，即在第一阶段，引入一组工具变量作为协变量来估计每个 τ 分位水平上 WY 的分位数，预测值为 $\widehat{WY}(\tau)$；在第二阶段，X 和 $\widehat{WY}(\tau)$ 变为协变量，Y 为响应变量，并在同一 τ 分位水平上做分位回归。

四、长三角一体化的开放式创新

（一）长三角地区一体化发展历程

当前，全球竞争的落脚点在城市群。城市群是经济、技术与社会变迁的核心地带，区域经济的发展引擎，区域文化和创新的发源地，连接各种全球性网络的节点地区。城市群成为国家参与全球经济与国际分工的基本地域单元，其发展深刻影响着国家的国际竞争力。长江三角洲地区（简称：长三角地区）是我国经济最具活力、开放程度最高、创新能力最强的区域之一，是"一带一路"和长江经济带的重要交汇点，在国家现代化建设大局和全方位开放格局中具有举足轻重的战略地位，对全国经济社会发展发挥着重要的支撑和引领作用。

1. 长三角的历史渊源

自然地理意义上的长三角在六七千年前开始形成，是长江入海之前的冲积平原，属于典型的内聚型区域地貌。长三角地区地势平坦，海拔多在 10 米以下，间或有 100—300 米的低丘。长三角是中国河网密度最高的地区，平均每平方千米河网长度达 4.9—6.7 千米，共有 200 多个湖泊。长三角河川纵横，湖泽棋布，农业发达，人口稠密，城市众多，是中国历史上最富饶的地区之一。"长三角"范围原来主要包括江苏镇江以东、通扬运河以南、浙江杭州湾以北，面积约 5 万平方千米，是大致呈三角形的地区。从 20 世纪 80 年代至今，长三角一体化已走过了近 40 年的历程。长三角地区已扩大到上海、江苏、浙江、安徽三省一市，地域面积 35.9 万平方千米。

从文化地理渊源看，长三角地区有着深厚的文化积淀。吴越文化、徽州文化、江淮文化、中原文化和赣鄱文化是长三角地区的主要文化分支，其中，吴越文化是主导文化，对长三角地域影响最为深远。吴越文化分布以太湖流域为中心，包括苏南、浙北、上海等地区，塑造了长三角地区海纳百川、兼容并蓄、灵动睿智的人文特征。由于地缘相近、人文相亲，长三角一体化是从文化旅游和基础设施的一体化开始的，逐渐拓展至产业、社会服务、环保、文化等领域，取得了显著的成效。

从历史视角看，近代以来每个特定时段，长三角地区城市的发展都与上海息息相关，上海与长三角周边城市呈现"核心—边缘"关系，经历开放与封闭、计划与市场、集权与分权，不同制度和政策组合推动了区域内城市的发展和合作，通过规划协调、要素合作、机制对接等实现更高质量的一体化发展国家战略。

2. 自发协作阶段（1978—1991 年）

改革开放以后，长三角区域合作努力冲破计划经济的地域限制。上海与江浙地区间以"横向联合""技术转移"为载体的产业转移使得江浙地区乡镇企业得到极大发展，孕育出著名的"苏南模式"。例如，著名的"星期天工程师"现象，通过民间社会网络提供非正式制度下经济技术的扩散，优化资源要素配置。江浙乡镇企业与上海的组织机构和国有企业进行技术合作，使如

"凤凰牌"自行车、"蝴蝶牌"缝纫机等在江浙找到零部件生产厂家，50%的上海企业与江浙有合作关系。

1982年12月22日，国务院决定成立上海经济区规划办公室，由国家计委、经委、国务院有关部门及上海市、江苏省、浙江省的负责人组成。作为上海经济区的领导机构，其职能主要是通过调查研究为地方政府的经济合作与共同发展、为中央对这一区域的经济发展提供建议，制订区域发展规划。最早的上海经济区只包括上海、苏州、无锡、常州、南通、杭州、嘉兴、湖州、宁波、绍兴10个城市。从1984年至1986年，经国务院批准，上海经济区扩展至江苏、浙江、安徽、江西、福建五省全境。

上海经济区规划办公室先后建立了两省一市的省市长会议制度、十市市长联席会议制度。省市长会议执行主席由各省市负责人轮流担任。自1984年至1988年，每年召开一次上海经济区省市长联席会议。在历次会议的推动下，先后制订了《上海经济区发展战略纲要》和《上海经济区章程》。长三角地区先后确定交通、能源、外贸、技术改造以及长江口、黄浦江和太湖综合治理等为规划重点，提出了十大骨干工程。这些工作促进了省市间交流，特别是经济往来，带动了企业开展横向经济合作，使企业间以市场为导向的跨省市经济活动日益频繁，各城市、各省市之间的经济互动蓬勃发展。1988年6月，国家计委发出"计办厅〔1988〕120号"文件，通知"撤销国务院上海经济区规划办公室"。

3. 城市间合作阶段（1992—2000年）

浦东开发开放以后，改革开放的红利推动长三角区域快速发展，外资在长三角地区的布局及江浙民营经济的发展和崛起，使得长三角一体化有了质的飞跃。上海证券市场开放，金融体系改革的制度溢出效应强化了其对江浙企业的吸引。长三角地区利用上海资源的对外开放平台，引进国外直接投资推动本地经济发展。

利用浦东的优惠政策以及上海的国际影响力大力吸引外资及技术引进，长三角区域合作由过去单一的横向配套协作，逐步向按照市场配置资源的要求整合生产要素的方向发展，区域合作的广度与深度不断得到拓展。这不仅巩固了上海在长三角的核心地位，而且在一定程度上加强了江浙两省与上海的区域合作。

在这一阶段，长三角地方政府职能部门积极推进制度创新，自发倡议并建立起初步的合作机制。1992年，在国务院1980年代设立上海经济区时划定的沪苏浙三省市内的15个地级以上城市的范围内，上海等14个城市经协作办（委）发起、组织，成立长江三角洲14个城市协作办（委）主任联席会。1996年8月，扬州分拆为扬州和泰州两市，泰州随之自然作为长江三角洲协作办（委）主任联席会议成员。截至1996年，长江三角洲协作办（委）主任联席会共召开五次会议。1997年，联席会议升格为长江三角洲城市经济协调会，按城市笔画顺序每两年在执行主席方城市举行一次市长会议。在"政府搭台、企业唱戏"的长三角区域合作新模式下，长三角区域合作领域由过去单一的生产加工销售，逐步向商贸、旅游、产权、生态、金融、科研等方面发展。

4. 两省一市合作阶段（2001—2008年）

进入21世纪，长三角区域一体化进入建章立制的阶段，即一个以政府为主体的制度对接阶段。2001年起，苏浙沪两省一市协商建立座谈会机制，形成苏浙沪经济合作与发展座谈会。长三角地方政府间通过平等磋商，以共赢为目的，大力展开体制机制对接，形成了包括决策层、协调层和执行层在内的三个层次的政府间合作协调机制。决策层是指"长三角主要领导座谈会"，2005年12月，首次长三角主要领导座谈会在杭州召开，逐步建立完善主要领导人座谈会机制。此后该座谈会每年召开一次，两省一市主要党政领导在此商议、提出推进长三角区域合作的要求及合作重点领域。

协调层是指常务副省（市）长级别的长三角经济合作与发展联席会议机制，这一机制始于2001年。联席会议以轮流做东的形式每年召开一次会议，重点是落实主要领导座谈会的部署，定期协调推进区域重大合作项目。

执行层可以分为城市组和专题组。城市组主要是指长三角城市经济协调会，常务主席方是上海，常设联络处设在上海市人民政府合作交流办公室。协调会每两年召开一次，其城市成员数目已经从1992年设立之初的14个扩容到2018年的34个。专题组是指长三角各城市政府职能部门之间的不定期协调会，其主要职责是进行合作专题的策划与提出，以及贯彻落实长三角地区主要领导座谈会及常务副省（市）长联席会议专题方案审批结果，商议专题推进过程中遇到的重大问题及其解决方式。

2008年9月，国务院印发指导意见《关于进一步推进长江三角洲地区改革开放和经济社会发展的指导意见》，首提推进长江三角洲地区一体化发展。在这期间，我国加入WTO，外商机构将企业总部、销售研发中心设在上海，而将生产基地布局周边，形成了基于企业内部的区域分工网络。

5. 三省一市合作阶段（2009—2017年）

2009年8月，两省一市吸纳安徽作为正式成员，出席在宁波召开的长三角地区主要领导座谈会、长三角地区经济合作与发展联席会议。在这期间，随着上海召开世博会，上海城市功能不断完善，对长三角的辐射能级显著提升。2010年，国务院先后印发《全国主体功能区规划》《长江三角洲地区区域规划》；2016年，国务院批复《长江三角洲城市群发展规划》；2017年10月18日，习近平在党的十九大报告中提出，实施区域协调发展战略，建立更加有效的区域协调发展新机制。

在合作机制逐渐完善的基础上，21世纪长三角各领域的一体化深入开展。在产业合作领域，通过合作共建产业园区、产业转移、建立产业合作基金等形式，三省一市逐步深化产业合作。自2011年开始，长三角地区每年召开一次旅游合作联席会议。在旅游合作联席会议的基础上，长三角各省市在共享旅游资源、共同打造旅游品牌产品、共同举办营销活动、共同认定旅游标准与标识、共同推进旅游执法等方面不断推进合作，取得了可喜的成果。在环保合作领域，2009年4月，长三角地区环境保护合作第一次联席会议召开，决定由苏浙沪三地环保部门分别牵头开展加强区域大气污染控制、健全区域环境监管联动机制、完善区域"绿色信贷"政策方面的工作，使长三角地区环境保护合作工作进入实质性启动阶段。在教育合作领域，苏浙沪三地教育厅从2009年开始正式建立长三角教育联动发展会商机制，每年召开一次高层论坛并形成制度，同时不断拓宽合作领域，深化合作内容，创新合作形式，有力推进了长三角教育改革与发展进程。在医疗服务合作领域，自2008年起，长三角地区在全国率先推出医疗保险跨省转移机制。2010年1月，长三角地区社会保障合作与发展联席会议第一次会议审议通过《关于长三角地区职工基本医疗保险关系转移接续的意见》。在社会保障合作领域，2015年6月，泛长三角地区社会保障合作与发展联席会议第一次会议在南京召开。沪苏浙皖三省一市的人力资源和社会保障厅（局）

牵头成立了泛长三角地区社会保障合作专题组,积极推进长三角社会保障体系的对接。

此阶段,长三角合作范围更加广泛,从沪苏浙两省一市到沪苏浙皖三省一市;合作层级更加丰富,从推进省级合作到长三角城市群,再到区县、园区、企业合作;合作内容更加全面,从经济领域到经济、基础设施、科技创新、社会文化、生态环保等。

6. 更高质量一体化发展国家战略阶段(2018年至今)

2018年1月底,在上海市委书记李强的倡导和江苏、浙江、安徽三省主要领导的关心和支持下,三省一市抽调15名人员组建了长三角区域合作办公室,在上海实现联合集中办公,进一步创新并坐实了区域合作机制。这是长三角一体化进程中,第一个正式设立的跨行政区划的官方合作常设机构。长三角区域合作办公室的成立,丰富了执行层;三省一市合署办公,使得区域协调对话机制常态化、制度化。

长三角区域合作办公室的合署办公过程,也体现了三省一市各自发展特色和合作机制的多元化。上海发挥牵头和主导作用,由上海市发展和改革委员会长三角处派驻工作人员常驻。江苏体现"务实"作风,按照项目化特征选派不同部门具体负责同志实施对接工作,如交通工程、水利工程等。浙江体现"培训"功能,按照"省—市—县(区)"行政级别按期选派年轻干部到上海挂职锻炼,培养青年干部人才。安徽体现"招商"功能,选派专门人员在上海的产业对接过程中开展招商工作。2018年6月1日,上海举办了2018年长三角地区主要领导座谈会,审议通过《长三角地区一体化发展三年行动计划(2018—2020)》,明确了推进长三角一体化发展的施工图和时间表。

2018年11月5日,习近平总书记在首届中国国际进口博览会开幕式上宣布，将支持长江三角洲区域一体化发展并将其上升为国家战略，着力落实新发展理念，构建现代化经济体系，推进更高起点的深化改革和更高层次的对外开放，同"一带一路"建设、京津冀协同发展、长江经济带发展、粤港澳大湾区建设相互配合，完善中国改革开放空间布局。这意味着长三角一体化的地位得到提升，从地方层面升级到国家层面。同时，长三角一体化发展进入了一个新的阶段，面临更艰巨的任务与挑战，不能仅仅从区域自身发展实施一体化，而要更多地承担国家战略任务，实现高质量发展。2018年11月，国务院颁布了《关于建立更加有效的区域协调发展新机制的意见》，提出"到2020年建立与全面建成小康社会相适应的区域协调发展新机制"。

2019年5月，政治局会议审议通过《长江三角洲区域一体化发展规划纲要》，明确长三角地区战略定位："一极、三区、一高地"（全国发展强劲活跃增长极，全国高质量发展样板区、现代化引领区、区域一体化发展示范区，新时代改革开放新高地）。为实现以项目落地为抓手，探索以制度创新提升经济发展质量的新路径，2019年10月，国务院批复《长三角生态绿色一体化发展示范区总体方案》。长三角生态示范区的目标是探索解决行政壁垒阻碍发展的问题、生态保护与创新经济发展的矛盾问题，攥指成拳有效解决区域间分工合作的问题，以及系统集成制度创新成为发展主要动力的问题。长三角一体化就是突破"行政区经济"范畴和藩篱，形成区域统一大市场。在此基础上通过相互开放，逐步形成国内统一市场，支撑现代经济成长。国内统一大市场是新时期的比较优势甚至绝对优势，是新的参与全球竞争的战略资源，是全球化战略转型和发展创新经济的基础和前提。

（二）长三角地区开放式创新进程

强化创新驱动，建设协同创新的长三角是高质量一体化的重要基础。随着全球化进程的加深，中国参与全球价值链的模式方式发生改变。以前是技术、资本的要素由国外单方向地向国内输入，中国输出产品；今后是中国积极开拓国际市场，形成以国内大循环为主体、国内国际双循环的新发展格局。上海作为长三角的核心，将连接国际国内两个"扇面"向资本、技术、服务双向流动提升，成为国内大循环的中心节点和国内国际双循环的战略链接（图5-3）。

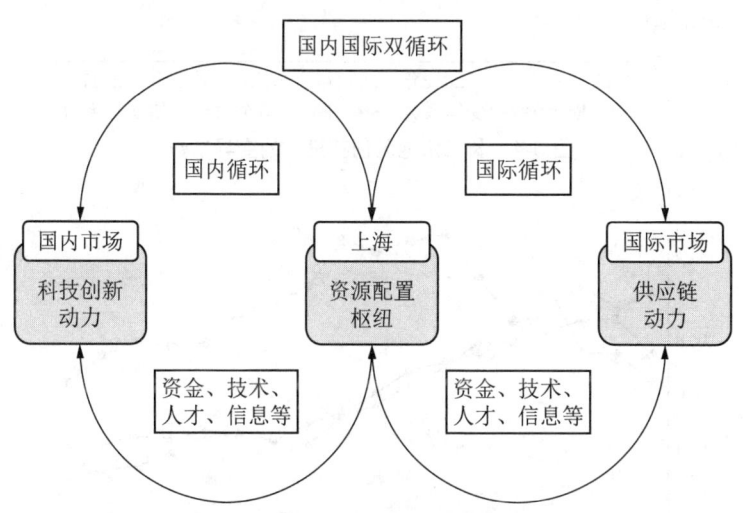

图 5-3 构建双循环发展的新发展格局的上海作用

近年来，长三角地区规模以上工业企业在 R&D 经费方面的投入快速增加，其所占 GDP 的比重也持续扩大。如图 5-4 所示，长三角地区规模以上工业企业在 R&D 经费占 GDP 比重方面的变异系数不断下降，降至 0.1 左右，这表明长三角地区规模以上工业企业在 R&D 经费方面的投入差距不断缩小。与之相对，长三角地区规模以上工业企业 R&D 人员全时当量占就业人员比重变异系数呈逐步上升的走势,这表明长三角地区规模以上工业企业在 R&D 人员全时当量方面的投入差距较大,并且有缓慢扩大的趋势[1]。

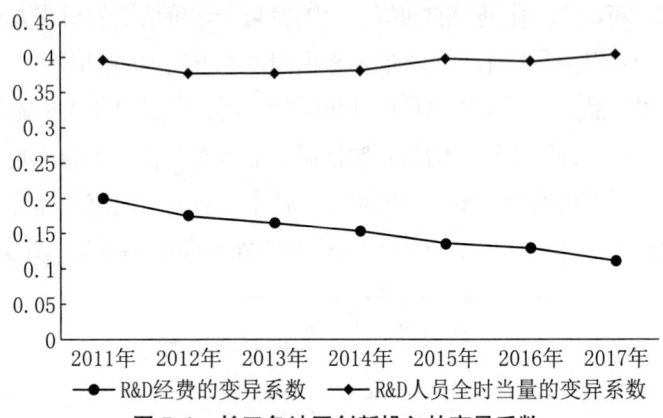

图 5-4　长三角地区创新投入的变异系数

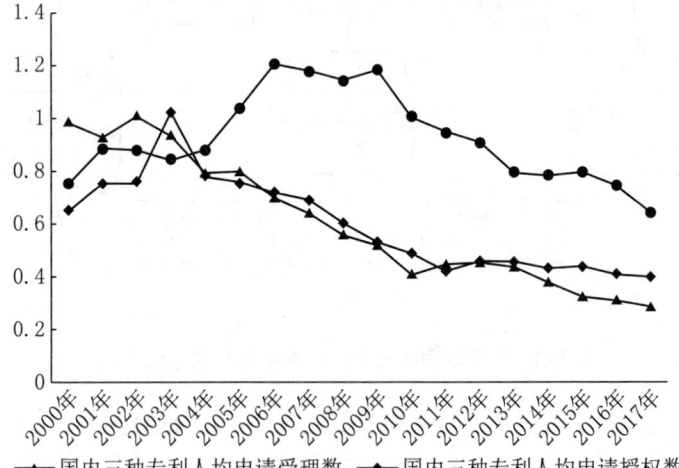

图 5-5　长三角地区创新产出的变异系数

[1] 长江产业经济研究院(南京大学).长三角地区高质量一体化发展水平研究报告[R/OL].[2019-04-02]. https://idei.nju.edu.cn/06/11/c26484a525841/page.htm.

长三角是我国创新最活跃的地区之一,2017年长三角地区国内三种专利(发明、实用新型、外观设计)受理数已经接近120万件,国内三种专利授权数超过57万件,技术市场成交额超过2 000亿元。如图5-5所示,长三角地区国内三种专利人均受理数、国内三种专利人均授权数、技术市场成交额占GDP比重的变异系数均呈明显下降的走势,即长三角地区创新产出的地区差距趋于不断缩小。

从资金往来的情况,可以对产学研协同创新的水平进行间接度量。如图5-6所示,2007年之前,上海市、江苏省和浙江省研究与开发机构和高等学校R&D经费中企业资金的比重远远高于安徽省。2007年以来,上海市研究与开发机构和高等学校R&D经费中企业资金的比重不断降低,政府资金的比重持续提升。综合来看,长三角地区研究与开发机构和高等学校R&D经费中企业资金的比重并不高,产学研协同创新潜力较大[1]。

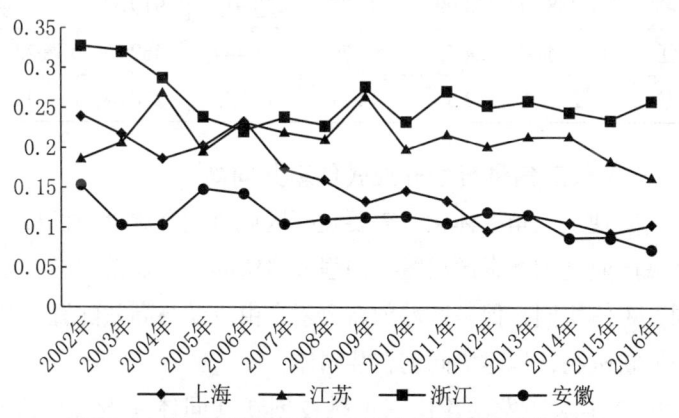

图5-6 长三角地区研究与开发机构和高等学校R&D经费中企业资金比重的演变趋势

---

[1] 长江产业经济研究院(南京大学).长三角地区高质量一体化发展水平研究报告[R/OL].[2019-04-02]. https://idei.nju.edu.cn/06/11/c26484a525841/page.htm.

科技成果的交易是创新成果合作交流的一种重要方式，也是创新一体化的重要内容。输出技术和吸纳技术可以在一定程度上反映区域创新的极化和扩散效应。如表5-1所示，上海市和江苏省是长三角地区乃至全国的重要创新极，输出技术和吸纳技术的合同数、成交额均远远高于浙江省和安徽省，反映出其创新合作能力更强。浙江省输出技术和吸纳技术的增长速度较快，反映出其创新合作的活力比较突出。

表5-1 2017年长三角地区技术交易情况

	输出技术 合同数（项）	输出技术 成交额（亿元）	输出技术 增长（%）	吸纳技术 合同数（项）	吸纳技术 成交额（亿元）	吸纳技术 增长（%）
上海	21 223	810.62	3.79	22 661	712.14	64.85
江苏	37 258	773.99	21.77	38 911	919.55	1.54
浙江	13 704	324.73	63.70	18 444	469.87	62.97
安徽	18 211	249.57	14.81	17 953	270.68	34.22

（三）长三角耦合型开放式创新共同体

为实现长三角一体化，需要发挥区域科创资源密集优势，结合区域产业基础和资源禀赋，加强战略协同、产业链协同、创新协同、主体协同，促进区域创新要素自由流动与高效配置，健全协作创新机制，构建协同创新共同体。

2020年末印发的《长三角科技创新共同体建设发展规划》明确提出，到2035年，长三角要全面建成全球领先的科技创新共同体。《长三角一体化发展规划"十四五"实施方案》也提及要全面实施长三角科技创新共同体建设发展规划。推动科技成果跨区域转化，共建科技成果转移转化高地。

第五章 空间维度：开放式创新的系统嵌入

长三角科技创新共同体，是一个开放的复杂巨系统，要从创新要素的流动角度清楚地加以认知与理解。纵观世界各主要城市群或地区经济带，其首位度最高的核心城市往往也是创新中心，如纽约、伦敦、巴黎和东京等都作为各自城市群的中心，发挥着全球资源配置、科技创新策源、高端产业引领、开放枢纽门户的作用。一方面，通过区域协同创新，避免低水平、低能效的重复建设，可把长板拉得更长；另一方面，借助内外交互大循环，抓紧补短板，可最终打造出韧性、紧实、强交互、多源多心、多维多向的创新网络。

"共同体"的前提就是兼顾各方利益，协同共赢，提升原来各自有的，创造原来都没有的，并进行分配。把握长三角科技创新共同体，需要从目标、指标和坐标三个角度入手[1]。

首先，明确长三角科技创新共同体的建设目标，即打造具有全球影响力的创新策源高地和高精尖产业承载区。其次，明确可操作的任务指标，即到2025年研发投入强度超过3%，此外还有合作发表的论文数量、PCT国际专利申请量、专利转移数量等。今后还将增加以"共同体"为导向的可分解、可实操、可考核的新指标，并且完善指标动态表征，更好反映"共同体"建设的强度和进度。最后，明确落实指标的标准坐标。所谓坐标，就是理想的生产力布局，由尖峰、高原、廊道、网络等组成，其中综合性国家科学中心和国家自主创新示范区集群分别被公认为是创新尖峰和创新高原。尖峰发挥着瀑布效应，高原发挥着转化作用，通过廊道延展、蔓延，迅捷地融入全国和全球网络。

推动长三角科技创新共同体建设，必须将有效市场和有为政

---

[1] 何万蓬，金颖婷.以要素自由流通打造长三角科技创新共同体[J].群众，2021（6）：20—22.

府更好结合,实现双轮驱动。

第一,长三角各地在建设国家实验室时,既要博采众长,深入思考如何提质增效,也要互利共赢,激发积极性和创造力,突破"卡脖子"困境。要用开放式创新的理念,去思考运行模式如何架构。

第二,打造一批科技创新产业公地,推进创新成果的转移转化。在长三角地区构建产业公地,根据长三角创新需求,聚合全球资源,营造与国际接轨的研发环境,整合各自为政、碎片化运作的技术交易市场,为供给侧和需求侧搭桥,让科研成果走下"书架",走进工厂的生产线,走上市场的"货架"。

第三,转移转化、赋能增能,打造人才集散通道。创新之道,唯在得人。如今,长三角各地都在大力吸引人才。但如何让人才在长三角一体化中发挥最大价值,自由流动仍是核心。在一体化下,工作与生活的时空是可分离的,并且更具弹性。因此,要下大力气发挥好中心城市人才蓄水池的功能,促成长、助流动,使人才"分拨"到各地,在转移中转化,在转化中赋能,在赋能中增能。

五、空间计量结果分析

(一)长三角地区耦合型开放式创新的空间依存性

根据模型计算结果,长三角区域的开放式创新分布有明显的空间集聚现象。以上海为核心和关键节点,形成了"南京—合肥"创新城市群和环杭州创新城市群两翼。其中,上海的创新能级最高,环杭州创新城市群的创新能级普遍高于"南京—合肥"创新城市群。此外,徐州的创新能级高于周边城市。

通过空间计量的 Moran 检验可以对空间集聚性进行定量测

算（表 5-2）。长三角区域的开放创新度 Moran's I 统计量的值为 0.509，并且检验的 P 值小于 0.000 1，说明长三角区域城市的开放创新水平存在正的空间自相关关系。

表 5-2　Moran's I 统计量及检验结果

统计量	值	均值	方差	检验的 P 值
Moran's I	0.509	−0.025	0.014	<0.000 1

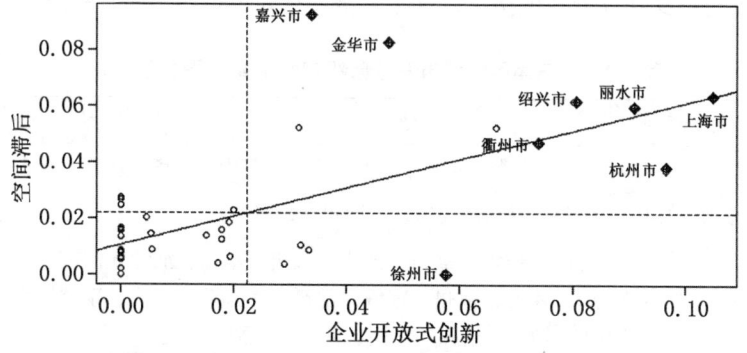

图 5-7　长三角区域城市开放创新度 Moran 散点图

长三角区域城市开放创新度 Moran 散点图（图 5-7）主要度量了城市创新度与其周边城市的关系。从总体上看，各城市较均匀地分布在回归直线两侧，且整体上回归直线有向右上侧倾斜的特征，说明了各城市开放创新度与其周边城市平均开放创新度有着正相关关系。同时，图 5-7 中特别标注的城市为强影响点，说明上海、杭州、丽水等城市对于长三角区域层面的创新空间趋同有重要的影响。

（二）长三角地区耦合型开放式创新的城市空间分化

根据弗里德曼《区域发展政策》中提出的城市空间相互作用和扩散理论，即"核心—边缘"理论，界定了核心区和边缘区的概念。"扩散效应"是"核心—边缘"理论的核心观点之一，即当核心区发展到一定水平时,边缘区将从核心区获得发展要素,并逐步达到核心区水平。长三角地区耦合型开放式创新符合扩散效应,表现为创新要素的转移和溢出。

进一步分析长三角区域城市开放创新度 Moran 散点图,该图被两条虚线分成了四个象限,相应的城市也被分成了四类(表5-3)。从总体上看,大部分城市处于"高高"和"低低"象限,而处于"低高"和"高低"象限的城市很少,即多数城市周边城市与自身开放创新度接近,这也是全局空间正自相关的一种反映。

表 5-3　长三角区域城市开放创新 Moran 散点图象限分布

区域特征	地　　　区
高高（H-H）	上海、杭州、丽水、绍兴、衢州、舟山、金华、嘉兴、宁波
低高（L-H）	扬州、马鞍山、宿迁、湖州、盐城
低低（L-L）	安庆、蚌埠、亳州、池州、滁州、阜阳、淮北、淮南、黄山、六安、宿州、宣城、常州、连云港、苏州、泰州、无锡、镇江、台州、温州、芜湖、合肥、铜陵
高低（H-L）	徐州、南京、淮安、南通

"高高"象限中共有 9 个地区,主要是上海、杭州及周边浙江城市,除徐州外所有的强影响城市均位于这一象限,说明上海带动长三角南翼已形成了具有较强经济联系的开放创新区域,具有较强的辐射力,区域内的创新活力较强。"低高"象限中只有 5 个城市,分别是扬州、马鞍山、宿迁、湖州和盐城,说明其相较周边城市的开放创新度偏低,属于区域创新活力的洼地,开放创新活力亟待进一步提高。"低低"象限中的城市最多,共 23 个,主要分布在江苏、安徽区域,表明这些城市区域的创新活力普遍不高。"高低"象限中的城市也较少,分别是徐州、南京、

淮安、南通，属于区域中的开放创新"高地"。

从 Moran 值的分析可见长三角区域城市开放创新度出现了区域分化，上海和浙江的创新集群和溢出效应明显，存在显著的知识溢出效应，说明两地的企业主体在人员流动、经贸往来密切的技术上产生了大量的知识交流和技术合作，达到了较高的科研合作水平。江苏和安徽尚未形成高能级的创新城市集聚，缺乏具有高度影响力和辐射范围的核心创新城市，区域内的知识流动和溢出较弱。进一步考察城市的区域辐射能力采用局部 Moran's I 值测度（表 5-4）。

表 5-4　长三角区域城市开放创新局部 Moran's I 统计量
（P 值小于 0.05 的地区）

城市	Ii	P 值
上海	3.7	＜0.001
绍兴	2.51	＜0.001
丽水	2.79	＜0.001
金华	1.66	0.001
衢州	1.38	0.005
舟山	1.44	0.024

表 5-4 呈现了长三角城市中局部 Moran's I 统计量的高值区域。和前面的全局分析类似，上海的局部区域影响力也是最强的，绍兴和丽水紧跟其后。表 5-4 中呈现的上海等六市在局部区域拥有统计意义上的强影响力，除了上海外，其他城市均位于浙江。值得注意的是，舟山市并不拥有辐射全局的强影响力，但在局部区域其创新影响力是显著的，说明其知识共享的辐射范围局限在周边，创新能力的辐射能级还有待进一步提高。同时，在全

局及局部分析中，都不存在负向影响城市，表明长三角区域拥有许多具有强辐射带动作用的创新城市的同时，并没有在创新上显著低于周边区域而造成负向带动效应的"洼地"城市，也不存在知识共享的"绝缘体"城市。

OLS模型结果显示企业成立时间越长越可能参与耦合型开放式创新，SAR和SEM模型结果显示了相反的结论，但三个模型中企业成立年限变量均不显著，不能在统计上得到上述结论。可以看到SAR模型和SEM模型的AIC值均小于OLS模型结果，同时对应的Rho和Lambda都高度显著，说明开放式创新确实存在明显的空间依赖性，采用空间模型有效地反映了知识溢出效应，但是不能充分证明企业成立年限与企业采取开放式创新之间有显著的直接关系（表5-5）。

此外，在模型的选择方面，采用拉格朗日乘数检验选择空间计量模型（表5-6），根据Anselin于2004年提出的判别准则，推荐使用SAR模型。同时本章也采用了空间分位回归模型，但在任意分位值上企业成立年限变量均不显著，并且模型效果不如SAR模型。由此可以得到结论：长三角区域企业采取开放式创新行为具有显著的空间依赖性。

表5-5 地理空间下OLS、SAR和SEM模型结果比较

指 标	OLS模型	SAR模型	SEM模型
企业成立年限	0.002 0	−0.000 4	−0.001 9
截距项	−0.006 0	0.015 7	0.052 2
Rho	—	0.595 0[***]	—
Lambda	—	—	0.611 2[***]
AIC	−164.89	−177.85	−178.28

注：*** 表示参数估计值在0.001的显著性水平下显著异于0。

表 5-6　模型空间依赖性检验

检　　验	统计量	自由度	P 值
LMERR	14.65	1	0.000 1
R-LMERR	1.99	1	0.158 0
LMLAG	15.39	1	<0.000 1
R-LMLAG	2.74	1	0.097 9

六、小　结

本章从空间维度分析耦合型开放式创新的知识溢出机制，从溢出主体、溢出渠道、溢出环境三个方面对空间知识溢出机制进行研究，并分析信息化发展水平、交通便利度、区域开放式创新水平对空间知识溢出的影响机制。在此基础上，运用 Moran's I 度量创新效率在创新主体间的空间自相关性，基于多元主体间知识共享的溢出效应，采用空间自回归模型度量创新效率的空间溢出效应，同时采用直接效应、间接效应和总效应来解释科研投入、知识员工等因素存在空间溢出效应的情况下对创新效率的影响。本研究采用长三角地区企业样本，对长三角区域城市耦合型开放式创新的知识溢出影响机制进行分析。研究发现，长三角区域城市开放创新度出现了区域分化，上海和浙江的创新集群和溢出效应明显，存在显著的知识溢出效应。长三角区域企业采取开放式创新行为具有显著的空间依赖性。

第六章

结构维度：开放式创新和产业集群

一、分析框架

开放式创新范式的两个核心概念在于捕获和创造价值、由多个企业合作共同创新的机制。其中，利用外部网络、社区和生态系统来创造价值是关键。已有研究对企业如何运用企业联盟、网络、社区、研发联盟、生态系统和平台进行了较多分析，但是从产业结构角度分析耦合型开放式创新的治理机制和创新绩效的研究并不多见。本研究力图结合产业集群理论、创新集群理论，分析耦合型开放式创新在产业间的创新机理，以此从结构维度剖析耦合型开放式创新的治理机制。

产业集群作为一种互动性的网络生态环境和平台，能够通过供应链与价值链上价值活动的协同效应，促成集群内外企业的知识和信息共享。在产业集群中，由于相同或相关行业的企业在地理上集聚，企业之间同时存在竞争与合作、分工与协作的关系，共享区域内的信息和知识。产业集群内的主体包括供应商、采购商、生产企业、专业市场、协会和公共服务平台等中介组织、金融机构，以及政府组织等，构成了一个有机的产业生态系统，是企业自组织或有组织的综合体，如王缉慈于2002年的研究所示。在这个产业生态系统内，由于具有集聚性、竞合性和根植性等特点，产业集群促进了信息的流动，为企业开展开放式创新提供了基础。

产业集群为企业实施开放式创新提供基础环境。为配合外部合作者的创新活动,企业需要实施一系列管理与外部合作方关系的战略。这些战略可以在产业集群中开展,包括联盟、网络、生态系统等。在每一种情况下,合作双方在资产、产能和战略方面的投资反映的是交易伙伴之间的经常性交易,而不是一次性交易,长期形成了互动的互相依赖,有助于产业集群的创新效率提升。

在耦合型开放式创新中,针对有关企业怎样运用网络来支持其开放式创新战略的研究很有限。这方面的研究始于2006年出版的《开放式创新的新范式》,除了通过从二元视角中找到的外部合作伙伴,企业还必须协调其网络活动,既要开发新技术,又要利用基于技术的商业机会。为了创造比较复杂的系统,企业从外部相关渠道获得技术、组件,从供应商和第三方输入产品。

基于开放式创新理论,企业合作网络有决定创新能力的作用,因此可以依托产业集群理论的地理临近性分析某一领域的企业和机构合作网络的地域集中性。在已有的研究中,学者们认为在产业集群中,开放式创新的效果会更好,因为产业集群为信息交换提供了更好的环境,如 Simard、West 于 2006 年的研究所示。在产业集群中,企业之间的协作是产业集群向创新集群转变的重要因素。由此可知,企业之间的社交网络结构和处于开放式创新核心地位的协作流程之间存在潜在的关系。但是研究产业集群和开放式创新之间关系的文献仍不多,尤其缺乏基于知识共享并不断演化升级产业集群,更强调互动式学习流程和关系资本开发的重要作用的文献。产业集群中的耦合型开放式创新仍需进一步研究。因此，从产业层面考察耦合型开放式创新适用性具有重要意义。基于此，为研究产业集群情境下开放式创新的作用和影响机制，本章建立了产业集群情景下的耦合型开放式创新治理机制框架（图6-1），重点研究产业集中度、产业成熟度和产业研发强度对耦合型开放式创新适用性的影响。

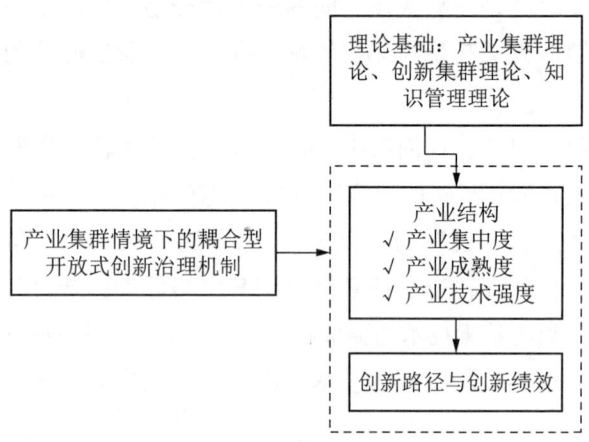

图 6-1　产业集群情景下的耦合型开放式创新分析框架

二、产业层面耦合型开放式创新影响机制

本部分聚焦耦合型开放式创新和产业集聚度的关系。事实上，产业间采用开放式创新的策略和程度存在显著的异质性。尽管在食品、电信或制药等一些行业，有相当多的公司采用了开放式创新原则，但在银行或公用事业等其他一些行业，采用开放式创新的情况相当少见。产业组织经济学是解释产业异质性的理论框架。创新战略也不例外，其取决于产业结构。产业组织领域最大的研究内容就是致力于验证熊彼特提出的关于创新和产业结构

之间的关系。第一种假说是在 1934 年提出的，认为这种创新是由中小企业在竞争环境中推动的。第二种假说认为集中市场中的大公司是创新的主要驱动力，由熊彼特于 1942 年提出。本研究从耦合型开放式创新的角度检验这两个假设，考察产业结构如何定义企业利用开放式创新战略的方式。更具体地说，本章研究了产业结构的三个特征：集中度、成熟度、研发强度，聚焦产业的集中度、成熟度、研发强度如何影响耦合型开放式创新的采用。

（一）产业层面开放式创新适用性分析

开放式创新具有明显的情景依赖性。在外部环境中，行业属性、市场因素和知识专属性等均影响开放式创新的过程及其与绩效的直接关系。此外，组织情境包括组织静态特征，如企业规模、企业年龄，以及组织动态特征，如互补资产、吸收能力和研发能力等，这些特征的差异也会导致产生不同的开放式创新过程[1]。

从产业异质性看，不同的行业属性对开放式创新的选择度存在差异。在快速变化的新兴产业中，特别是技术密集型行业，技术强度、新商业模式和知识资源较强，企业会积极地扩大开放度，如针对电气、IT、生物医药等高科技行业的研究，开放式程度高达 50%[2]。但是这些研究大多关注外部知识源的使用情况，即重点在由外而内的开放式创新，对知识双向流动的耦合型开放式创新研究有限。

从产业市场结构看，早期开放式创新的研究集中在产业内

---

[1] 高良谋，马文甲.开放式创新：内涵、框架与中国情景[J].管理世界，2014，13（6）：157—169.

[2] Francesco D.S., Menendez J.F., Duarte A.R., et al. Testing the Schumpeterian hypotheses on an open innovation framework[J]. Management Decision, 2012, 50（7）：1222—1232.

的大型企业和跨国公司,相关研究认为大型企业和跨国公司在寻找和利用外部知识方面具有资源优势,因此具有开放式创新的基础和倾向。但也有研究表明,大型企业或跨国公司拥有丰富的技术、人才、资金等要素,采取开放式创新的意愿较小[1]。对产业内中小企业的开放式创新适应性而言,已有研究较为一致地认为由于缺乏资源,中小企业更愿意对外开放,以期从外部获取所需资源,并且开放驱动着中小企业的创新绩效[2]。为论证产业集中度与开放式创新的关系,Francesco D.S.、Menendez J.F.、Duarte A.R.等人于2012年以验证熊彼特假说为目标,运用西班牙企业创新活动数据研究了产业集中度与开放式创新的关系,认为其具有负向作用,即市场集中度越低,企业越有意愿实施开放式创新[3]。但是,这个结论是基于平均研发强度较低的市场环境,对开放式创新的测度主要依据问卷访谈形式,较难区分开放式创新的类型。为此,本章拟选取研发实力较强的市场环境,重点关注耦合型开放式创新与市场集中度之间的影响关系。

从产业成熟度看,随着开放式创新解释力的深入,其在产业层面的作用日益显现。已有研究以企业年龄为基础,发现企业建立时间越长,外部知识开发和利用的倾向性越大[4]。企业年

---

[1] Gambardella Alfonso, Giarratana Marco S. General technological capabilities, product market fragmentation, and markets for technology [J]. Research Policy, 2013, 42(2): 315—325.

[2] J. Spender, V. Corvello, M. Grimaldi, P. Rippa. Startups and open innovation: a review of the literature [J]. European Journal of Innovation Management, 2017, 20(1): 4—30.

[3][4] M. Torkkeli, C. Kock, P. Salmi. The "Open Innovation" Paradigm: A Contingency Perspective [J]. Journal of Industrial Engineering and Management, 2009, 2(1): 176—207.

龄和企业在产业生命周期中所处的阶段对开放程度和创新绩效具有不同程度的影响，开放式创新给年轻企业带来的益处优于老企业[1]。由于信息技术行业是开放式创新的先行者，特别是开放源代码是开放式创新的典范，现有开放式创新的研究偏重于对高新技术产业的年轻公司和小企业的研究，缺乏从产业层面对开放式创新的适用性研究，特别是耦合型开放式创新的研究更不多见。

从产业研发强度看，高新技术行业采取开放式创新的案例研究较多，特别是信息技术领域，包括对施乐、IBM、英特尔等公司创新模式的研究是开放式创新理论建立的基础。已有的研究中，较多集中于对食品、制药、通信行业开展开放式创新的实证研究，但是对金融、科技服务等领域的研究较少，认为这些行业实施开放式创新的动力机制不足，较少实施开放式创新。随着封闭式创新腐蚀因素作用的增强，传统的制造业及服务业的开放程度也将随之加大，开放式创新的研究已经开始突破高新技术行业的限制向多行业扩展。特别是服务业领域的开放式创新研究是未来研究的主要方向之一。

本研究力图从耦合型开放式创新的角度考察产业结构如何定义企业运用耦合型开放式创新战略。重点围绕产业结构的以下重点特征：集中度、成熟度和研发强度，论证其如何影响耦合型开放式创新的适应性，主要研究思路和框架如图6-2所示。

---

[1] K.H. Hofmann, G. Theyel, C.H. Wood. Identifying Firm Capabilities as Drivers of Environmental Management and Sustainability Practices—Evidence from Small and Medium-Sized Manufacturers [J]. Business Strategy & the Environment, 2012, 21 (1): 530—545.

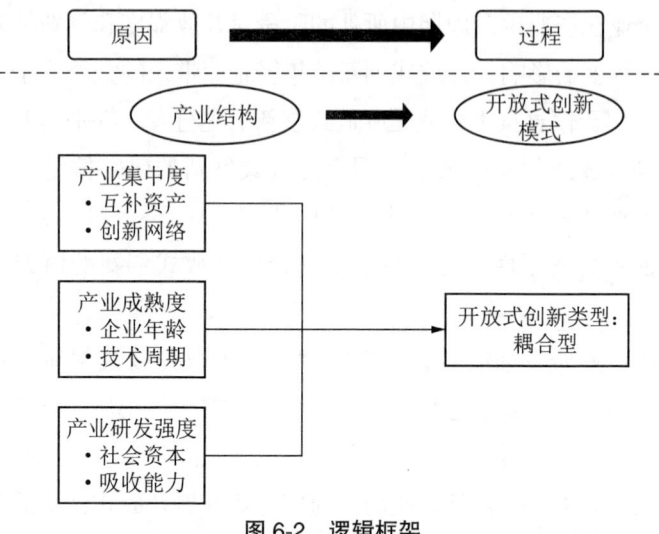

图 6-2 逻辑框架

（二）数字产业的开放式创新

20世纪90年代，科技企业中出现一种现象，随着研发团队规模越来越大，传统科层制管理越来越难以提升创新效率。于是，部分先进企业率先开展了科研创新管理变革。这些跨国公司开始建立自己的风险投资基金或内部创新加速器，使创新生态系统化，创新基金分配给企业外部和内部具有突破性创新创意和想法的工程师，鼓励其将奇思妙想的创意开发成产品和服务。这种开放式创新模式与传统的封闭创新相比，有价值的创意和技术可以从公司的外部和内部同时获得并且商业化，企业利用内部和外部相互补充的创新资源实现创新。当时美国领先企业开始设立创新组织并开展活动，例如，宝洁的Connect+Develop和GE的Fuse创新委员会、Google的创新大赛、宝马的创新实验室、IBM的InnovationJam、戴尔的IdeaStorm。这些组织机构

第六章 结构维度：开放式创新和产业集群

一般向大学开放，利用资金和技术优势吸引创新人才和项目[1]。第三方的开放式创新平台也应运而生，创新奖励和众筹网站（如InnoCentive）扩大了企业创新的边界，让更多想法和创意能够融入进来。技术开发者可以用网络开源工具上传他们的创作至开放社区（如 Apache、Linux、维基百科等）。

随着第四次工业革命的到来，互联网和数字科技产业大量运用开放式创新，取得了爆发式的创新增长。开放式创新正在成为数字经济发展的关键动力。产业通过开放式创新将大学、设计公司、供应商，与全球集成商联系起来，形成了创新生态和技术共同体。企业与大学、风险资本、创新基金等在开放创新平台上合作和交易，过去地理上的产业生产集群升级为数字化的产业创新集群，过去科学实验室创造技术和专利的涓涓细流汇聚成产业技术和产品的大江大河。

如今开放式创新已经成为全球数字经济产业生态的重要组成。在移动互联网和5G领域，华为大力投入建设开放的移动服务创新生态，以其"芯—端—云"技术体系为开发者提供系统赋能服务，包括支付、账户、云空间服务、AI机器学习、应用消息等通用服务。2021年3月，华为在应用市场AppGallery中获得带有HMS Core的应用数量增长188%，达到12万个，已拥有230万注册开发者，比去年增长77%，全球月活跃用户（MAU）量达5.3亿。在人工智能AI领域，微软、Facebook、Google等公司采取了互联网开放标准的方法。在数字媒体领域，字节跳动公司的"今日头条"从创立之时就建立了开放自媒体创作者模式，2020年已拥有通过认证的13万"行家"创作者，从个人品牌打

---

[1] 蔡剑，朱岩.数字经济的开放式创新模式[J].清华管理评论，2021（6）：14—20.

造、流量和现金扶持、内容变现力提升等各方面帮助其成长[1]。

中国加快发展双循环新发展格局，需要以科技创新提升产业竞争力，实施开放式创新在数字经济中势在必行。随着价值互联网技术日趋成熟，数字产权市场形成，数据共享变得更加容易，更多参与者能够参与研发创新活动。未来价值互联网和智能技术能够对每家企业、每位人才、每个项目的数字资产创新价值进行评估，这让合作伙伴之间能够快速地分配研究创新工作，汇集创新结果，让开放式创新产生价值。

（三）开放式创新和产业优势塑造

数字时代万物互联，"连接"成为重要基础能力。技术开源和产业开放彼此衔接、相互支撑，构建全产业链合作模式和无边界产业生态圈，形成新型产业组织形态，日益成为数字时代全球分工体系的主流模式。

习近平主席在亚太经合组织领导人非正式会议上的重要讲话中指出：全球数字经济是开放和紧密相连的整体，合作共赢是唯一正道，封闭排他、对立分裂只会走进死胡同，要加强数字基础设施建设，促进新技术传播和运用，努力构建开放、公平、非歧视的数字营商环境。这为我国发展数字技术和产业、促进全球数字合作指明了方向、提供了遵循。"十四五"规划和2035年远景目标纲要提出：支持数字技术开源社区等创新联合体发展，完善开源知识产权和法律体系，鼓励企业开放软件源代码、硬件设计和应用服务。这就要求我们要积极发展开源技术体系和开放产业体系，加快形成数字时代科技与产业发展新优势。

开放式创新是数字技术深入发展的鲜明特点。开放式创新

---

[1] 蔡剑，朱岩. 数字经济的开放式创新模式[J]. 清华管理评论，2021（6）：14—20.

第六章 结构维度：开放式创新和产业集群

的典型案例就是开源软件。开源软件是指任何人都可以被授权自由使用、复制、传播和改动的软件，并且其源代码是开放和共享的。目前，开源不仅已覆盖软件开发全域场景，渗透到绝大部分软件产品，而且还延伸到开源硬件、开源设计、开源产业互联网等诸多领域。

尽可能广泛连接和应用是数字时代的发展要求，开放式创新是数字技术深入发展的鲜明特点。开放式创新能够汇聚众智，促进多方协同和技术迭代演进，使网络技术连接范围不断延伸，应用领域不断拓展。同时，这一过程也产生了海量数据，开发出大量自动化协作工具，在世界范围推动分布式协作和接力式开发，连接巨量产品、企业和产业，形成网状产业生态，不断构建新的应用场景。

开放式创新发展到今天，已经成为软件和网络、数字领域的一种开发和创新模式。目前，全球97%的软件开发者和99%的企业使用开源软件，全球70%以上的新立项软件项目采用开源模式。一些新兴技术领域，如云计算、大数据和人工智能等领域，已广泛采用开源模式实现开发、共享和创新。世界上很多大企业都在深耕开源体系，即使那些有强大闭源软件的企业，也愈来愈多地参与到开源体系之中。开源技术已经跨越软件开发应用，向传统制造、新型制造、绿色环保、医疗卫生、3D打印等领域拓展，大大提高了创新效率。例如，世界上第一款开源设计的汽车，通过其社区内成员的共同努力，在18个月内完成全新量产车设计，比传统汽车设计快约4倍[1]。

我国是全球开源软件生态的重要参与方和贡献力量。一方面，我国是开源项目的使用大国和几大开源代码的第二大用户。我国

---

[1] 江小涓.以开源开放为抓手形成科技与产业新优势[N].人民日报，2021-08-31（9）.

国产操作系统、浏览器、开发测试软件、工业软件、移动 APP 等软件产品，大多基于开源软件二次开发。另一方面，我国也是全球开源代码的主要贡献来源，在全球几个主要开源代码平台上的贡献者数量排名第二。我国一些大企业积极参与开源实践，已经成为多个世界知名开源软件基金会的白金会员，在一些开源项目托管平台中的贡献度排名靠前。开放是数字产业发展的主导模式。

20 世纪 80 年代到 21 世纪前 10 年，全球产业分工主要发生在制造领域。现在，5G 及相关开源技术迅速发展，支撑"万物互联"，从信息到设备，从服务到产品，从企业到产业都跨越国界形成新的生产方式和产业组织，在全球范围重新进行资源配置，推动形成全产业链深度国际分工格局。以开源技术和数字平台为依托，产业分工体系更紧密更高效，分工链条更长更广，开放、连接与合作成为经济全球化的新趋势。

跨国科学研究网络快速发展。当代科学研究对于未知领域的探索越来越广泛深入，科学项目对投资强度、学科交叉、实验成本、参与人员等方面提出了更高要求，由国际合作开展的大科学项目已成为探索知识边界、解决全球重大科学问题的重要平台。在天文学、高能物理、生命科学、空间科学等领域，国际大科学项目已经成为孕育重大科学发现的主流模式。我国在科技领域不断加强国际交流合作。例如，2021 年 4 月，全国人大常委会批准了《成立平方公里阵列天文台公约》，体现了我国支持全球科学事业发展的开放胸怀以及重要贡献。科学研究的开放合作还体现在数据开放方面。

跨国技术创新网络快速发展。依据数字化网络平台和开源技术，数字时代的许多新技术新产品都是由多国共同研发、共同注册专利、共同分享收益的。世界知识产权组织采用大数据方法追踪了世界科技集群发展状况，研究全球范围的创新如何相互交织在一起。研究发现，全球创新网络的分工正变得更多元更多样。21世纪之前，美国、日本、西欧对全球专利的贡献率达到约90%，仅美日德三国的贡献率就超过了2/3。但近年来，借助全球研发网络，世界其他地方对全球专利的贡献率大幅提高，已经接近全球专利活动总数的1/3。其中，中国和韩国的贡献增长最快，2015—2017年两国专利注册数量已经超过全球专利注册总数的20%。

制造业全球分工体系持续深化。传统的制造业全球分工属于转移型、离散型的分工体系。转移型是指全球分工体系的形成过程是制造能力从跨国公司母国向海外转移的过程；离散型是指处于不同地点的零部件制造商相对独立，与产业链的关联主要处于两端：接受订单和提供产品。新兴的全球分工制造体系，特别是复杂新产品的分工制造体系开始呈现原发型、全程型、细分型特点。许多新技术新产品从初始研究设计阶段就开始打造分工制造体系，在全球范围寻求各种零部件最适宜的制造地点，保证技术水平最高和产品品质最好。同时，依托数字技术和网络平台相互连接，各个零部件制造商也得以全程相连、实时互动、同步演进，推动产业快速迭代进步。

服务业全球分工体系加速推进。传统服务业是典型的本地化产业，服务贸易在国际贸易中的比例一直较低。例如教育、医疗、文化等服务，以往都只能在现场消费，服务提供和服务消费不能错时错位。随着网络和数字技术的发展，服务不仅可以远程提供，如网络音乐会、网络教育、网络医疗等，还有可能如制造业那样进行全球生产分工。例如，依托5G这种高通量、低时延的通信技术，身处全球不同地点的多位乐手共同演奏一首乐曲已成为现实。数字化生产者服务平台汇聚巨量的生产服务提供商和使用者，可以智能匹配供需双方甚至多方，极大提升了服务效率和品质，提高了服务业的生产效率[1]。

积极发展开放式创新产业体系。开源与开放的理念契合万物互联的数字时代发展要求。我国拥有全球最大的开发者群体和制造业体系，数字技术应用广泛，开源开放可以连接的创新链、产业链、价值链范围之广、规模之大，无可比拟。要更新理念、突出重点、发挥优势，以发展开源技术体系和开放产业体系为抓手，加快形成数字时代科技与产业发展新优势，增强我国产业的全球竞争力。

我国数字技术、数字产业的发展既得益于加入全球开源技术体系和开放产业体系，也为全球开源技术体系和开放产业体系发展作出了重要贡献。要继续积极参与全球开源开放体系，汇聚全球智力资源、要素资源和产业资源，服务全球用户和市场。要继续在国际知名的开源技术体系和开放产业体系中发挥积极作用，实现知情、学习、共建、共享并作出更为积极的贡献。

三、理论分析与研究假设

（一）产业集中度与耦合型开放式创新

公司传统研发路径是通过内部知识资源开发新产品。开放式创新理论考虑到外部知识资源对新产品开发的重要性。在开放式创新视角下，公司能够弥补缺乏的研发技术、知识水平和研究时间的短板，从外部获取知识和技术完成研发活动。开放式创新的实施方式包括协作研发、研发外包、购买外部专利、并购等。其

---

[1] 江小涓.以开源开放为抓手形成科技与产业新优势[N].人民日报，2021-08-31（9）.

中，协作研发是需要知识双向流动的合作形式，属于耦合型开放式创新范畴，并有利于实现模块化创新和渐进性创新。在耦合型开放式创新中，面临的重大挑战是如何处理内部和外部的知识管理。知识的双向耦合过程是由一组复杂的相互关联的因素所调整的过程。已有文献已经确定了一部分与行业市场结构、企业资源和企业能力相关的因素，研究发现由于缺乏品牌效应和销售渠道等互补资产，小公司往往很难利用自己的发明。因此，他们经常被迫与具有利用这种知识的补充资源的公司合作[1]，形成协作研发创新模式。互补性资产（complementary assets，即"补充性资产"），泛指除技术创新所包含的核心技术知识之外，技术创新商业成功或从技术创新中获取经济利益必须使用的其他能力或资源，如制造、分销渠道、服务、品牌、辅助技术等。实践中，大公司拥有互补性资产成为其能够实施耦合型开放式创新的关键要素之一。

在产业集中度高的环境中，小公司寻求的潜在合作创新伙伴往往是大公司。因为大公司具有互补资产，有利于研发创新。但是，与大公司合作意味着小公司将面临很高的交易成本。在合作过程中，小公司与大公司由于内部组织的高度复杂性将导致高昂的沟通成本。在这种情况下，小公司的议价能力很弱，可能会遭遇机会主义行为的问题，大公司最终可能会在没有支付公平报酬的情况下，占用他们的创新技术。在实践中，腾讯、阿里等行业龙头企业在多个技术细分领域以收购创新型企业为手段，实现抢占新技术的制高点。市场不确定性和企业获取财务资源的途径也会影响开放式创新的适用性。在不确定的市场环境中，与合作伙

---

[1] Teece D.J. Profiting from technological innovation: Implications for integration, collaboration, licensing and public policy[J]. Research Policy, 1986, 15(6): 285—305.

伴分担开发新技术的风险是企业采取开放式创新战略的主要动机。已有研究表明，市场集中度降低了市场的不确定性，并提供了从事成本高、风险高的创新项目所需的现金流[1]。

在不同的市场结构中，技术机会对开放式创新战略具有不同的影响。在高技术机会的产业中，市场集中度较高，并且对小公司不利。因为在这些集中度高的市场中分享创新利润的机会成本上升，将阻碍集中度高的市场中的开放式创新战略。市场集中度与独占性机制之间的联系也是影响开放式创新战略的重要因素。独占性机制（appropriability regime）指除企业和市场结构以外的环境因素，其决定了创新主体获取创新收益的能力。已有研究表明市场集中度和独占水平之间是正向关系，独占性机制影响创新者从创新中获取利益的能力[2]，市场集中度越高，创新活动的独占水平越高，获得创新收益的能力越强[3]。但是，一些观点认为较弱的独占性制度有利于发展开放式创新战略的市场环境，低水平的独占性为知识的累积进步创造了更多的机会。这一现象的典型案例是开放源代码的发展，开放源代码对合作创新保持开放的态度，并且不太关注知识产权，而是提供更多的机会让新主体参与建立标准。

综上来看，根据产业组织理论结构绩效假说，市场势力决定了产业绩效的大小，市场集中度高的产业内，规模较大的企业更易凭借垄断地位来操纵商品价格而获得超额利润。开放式创新

[1] 约瑟夫·熊彼特.经济发展理论[M].北京：商务印书馆，2019.
[2] Teece D.J. Profiting from technological innovation: Implications for integration, collaboration, licensing and public policy [J]. Research Policy, 1986, 15 (6): 285—305.
[3] Murray E. Jennex. Knowledge Exchange in Networks of Practice [R] //Knowledge Management: Concepts Methodologies, Tools & Applications, 2008.

的各种类型中，由外而内的创新模式更受企业青睐的根本原因在于可利用外部知识增强自身的研发水平，某种程度上是对外部知识的获取和吸收具有控制力和主动权[1]。而对于知识双向流动的耦合型开放式创新来说，掌握合作主体间知识获取、知识吸收的控制力和主动权显得尤为关键。大型企业可能更倾向于通过控制行业创新流程，通过外部创新鼓励知识溢出来维持稳定的产业结构。因此，在产业集中度较高的市场环境中，一些大公司能够以较强的议价能力来决定开放式创新的适用模式，某种程度来说具有对外部合作方的控制能力，在耦合型开放式创新中有助于形成知识交流的协调机制，成为知识双向流动的最佳实践。据此，我们做出如下假设。

H1：在市场集中度高的环境中，实施耦合型开放式创新可能性更高

（二）产业成熟度与耦合型开放式创新

新制度经济学强调私有产权的稳定性，演化经济学则强调制度是演化的，由此形成的代谢经济学认为任何组织的制度安排都有生命周期。技术竞争的结果是产业的共生演化或新陈代谢，技术创新导致的产业代谢有显著的生命周期[2]。产业生命周期的不同阶段会影响耦合型开放式创新的适用。已有研究认为在新兴技术领域，大部分企业倾向于使用外部创新资源，对开放式创新

---

[1] 张振刚，王华岭，陈志明，高晓波.企业内向型开放式创新对根本性创新绩效的影响［J］.管理学报，2017，14（10）：1465—1474.

[2] 陈平.代谢增长论——技术小波和文明兴衰［M］.北京：北京大学出版社，2020.

有积极的影响[1]。特别是高科技初创企业创新活动多,决策速度快,能够快速应对市场变化,以期通过突破性创新,成为市场的领导者。但是,初创企业在材料、人力、技术、资源方面数量有限,研发程序灵活多变,需要具备外部的跨边界资源,从而更积极地采用开放式创新,其更多的是由外而内的知识获取和知识吸收与整合。在技术的早期阶段采用由外而内的开放式创新可能性更高,因为行业在快速增长阶段,企业很难在信息到达该领域的其他企业之前或在机会被取代之前开发利用技术机会所需的互补性资源[2]。Francesco D. Sandulli 等人于 2018 年对平均研发强度较低的国家(西班牙)的开放式创新和产业集聚度进行验证,认为其在技术的早期阶段采用开放式创新策略,是因为很多中小企业本质上承担的是搜索过程的角色:一方面,对外搜索,寻求知识互补的合作方;另一方面,成为大企业找寻协作研发的被搜索方。事实上,开放式创新是知识搜索的一种手段。在技术生命周期的早期阶段,市场和技术的不确定性很高,对大多数公司来说,选择一种特定的技术并不是一件容易的事情。因此,在行业中采用开放创新范式,创造了一种企业寻求通过知识共享来降低这种风险的氛围,而这种知识流动更多地属于由外而内的开放式创新。企业不仅需要从外部获得有效的知识流入,还需要有效保护自己的知识资源不被泄露和侵占。从这个意义上说,在产业成熟度较高的阶段,耦合型开放式创新策略能够有效促进企业之间

---

[1] Anne Laure Mention. Co-operation and co-opetition as open innovation practices in the service sector: Which influence on innovation novelty? [J]. Technovation, 2011, 31 (1): 44—53.

[2] Nishaal Gooroochurn, Aoife Hanley. A tale of two literatures: Transaction costs and property rights in innovation outsourcing [J]. Research Policy, 2007, 36 (10): 1483—1495.

共享隐性知识，这是独占性制度较为明确的创新成熟阶段。在实践中，腾讯、阿里不断投资各自产业链内和相关产业的小企业，特别是具有专利技术的小企业，通过股权投资的形式对小企业的相关运作进行介入控制，以此形成知识的双向流动和互动耦合。

综上来看，产业生命周期的发展阶段对不同类型的开放式创新具有异质性影响。随着产业成熟度提高，企业为确保市场竞争力、保护自身的市场份额，更倾向于采取耦合型开放式创新，达到对技术创新的控制力。因此，考虑到产业成熟的阶段，我们可以推断如下。

H2：产业处于成熟阶段，实施耦合性开放式创新可能性会更高

（三）产业研发强度与耦合型开放式创新

已有研究表明，在技术密集型产业更可能出现开放式创新，企业选择研发外包、协作研发、购买外部专利等多种形式的开放式创新战略，实现与其他公司（合作者）的知识共享[1]。由此可知，开放式创新也取决于行业的研发强度情况。在技术密集型产业中，企业研发频率更高、研发活动更密集，只有企业从事研发活动并具有相关的吸收能力时，获得外部专有技术的回报才会显著增加。根据交易成本理论，企业在研发和生产过程中可能产生较大的沉没成本，因此有意愿通过外部的创新成果来获得这些沉

---

[1] Ulrich Lichtenthaler. Alliance portfolio capability: a conceptual framework for the role of exploration or exploitation alliances [J]. Journal of Strategy and Management, 2008, 9 (3): 281—301.

没成本的回报[1]。另一方面，在技术密集型产业中，小企业由于缺乏研发活动相关的内部和外部资源，更有与外部第三方协作开发创新项目的意愿。由于技术密集型行业中不确定性更强，因此该领域的企业采取开放式创新战略，并且在与合作者开展知识共享的过程中，更专注知识共享后的收益，而有意识地忽略可能带来的风险。而低复杂性技术行业的企业面临的技术挑战相对较少，因此，合作带来的收益无法抵消与寻找建立和维持外部合作相关的成本。考虑到产业研发强度，特别是研发强度较高的技术密集型产业，我们推断如下。

H3：研发投入高的技术密集型行业中，实施耦合型开放式创新可能性会更高

除了行业的特征，本研究还将控制企业的一些内部特征，这些内部特征在之前的文献中已经被确定为是有利于开展开放式创新的潜在驱动力。首先，本研究考虑的控制变量是公司的成立年限。已有相关文献认为，年轻企业和老企业在由外内而和由内而外的开放式创新活动中有不同的影响，年轻初创企业几乎不采用由内而外的开放式创新，原因在于年轻企业缺乏识别许可权转让潜在机会的能力。由此，大部分年轻企业以由外而内和耦合型开放式创新驱动企业的创新绩效，致力于通过有意识地使用流入和流出的知识增强网络关系中的创新地位。因此，我们预计年轻企业更倾向于采用耦合型开放式创新。其次，学者们对于公司规模对公司创新的开放影响具有不同的观点。基于调查的研究表

---

[1] James H. Love, Stephen Roper.Internal Versus External R&D: A Study of R&D Choice with Sample Selection [J]. International Journal of the Economics of Business, 2012, 9 (2): 239—255.

明，公司规模与开放式创新之间具有正向的影响[1]，而另一些研究表明企业规模和开放广度之间存在"倒 U 型"关系[2]，而最近的研究表明，在实践中，小企业的创新强度更高[3]。以上研究对开放式创新没有区分创新的类型，因此容易得出相悖的结论。本研究中聚焦耦合型开放式创新，在企业协作研发过程中，由于中小企业具有灵活性更高的研发组织，更能针对市场和需要变化而采取相应的应对措施。因此，我们预计中小企业更倾向于采用耦合型开放式创新战略。然后，在研究中考虑的第三个内部控制变量是企业的研发实力。这一变量可能对开放式创新的适用产生相互矛盾的影响。研发实力通常作为高吸收率的表征。高吸收能力表明企业将外部知识融入产品开发过程的能力较强，从而能更顺利地开展开放式创新战略。另一方面，研发实力较弱的企业可能需要更多的外部知识。因此，对于研发实力较弱的企业来说，实施开放式创新的必要性将更强。耦合型开放式创新更注重对外部知识的整合能力，为此，我们预计研发实力与耦合型开放式创新的适用呈正向关系。

四、研究设计

（一）数据来源和样本选取

为进一步验证产业层面耦合型开放式创新的适用性，本研究

---

[1] Enkel E., Gassmann O. Driving Open Innovation in the Front End. The IBM Case[P]. Working Paper, University of St, Gallen, 2008.
[2] Andrés Barge Gil. Cooperation-based innovators and peripheral cooperators: An empirical analysis of their characteristics and behavior [J]. Technovation, 2010, 30(3): 195—206.
[3] Wim Vanhaverbeke. Researching Open Innovation in SMEs[M]// Bigliardi, Barbara, F. Galati. An Open Innovation Model for SMEs. Singapore: World Scientific Publishing, 2018: 71—113.

选取长三角地区的企业数据作为研究样本。这是基于以下三方面的考虑：第一，长三角地区是我国科技实力雄厚、产业门类齐全的区域之一，多年来长三角企业既嵌入全球价值链，也嵌入区域性产业集群，形成了独特的产业发展优势；第二，长三角一体化发展具有多年的基础，长三角地区产业集群内既拥有行业龙头企业，也拥有大量的民营中小企业，形成了较为发达的生产技术网络，具备开展开放式创新的基础条件；第三，长三角地区拥有丰富的科技和教育资源，高校、科研机构、产业界等形成了根植性的区域创新体系，在长三角一体化国家战略背景下，该地区将进一步构建区域创新共同体，具备了开展耦合型开放式创新的基础条件。为此，本研究选取长三角地区企业样本研究验证耦合型开放式创新与产业结构的关系。

已有研究对开放式创新的产业异质性分析主要集中于生物制药、通信技术等行业，为进一步验证生产性服务业的开放式创新适用性，本研究选取信息行业、金融和保险行业以及技术与科技服务行业。研究对象的数据收集根据国民经济行业分类标准（NAICS17），选取信息行业（51）、金融和保险行业（52）以及专业、技术和科技服务行业（54）三个行业的企业信息。数据来源为 incoPat 专利数据库和 Orbis 全球企业数据库，在 2013 年至 2018 年的时间范围，每个省（市）根据三个行业随机选取各 1 000 家企业，企业数据样本总量 12 000 家，包含共 6 年的企业面板数据。

（二）变量说明

在开放式创新理论研究领域，已有文献大多采用问卷测评的方法，测度企业采用开放式创新的广度、深度和创新绩效。为了能够更加客观地对开放式创新特别是耦合型开放式创新的适用性进行描述，本文借鉴 Cammarano 等人于 2017 年，Alexander 等

第六章 结构维度：开放式创新和产业集群

人于 2017 年及其他学者对专利和开放式创新的研究方法，聚焦企业间技术合作的角度，对企业的专利信息进行分析。采用研发外包或者购买外部专利的方式所进行的开放式创新行为，其专利的所有权一般仅归于真正的开发者，并不涉及合作双方对专利的共同所有。因此，本文以企业专利申请人所属单位来源是否不同来衡量企业的创新行为是否属于开放式创新行为，如果企业存在一个专利申请人单位来自两个或两个以上，则该专利被标记为联合专利[1]，表示创新成果的产出是由耦合型开放式创新所主导的，即存在知识双向流动的合作研发行为，并将此视为采取了耦合型开放式创新的依据。

根据麻省理工学院 Robecca M. Henderson 和哈佛大学的 Kim B. Clark 对创新结果的划分标准，创新类型分为渐进性创新（Incremental Innovation）、突破性创新（Radical Innovation）、模块化创新（Modular Innovation）、结构性创新（Architectural Innovation）四类[2]。Cammarano 等人于 2017 年的研究中对创新结果的描述主要通过对专利代码和文件的分解，将创新成果细化到四个分类中，但由于 incoPat 专利数据库对不同行业专利数据的限制，难以将部分生产性服务业的相关专利文件进行深度分解。为此，本文将因变量作二分法处理，对公司实施耦合型开放式创新行为进行有、无判断，如有，则以 1 表示，反之，则使用

---

[1] L. Agostini, F. Caviggioli. R&D collaboration in the automotive innovation environment [J]. Management Decision, 2015, 53 (6): 1224—1246.

[2] Rebecca M. Henderson, Kim B. Clark. Architectural Innovation: The Reconfiguration of Existing Product Technologies and the Failure of Established Firms [C] //Administrative Science Quarterly, 35 (1), Special Issue: Technology, Organizations, and Innovation (Mar., 1990): 9—30.

0 表示。

本文主要研究变量如下。

1. 产业集中度

关于产业集中度特征的变量，借鉴 Anita M. McGahan 等人于 2001 年的研究，企业行业集中度（C）由企业所处该行业中的主营业务收入排名前四企业的总和[1]与该行业该年收入总和的占比来衡量，表示为"CR4"。

2. 产业成熟度

对于行业成熟度，已有文献采用技术发展阶段进行描述，但存在行业间技术成熟度的显著差异，不利于对不同行业的成熟度进行评价，本研究借鉴代谢经济学理论，将产业逻辑斯蒂波分为四个阶段：幼稚期、成长期、成熟期和衰退期，不同阶段需要不同的制度安排。第一阶段是幼稚期，新技术要存活必须跨越某个临界值。新技术的规模在达到临界值之前难以存活，所以需要知识产权和对外贸易对于幼稚产业的保护。第二阶段是成长期，新技术显示其市场潜力，私人资本涌入，市场份额迅速扩张。市场竞争是市场扩张的驱动力。第三阶段是成熟期，企业利润下降，产业集中度高。垄断竞争可能阻滞新发明的出现。第四阶段是衰退期，夕阳产业挣扎求存或破产终结[2]。本研究依据 McGahan 和 Silverman 于 2006 年对产业成熟度的处理方法[3]，以企业年限

[1] Margaret K. Kyle, Anita M. McGahan. Investments in pharmaceuticals before and after trips [J]. Review of Economics & Statistics, 2012.

[2] 陈平. 代谢增长论——技术小波和文明兴衰 [M]. 北京：北京大学出版社，2020.

[3] Mcgahan A, Silverman B. Profiting from technological innovation by others: The effect of competitor patenting on firm value [J]. Research Policy, 2006, 35 (8): 1222—1242.

（T）作为衡量企业成立年限的指标（企业成立年份至2018年的年数，即企业成立年限）。

3. 研发强度

对于企业技术水平，已有文献大多采用企业研发投入、企业研发人员数等指标衡量，本研究为保证数据可得性和可比性，采用企业研发投入占总收入的自然对数（lnRDOR）衡量企业研发投入强度。此外，以企业研发投入的自然对数（lnRDE）作为衡量"企业技术能力"的指标。

4. 企业规模

关于企业特征的变量，本文参考 Francesco D. Sandulli 等人于2012年的研究，选择企业员工数量的自然对数（lnNE）作为衡量"企业规模"的指标。

5. 行业领导力

由于技术竞争的胜负取决于对市场份额的控制能力，对于企业在行业中的地位，以行业中企业利润率来进行评价，采用企业利润率的自然对数（lnPM）作为衡量"企业领导力"的指标。具体变量说明和来源如表 6-1 所示。

表 6-1 变量来源与描述

变量	描述	来源
开放式创新度（Open Innovation）	由企业联合申请专利来衡量（OI = 0 或 1）	incoPat
企业规模（Size）	由企业员工数量（Number of employees）的对数衡量（lnNE）	Orbis
科技实力（Technology）	由企业研发支出（Research & Development expenses）的对数衡量（lnRDE）	Orbis

续表

变　量	描　述	来　源
领导力（Leadership）	由企业利润率（Profit margin）的对数衡量（lnPM）	Orbis
企业成立年限（Age）	以2018年为基准，与各企业成立年份的差值来衡量	Orbis
行业集中度（Concentration）	以CR4指数衡量行业集中度，其为该行业前四大企业主营业收入总和与此行业该年主营业收入总和之比	Orbis
研发投入强度（Intensity）	科研投入/总收入（RDOR）	Orbis

（三）模型构建

本研究构建模型检验二分因变量耦合型开放式创新和产业集聚度的关系，文中因变量"耦合型开放式创新"通过企业的联合专利申请数衡量，自变量则由有关企业特征和行业结构的变量构成，模型方程如下：

$$COI = \beta_0 + \beta_1 Size + \beta_2 Technology + \beta_3 Leadership + \beta_4 Concentration + \beta_5 Age + \beta_6 Intensity + \beta_7 Year + \varepsilon$$

由于本研究中变量耦合型开放式创新是二分类的，因此"逻辑回归"是一个合适的工具，可用来估计模型。然而，在一个有效的逻辑回归模型中，不同的观测值应该是独立的。而对于一组数据而言，情况并非如此，独立性的假设也站不住脚。因此，必须使用一种能够处理二分因变量和分组或相关数据的回归方法。一个相对简单和直接的解是由广义估计方程（GEE）方法提供的解。一般来说，GEE方法极大地简化了对纵向或嵌套数据的分析，特别是在非正常响应的情况下。该方法在生物统计学、计量经济学和心理计量学应用中越来越受欢迎，因为其克服了一些经典的统计学假设，并且非常容易实现和使用。

本研究中，因变量的数据来源于 incoPat 专利数据库，各自变量的数据来源于 Orbis 全球企业数据库。具体而言，因变量（OI）专利数据，是在 incoPat 专利数据库中，批量搜索包含申请于中国内地与台港澳地区，以及世界知识产权组织的专利数据，专利类型包含发明申请、发明授权、实用新型、外观设计，筛选条件设为申请人数大于等于2，即 NO – AP =［002 to 100］，批量导出后再与 Orbis 导出的企业数据匹配，企业存在申请专利人数若大于或等于2，则用1表示，否，则用0表示。关于自变量，是在 Orbis 全球企业数据库中，设置行业属性与企业地点两个条件，批量导出上海、浙江、江苏、安徽四个城市的信息行业、金融和保险行业、技术和科技服务行业三个行业各自的相关自变量数据。两个数据"可"的匹配过程：在专利库数据库里，将 Orbis 企业直接导入，每次导入500，进行公司数据的匹配（AND NO – AP =［002 to 100］）。专利申请人数：2—100，用0和1表示是否为耦合型开放式创新。

五、实证结果与分析

本研究基于由1.2万多家公司组成的调查样本。样本中的公司数据取自长三角区域内信息行业、金融和保险行业、技术和科技服务行业，因为这些行业属于生产性服务业范畴，技术强度较高，可能有助于更好地理解整个产业中真正的耦合型开放式创新的动态。虽然大多数关于开放式创新的研究都集中在大公司，认为拥有更多专业化资源的大公司将更倾向于并且成功地开展开放式创新战略,因为小公司缺乏构建外部创新的搜索和选择过程的能力,特别是在决定披露专利或创新方面,没有完善的风险评估和防范机制,也缺乏预测内部创新的潜在价值的能力。但是,理解一个行业中开放式创新的真正动态情况,不仅需要观察大公司,也要观察无数创新小公司的行为。因此,本研究中以行业进行划分,重点观察产业的市场结构和耦合型开放式创新之间的关系。变量统计性描述如表6-2所示。

表6-2 变量的描述性统计分析

变量	均数	标准差	最小值	最大值
CR4	0.431 666 7	0.175 096 4	0.23	0.81
NE	1 029.493 955	6 388.97	0	107 741
PM	49.182	12.056	0	100
RDE	1 615.989 479	121.181 7	0	114 995
T	19.594 83	21.805 88	1	72

本文采用Stata15软件得到表6-3的分析结果,Wald chi2(7)值大于10表示模型实现收敛;其中P值显著:小于0.05,95%的置信区间。结果如表6-3所示。

表6-3 实证结果

VARIABLE	COEF.	Std. Err.	z
CR4	0.169 253 7	0.005 573 7	30.37
NE	−0.425 632	0.004 468 3	−9.53
RDOR	−0.006 113	0.005 985 4	−1.02
PM	−0.110 072	0.001 471 2	−7.48
RDE	0.002 727 5	0.002 795 2	0.98
T	0.000 136	0.000 032 4	4.20

续表

VARIABLE	P>|Z|	95%Conf.	Interval
CR4	0.000	0.158 329 3	0.180 178
NE	0.000	−0.051 321	−0.338 054
RDOR	0.307	−0.017 844 4	0.005 617 8
PM	0.000	−0.013 890 7	−0.008 124
RDE	0.329	−0.002 751 1	0.008 206 1
T	0.000	0.000 072 6	0.000 199 4

注：GEE 模型采用 fimaly（binomial1），link 函数为（identity），作业相关矩阵 corr 为（independent）。

实证结果可得出以下结论。

（一）产业的市场集中度和耦合型开放式创新呈正向关系

市场的集中度越高，越倾向于开展耦合型开放式创新。如表 6-3 所示，P = 0.000，相关系数为 0.169；假设 1 得到验证。产业集中度每增加一个单位，则企业相应增加 0.169 的耦合型开放式创新行为。这一结果证实，高集中度的市场结构有利于开展耦合型开放式，集中度增强了大多数行业主体开展耦合型开放式创新的动机，特别是集中度高的行业龙头企业，可以凭借自身优势，更有意愿搭建平台，形成大企业和小企业之间的协作创新。由于大公司在合作中有能力和意愿控制外部合作者的协作框架，市场不确定性低，在满足资本边际收益递减的假设条件下，创新投入不变时，将研究资源转换为新生产技术的生产可能性高，技术独占性强，能够实现有效确权，将会鼓励耦合型开放式创新的开展。这一结果也有利于对传统的争议点进行验证，目前，大部分观点认为，市场集中度越高，不利于新发明的出现[1]。但是，也

---

[1] 郭树龙，李启航. 中国制造业市场集中度动态变化及其影响因素研究[J]. 经济学家，2014（3）：25—36.

有较多实证研究表明，市场集中度的提高有利于创新的发展[1]，特别是我国很多行业的实证研究显示，在医药制药业、航空航天器制造业中，产业集中度与企业创新绩效具有正相关关系。

（二）产业成熟度与耦合型开放式创新呈正向关系

产业发展阶段越成熟，越倾向于采取耦合型开放式创新。如表6-3所示，P = 0.000，相关系数为0.000 1，假设2得到验证。产业成熟度增加一个单位，则相应增加0.000 1的耦合型开放式创新行为。这一结果证实，随着产业发展日益的成熟，企业利润下降，处于垄断竞争状态，掌握资源的企业寻找外部新技术的能力逐步增强，对于内、外部知识的整合能力也在提升，企业更愿意通过与外部第三方合作以创造多样化的产品。这一发现也证实了先前的一些证据，企业在组织生命周期所处的阶段影响企业的开放程度和创新绩效，开放式创新给成熟企业带来更多的收益。本研究中有一个有趣的发现：在科技服务行业的市场中采用开放式创新的可能性比在成熟的信息服务市场中要小。有可能是源于新一轮科技革命和产业变革影响，新技术范式导致企业可能会期望在新技术驱动的场景中，利用其现有的知识基础和互补资产，将一项成熟的技术与一项新技术的早期阶段重叠起来，而这种现象在信息行业中比较明显。

（三）产业研发投入强度越大，不一定更倾向于采取耦合型开放式创新

如表6-3所示，P = 0.307，相关系数为 −0.006；假设3未得到验证。已有研究表明，当行业研发强度较高时，更有可能采用

---

[1] 王斌，谭清美.市场因素与高技术产业创新成果转化：促进还是抑制？[J].科学学研究，2016（6）.

开放式创新[1]。但在本研究中却得到相反的结论，即研发强度对跨部门耦合型开放式创新采用的作用是负向的。技术具有显著的负相关系数，表明研发强度较低的企业更倾向于采用耦合型开放式创新。这一结果对吸收能力与开放创新之间的正相关理论提出了质疑。此外，技术的负系数证实了由外而内的开放式创新比由内而外的开放式创新更容易发生。这一结果表明，高新技术的不确定性、研究项目的复杂性、高研发沉没成本或高吸收能力与行业开放程度有关，特别是随着项目技术复杂程度的提升，企业研发投入越多，企业更倾向有效地确权以保护自有知识产权，从而不倾向于开展耦合型开放式创新。这个结论在实践中以金融行业最为明显。近年来，随着金融科技的兴起，大型国有银行纷纷组建金融科技子公司，例如，2018年建设银行成立建信金融科技子公司，2019年工商银行、中国银行相继成立工银科技和中银科技子公司。这一做法实际与国际倡导的开放银行理念不同，仍以自身资源为基础开展新领域的研发工作。究其根本，资源掌握权较大的企业仍倾向以自身资源开展新业务的研发工作，这也与资源基础理论的观点一致。

最后，控制变量显示预期的假设。企业年龄、企业规模（lnNE）对采用耦合型开放式创新行为具有负向的影响。这一结果证实了初创型中小企业更有可能采用耦合型开放式创新。这一发现并不令人惊讶，因为关于开放式创新的论文和商业案例表明，虽然开放式创新范式的早期采用者大多是大型企业，但是随

---

[1] Francesco D. Sandulli, Jose Fernandez Menendez, Antonio Rodriguez Duarte, José Ignacio Lopez Sanchez. Testing the schumpeterian hypotheses on an open innovation framework [J]. Management Decision, 2012, 50 (7): 1222—1232.

着新兴技术的发展,越来越多的中小型企业成为开放式创新的实施者,特别是在实现突破性创新领域更为明显。同理,企业领导力(lnPM)对采用耦合型开放式创新行为具有负向影响,证实了参与产品新颖性开发的企业更有可能采用耦合型开放式创新。复杂性、风险和必要性似乎再次解释了采用开放式创新的决定。

六、小 结

本章聚焦在产业层面研究开放式创新的必要性,重点分析产业结构在决定耦合型开放式创新适用度方面的影响作用。对产业结构的分析主要从产业市场结构、产业成熟阶段、产业研发强度等维度出发,研判其对实施耦合型开放式创新的影响作用。基于长三角地区信息技术业、金融保险业、科技服务业的行业样本分析得出:产业的市场集中度、产业成熟度与耦合型开放式创新呈正向关系,但产业研发投入强度越大,不一定使企业倾向于采取耦合型开放式创新。由于目前对开放式创新的研究主要是在企业层面进行,本研究从产业层面分析决定开放式创新的关键因素,并深挖不同类型开放式创新的异质性影响。这一结论有助于拓展开放式创新的研究层次,扩大开放式创新理论研究的视角。

近年来,开放式创新理论已经引起了学者和实践者的关注。尽管关于这个主题的论文数量在快速增长,但是在产业集群领域论证开放式创新场景的有效性还没有得到检验。本研究的主要贡献之一是首次尝试使用大量的公司样本来解释产业结构和开放式创新之间的关系。

从产业集聚度看,本研究样本中的企业行为支持了新兴产业技术合作效率较低的理论模型,如 Laursen、Salter 于 2006 年,

第六章 结构维度：开放式创新和产业集群

Almirall、Casadesus 于 2010 年的研究所示。结果表明，集中化市场中的企业开放式创新活动更多。本研究认为，在市场上占有主导地位的公司因为具有一定的控制权或话语权，成为焦点公司，而更能成功地开展开放式创新，特别是耦合型开放式创新。现有证据表明，在集中度较高的行业中，开放式创新与基于平台或标准的模块化业务体系结构紧密相关。具有高度模块化的主导企业产品，例如"奥的斯"或迅达等电梯行业，通过选择开放创新来获得优势，如 Gassman、Enkel 于 2006 年的研究所示。

但是，也要看到，本研究对于技术强度和开放式创新之间负面关系的研究结论与已有的认知相悖。这可能是因为开放式创新中的知识共享，特别是在耦合型开放式创新中，为开发复杂度高的新技术，知识在内部和外部的双向流动具有一定的风险性。因此，对于本身研发投入越大的项目，企业在没有完善的保护和治理机制的基础上，将不愿意开展耦合型开放式创新。从这个意义上说，小公司可能不愿意参与焦点公司主导和定义的开放式创新游戏。最后，开放式创新似乎与技术陈旧和技术复杂性的风险增加有关。在这个意义上，我们将定义一个"必要性"理论，在未来开放式创新将是一个小公司保持技术发现路径和补充他们缺乏资源的必要战略。由于公司之间的知识差距（市场知识技术知识、管理知识），市场动机将是中小企业从事开放式创新的根本原因。但是，低效的知识产权管理机制是阻碍企业开展开放式创新，特别是耦合型开方式创新的重要障碍。由此可知，正式的知识产权保护措施在耦合型开放式创新中扮演着重要角色，能有效促进知识共享，促进与潜在合作伙伴开展高效的确权约束，是耦合型开放式创新开展和提升创新绩效的重要条件，如 Alexy 等人于 2009 年的研究所示。

在后续研究中，一方面，考虑专利数据的可得性和完整性，通过字段分析耦合型开放式创新的创新种类，可以细化为四个分类，进一步深入剖析产业结构对创新产出的影响；另一方面，扩大行业研究范围，可以有效补充产业异质性和耦合型开放式创新的关系。此外，还可以考虑专利数据的时滞问题，由于专利申请时间和专利授予时间存在差异，进一步研究还可以考虑时间的相关假设。

第七章

基于区块链的耦合型开放式创新分布式协作

一、分析框架

近年来,各地都在重视科技创新中抢抓科创高地建设,各类科技城、科学城的规划建设不断涌现。科创高地建设,是新建科技园区和科技新城,还是聚焦存量优化提升?布鲁金斯学会的报告指出,创新区的建设集聚三类地区:一是科技园区、高新区的城市化,推动科技、产业、人、景观的融合和优化;二是顺应创新重归城市中心区的全球发展规律,在城市更新中形塑城市的创新内核;三是依托支柱性组织机构(研究型大学、医院、创新型旗舰企业等)发展创新区。

新时代的科技创新为何会重归城市化的中心区?这是由数字经济为代表的知识经济空间逻辑所决定的。具体是由两个内在特征所规定和制约。一是创新的本质特征。创新不再是单打独斗的实验室工作,也不再是天才科学家的闭门思索。创新需要广泛的开放性的多主体交互作用、协同作用,需要合作和交流。而且创新中大量意会性的知识难以表达的技能、心智模型、处理问题的方式和组织惯例,需要密切的面对面交流。不论是多主体协同,还是面对面交流,城市中心区都具有天然的禀赋优势。二是人性的本质特征。人是知识创造者和主要载体,人的本质是各种社会关系的综合，社会网络的密集性决定了城市中心区的优势地位。而且，知识经济中，人的需求高级化、多样化，城市中心区的能力可较好地满足人的内在性社交、学习、娱乐、健康等需求。

优化提升存量的科技园区和通过城市更新提升城市中心区的活力，是打造创新区、推进科创高地建设的现实路径。那种依托高铁新城、生态优势区或者其他新城形式的科创高地建设，需要做好长周期、高风险以及得不偿失的风险，因为硅谷时代的水泥深林式的科创园区模式已经被时代潮流抛弃。

随着新一轮科技革命和产业变革正在加速演进，从更大空间尺度和更长时间跨度看，创新集聚的动力和逻辑也在新时期发生变化。创新街区作为创新要素集聚的最新趋势在全球范围内广泛兴起，诸如伦敦硅环（Silicon Roundabout）、剑桥肯德尔广场（Kendall Square）、波士顿创新区（Boston Innovation District）等已成为全球知名的"创新街区"。我国也出现了如北京海淀中关村创新创业大街、上海杨浦大创智功能区为代表的创新街区。国内外学者从各国发展实践出发，结合产业集群、经济地理理论对创新街区进行界定和剖析，认为创新街区是新时期产业集聚的升级版，是更高级别的创新要素集聚，如 Sleuwaegen L、Boiardi P 于 2014 年，邓智团于 2017 年，胡琳娜等人于 2016 年的研究所示。

相比传统的产业区（Industrial District），创新街区的创新要素更加完备与齐全，具有较高的创新效率和较强的创新活力。根据国际最新研究显示，纽约硅巷（Silicon Alley）已成为 Kickstarterand 和 Tumblr 等超过 500 家新公司的所在地；西雅图南湖（South Lake Union）也成为信息技术和生命科学机构的新枢纽；波士顿海港广场创新街区则为当地贡献了超过 30% 的新就业增长，成为波士顿地区新的增长极。我国创新街区发展正处

第七章　基于区块链的耦合型开放式创新分布式协作

于高速发展期，北京海淀中关村创新创业大街、上海杨浦大创智功能区和徐汇漕河泾开发区都处于创新街区的成长阶段。

深刻剖析国外成熟创新街区的运行机制和我国现阶段创新街区的发展轨迹，创新街区的创新活力要比传统集聚区和其他创新空间更好。已有研究主要聚焦在创新创业企业向中心城区集聚的现象分析，强调外部要素对创新街区的影响，如土地租金、政府行为、城市更新、创新行为等方面，但是创新街区运行的内部机理研究并不多见，没有全面揭示创新街区是如何实现创新效率的提升。从需求导向看，我国已经出现了创新街区，并需要大力推动和建设创新街区。但是，当前我国创新街区的创新效率仍未达到国际成熟创新街区的水平，创新街区的建设也是滞后的，需要从创新街区的内在治理机制明晰如何提升创新效率。从问题导向看，创新治理机制对创新效率具有重要影响，但是现有的理论研究对创新街区这种新模式仍有部分不适用，创新街区内的创新资源是如何实现有效治理，从而提高创新效率的"黑箱"，并没有打开，需要引入新方法对创新街区协作创新的治理机制进行分析。

本研究在耦合型开放式创新框架下研究创新街区中多元主体间知识耦合互动的内在机制。主要聚焦以下问题：创新街区内部是怎样的创新范式？创新街区中各主体如何认同其他创新主体的创新能力？如何确保各主体间有效地共享异质资源？创新街区内各主体如何实现协同创新？在区块链、人工智能等新技术快速发展的背景下，能否运用新的技术手段解剖创新的本质，攻破不同主体创新过程中的难点，解构创新街区各个主体之间的治理结构，建立创新主体间"强信任"，是本研究的重点。为此，本章探索采用区块链技术从创新治理机制入手，剖析进一步提升创新街区多元主体协作创新能力的方法（图7-1）。

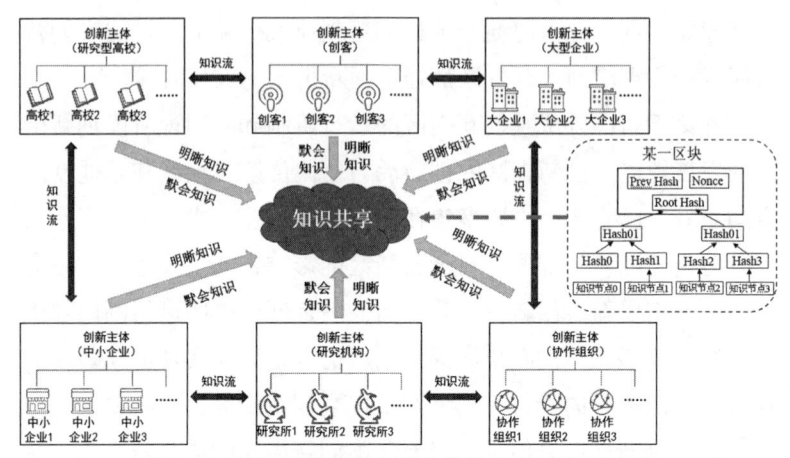

图 7-1　基于区块链的多元主体协作创新治理机制

二、创新街区多元主体耦合型开放式创新的内在机理

开放式创新范式下,重大创新所需要的信息分布是广泛的,强调知识透过不同创新主体的边界有目的地流入和流出。基于产业集群、创新网络理论,知识共享的前提是信任机制的建立。但在创新活动的实践中,存在创新主体间关系难以定义、协调、稳定的难题,阻碍多元主体协作创新的关键问题在于"信任"缺失导致知识共享效率低下。而代表创新要素集聚最新趋势的创新街区,则涵盖更广范围的创新主体,但却具有较强的创新活力,如何解构其创新运行的机理,特别是找到治理机制对创新街区提升创新效率的关键作用,是本章的研究重点。

在开放式创新理论基础上,论证创新街区的创新范式属于开放式创新中的第三种类型:耦合型开放式创新。从知识管理角度,分析创新街区内多元主体间跨越边界的知识共享是驱动创新

第七章 基于区块链的耦合型开放式创新分布式协作

的关键因素。

在产业集聚和创新网络中,信任对组织功能的发展具有重要的正面效应。针对实践中以产学研合作为代表的协作创新所面临的现实问题,已有研究基于交互学习和自组织理论,分析了开放式创新中多元主体的信任差异、多阶段信任演变和协作互信的机理,构建信任对创新绩效的"两维效应"(直接效应和间接效应)理论模型,由此确定了多元主体在创新协作中难以实现一致性目标的症结所在。根据知识管理和交互学习理论,地理临近、空间集聚所引发的知识共享大多在同质或关联主体之间,而创新街区内第三空间、跨组织的价值机构等说明新型协作模式的出现。

产业集群是同类型企业的集合。在产业集群中知识共享主要是在产业链上下游(纵向集群)和同类企业(横向集群)之间进行。但是创新街区的知识共享有其自身特点,并与传统的产业集群中的知识共享不同,其关键点在于创新主体的多元化和异质性。创新街区中的知识共享机制属于跨组织的知识共享,其主体既包括个体间,也包括团队间和组织间,是一种更高维度的跨越边界的知识流入和流出过程。

创新街区内的创新主体是具有模糊性、非嵌入性的专业性群体、组织和跨组织的价值网络。创新街区具有复杂性、高密度、文化与人口结构多样性的特点,其集聚的创新活力来源关键是主体间知识获取和知识共享而引发的知识溢出。综合开放式创新理论提出者 Chesbrough 教授和用户创新理论提出者 Hippel 教授对分布式社会分工和开放式合作机制的论述,创新街区内各主体创新活动是将有意识的知识流入和知识流出结合在一起,协作完成创新的开发和产业化应用,可以明确创新街区的创新范式属于耦合型开放式创新。

(一)多元主体与知识共享有效性

创新集群理论认为"创新是集群的基础",企业集聚所形成的竞争优势主要来源于创新的能力,如 Kesidou、Snijders 于 2012 年,Meier Comte 于 2012 年的研究所示;而创新的内在驱动力则来源于知识的扩散。已有学者从知识基础论或知识观的角度去分析集群创新的内在机理,认为创新的关键是基于地理临近而引发的知识获取和知识共享,如 Allen、Stephen 于 2013 年,Molina Morales、Expósito Langa 于 2013 年,Stacke 等人于 2012 年的研究所示。创新街区是在城市内部创新创业企业高度集聚的街区空间,需要整合企业、教育机构、学校、金融机构、创业者、消费性服务业等经济活动要素,如邓智团于 2017 年的研究所示。创新街区的创新活动具有复杂性、高频度、多样性的特点,其集聚的创新活力来源关键是主体间知识获取和知识共享而引发的知识溢出。

知识共享是跨越组织边界的知识管理,是创新发展的源泉。越来越多的组织理论研究强调,专业领域之间知识的流动是形成创新的基础,如 Brown、Duguid 于 2001 年,Carlile 于 2002 年的研究所示。知识共享包括众多因素,各主体间知识的共享首先在群体中进行。已有实证研究表明,在创新过程中知识转移、知识创造、知识应用的过程是知识共享发生的几个重要阶段,如 Paul R. Carlile 于 2002 年的研究所示。

通过对已有文献的梳理发现,目前对企业内部知识共享的研究是主流,大多数国内外研究者都是从企业内部的知识共享角度来研究共享知识的分类、共享方式的选择、影响知识共享的障碍因素、组织学习、信任的产生及评估等多个方面。对于知识共享过程中可能遇到的障碍因素,大多数研究从人、技术和组织三个方面进行了论述，认为知识共享的最主要障碍还是由人为因素造成的，如 Richard、Gillia 于 2001 年的研究所示。而在之后的研究中发现，知识共享的本质在于跨越边界的集成管理，主要源于三个方面的差异：知识积累量的差异、知识独立性的差异和知识新颖性的差异，如 Carlile、Rebentisch 于 2003 年的研究所示。由此突破了传统上认为知识是一种公共物品的假设，如 Arrow 于 1962 年的研究所示。转而认为其是各个主体间的独有竞争优势，在不同专业领域具备不同的专业知识，如 Schank、Abelson 于 1977 年，Hinds 于 1999 年的研究所示。由此，在创新发生过程中，创新主体需要评估自身与其他主体之间特定领域知识之间的关系，已有的研究都是通过契约框架去约束和规范各主体之间的行为和关系。但是在知识产权受到限制和较高成本的情况下，知识共享的有效性会受到较大影响。

（二）多元主体的界定

依据 Porter 于 2010 年提出的创新集聚理论，地理临近而引发的集群是通过知识共享促进了创新。但是，有学者指出仅仅是地理临近的空间集聚并不一定能够实现有效的知识共享，如 Giuliani 于 2007 年的研究所示，需要各主体间"有选择性"地主动学习，才能形成有效的知识扩散，达到创新的目的。对于"创新集聚"的形成路径，一种是以政府为主导的"筑巢引凤"模式为代表，遵循产业集群理论，以某些产业或产业链为基础吸引创新创业主体的集聚，表现形式大多为城市化科技园区型创新区，即"政府主导型创新街区"；另一种是以高校或科研机构的知识溢出而自发形成的创业区域为代表，遵循经济地理理论，以高校或科研机构专业性为基础吸引创新创业主体（包括以"创客"为代表的知识工作者），表现形式大多为中心城区的创新区域，如环同济知识产业区、剑桥肯戴尔广场等，即"市场主导型创新街区"。市场主导型创新街区更适应新技术革命的要求，以技术创新为导向，借助区域内高校、科研机构、知识工作者的创新资源，以知识转移的高效便捷为特点形成新时期的创新街区。比如，BROOKINGS 学会 Katz 教授划分的"锚定+"以及内城复兴型创新街区都属于市场主导型创新街区。

在创新集群的研究中，对于创新主体的界定有多种论述。无论是参与者、行动者、外部环境的分类，如 Whalley、Hertogt 于 2000 年的研究所示；还是公司、政府、研究共同体和金融机构的分类，如 Solvell 于 2003 年的研究所示；总体来看，主要分为三大类：企业、高校、政府，如 Andersson 于 2004 年，P. Intarakumnerd 于 2006 年的研究所示。其中，Andersson 继承了 Porter、Emmons 的思想，提出存在为创新协作而创设的机构（Institutions for collaboration，IFCs），如商业会所、产业协会、专业协会、技术转移中心等机构或组织。由此引申出本章对创新街区中异质性主体的研究。

本文聚焦市场主导型创新街区中创新机制的研究，将"政府"作为创新街区形成后的外部驱动力，注重创新街区内部创新主体的作用，对各个主体进行界定及分析其所发挥的作用。已有研究对创新街区的主体界定主要包括以下几种划分：BROOKINGS 学会界定为大学、政府、企业、人才等多主体，如 Katz、Bradley 于 2014 年的研究所示；邓智团于 2017 年认为，创新街区形成过程中，创新创业主体、知识员工和地方政府是关键的三个行动主体；之后在大学、企业、人才等主体之上又加入媒体、文化等社会因素等，如 Etzkowita 于 2014 年的研究所示。而根据创新集群理论，对集群内部创新主体的研究主要集中于企业之间，之后的研究中则加入了学校和研究机构，如 Graf、Henning 于 2009 年，Kauffeld-Monz、Fritsch 于 2010 年，Graf 于 2011 年的研究所示。在最近的研究中，创客作为创新主体之一受到学者的关注，认为创客在创新网络中发挥着重要作用，如 Jessica G.、Fernando A.、Federica B. 于 2017 年的研究所示。

综合已有研究，根据创新集聚理论中对"集群"主体的划分，本章将创新街区的创新主体分为六个维度：研究性高校（U：universities）；研究机构（R：research centers）；大型企业（L：large firms）；中小企业（S：small-and-medium-sized enterprises）；"创客"，即知识工作者（M：maker）；协作组织，包括孵化器、加速器等（I：Institutions for collaboration）。其中，对于大型企业和小型企业的区别，借鉴 Emanuele P.、Fernando A. 于 2017 年对创新网络中知识交换主体的界定，将 250 个雇员以上的企业定义为大型企业（L）；250 个雇员以下的企业定义为中小企业（SMEs）。

（三）知识的类型

根据知识管理理论，知识在组织内的分布式不均衡，具有复杂性、互补性、集聚性、可观察性和可编码性。知识管理理论中较为广泛接受的观点是将知识分为两种形式：明晰知识和默会知识，如 M. Polanyi 于 1958 年的研究所示。其中，又将默会知识分为技术性和认知性两类。实践证明，默会知识在组织中发挥重要作用，知识管理的关键在于默会知识的共享，如余光胜等人于 2006 年的研究所示。最新的研究则把创新集群中企业合作创新的知识分为三类：技术知识、管理知识、市场知识，如 Sammarra、Biggiero 于 2008 年的研究所示，并且采用不同的方式开展不同种类的知识共享，如 Boschma、Ter Wal 于 2007 年的研究所示。技术知识是指生产和研发过程中的知识；管理知识是指增强管理和组织效能的知识；市场知识是指市场中组织和结构信息的知识。在创新集群中，只有技术型知识是面向所有主体流动的，可以实现在不同主体之间的知识共享；而管理知识和市场知识的交换则是有选择性的。市场知识的扩散和溢出主要在区域层面的主体之间，而管理知识的共享则涉及不同的主体依据其自身的商业策略而具有"选择性"。由此可知，在异质性主体之间的知识分布是"有选择性的"并且是"不均衡的"，如Giuliani于2007年的研究所示。

以此为基础，可以认为创新街区中技术知识是可以在任意主体间自由流动的，管理知识主要存在于大型企业、小型企业和协作组织之间，而市场知识则是在创客（知识工作者）、大型企业、小型企业之间的转移和转译。

三、确权约束与知识共享有效性

马歇尔的产业集群理论提出规模经济效益在创新驱动时代将继续强化，包括专业化供应商的集聚、劳动力市场共享、知识外溢与共享等。传统理论研究中，资本驱动阶段地租理论是决定城市空间布局的主线，而在创新驱动时代由于创新系统更加重视创新要素的沟通和互动，地租成本的权重相对减少，交易成本重要性更加凸显。驱动力的变化决定了创新空间规划必须打破传统以地租理论为依据的土地利用模式，突出交易成本在空间组织的主线作用。因此，在创新驱动发展阶段，交易成本超过土地成本，成为创新企业成本构成的组成部分。对于创新街区内各主体的创新活动而言，其关键点是减少创新要素之间的交易成本。

在知识共享中，由于许多有价值的知识产权具有复杂性，难以在法律框架下界定，这种契约性的安排将缺乏激励和保护机制，导致创新主体双方或多方之间会盗用未写进契约但是有价值的知识，从而降低知识共享的效率。已有研究都表明，在创新合作双方的互动中，如果要促使两个主体达到相同的目标，需要界定和明晰双方的权责边界，明确每个主体的回报和收益，才能有效实现协作创新，如 Litwak、Hylton 于 1962 年，Victor、Blackburn 于 1987 年，Crowston 于 1997 年的研究所示。因此，判定知识共享是否有效可以从对各主体的确权角度进行分析。

创新街区内的知识共享是企业间、创新人员间、科研机构间的知识分享和及时转移，相应为创意、新思想交流提供便利，推动经济活动的活跃和成长。地理临近性在新的知识技术和产业体系中依然意义重大，已有研究通过对研发实验室集群地理的传导，发现集群效益随着距离增加快速消散，从而得到知识溢出"高度集中化"的结论。地理临近不是必要条件，不能保证深层次的合作和思想交流，但是在新时期是充分条件。创新街区是各创新主体地理临近的载体，有助于实现知识共享。在创新街区中所产生的知识共享因主体的多元化和异质性，与传统产业集群内的知识共享存在差异，可从知识类型、主体作用、共享流程三个方面进行比较和辨析。

（一）创新街区多元主体作用类型

由于创新街区的创新主体具有异质性，在知识共享过程中，不同类型的知识是通过不同方式进行转移和交换的。已有研究是在创新集群中将企业作为创新主体进行分析，将企业在创新网络中的作用区分为经纪人和守门人的分类，并认为这种角色作用在促进创新的过程中发挥了重要作用。特别是技术知识的守门人，被认为在产业集群的发展中扮演了核心的角色作用。其原因在于技术守门人被认为能够连接不同层级间的知识转移，特别是不同类型的组织之间。由此引申可知，在传统的产业集群研究中，已经关注到不同类型的主体边界知识的管理。

创新街区中多元创新主体在知识共享过程中所承担的作用显然是差异性的。根据产业集群内创新主体的角色类型划分，可参见 Boschma、Ter Wal 于 2007 年的研究；本章依据 Gould、Fernandez 于 1989 年提出的分析方法，将创新主体的角色类型分为五类：协调者、守门人、联络人、代理人和顾问。划分的标准是根据各个主体本身的特性及在知识共享过程中不同类型知识的转移、转译和转换过程。

以创新主体 x_1、x_2、x_3 为例，假设创新主体 x_2 与创新主体 x_1、x_3 产生联系，其中 x_1 与 x_3 之间没有直接联系，即 $x_1 \to x_2 \to x_3$，x_1 将知识转移给 x_2，再由 x_2 转移给 x_3。令 $G(x)$ 表示创新主体 x 的从属关系。以此推导可知：

当 $G(x_1) = G(x_2) = G(x_3)$ 时，即三个主体处于同一知识共享网络中，x_2 为协调者。

当 $G(x_1) = G(x_2)$，但 $G(x_3)$ 不属于同一知识共享网络，x_2 为代理人。

当 $G(x_2) = G(x_3)$，但 $G(x_1)$ 不属于同一知识共享网络，x_2 为守门人。

当 $G(x_1) = G(x_3)$，但 $G(x_2)$ 不属于同一知识共享网络，x_2 为顾问。

当 $G(x_1)$、$G(x_2)$、$G(x_3)$ 均不属于同一知识共享网络，x_2 为联络人。

（二）创新街区多元主体的知识共享流程

知识共享是知识主体之间常规的直接互动交流或通过媒介交流以实现知识的转移、吸收和创造过程。最新的研究更是将知识共享过程中知识的交换和转移过程进行"有意识"和"无意识"的区分，认为创新网络中的无意识共享即"知识泄露"（Knowledge Leak），能够有效提升创新效率。依据 Paul Carlile 于 2002 年提出的知识共享 3T 理论模型，由于创新水平的不同，行动者将经历不同程度的知识重叠复杂性。当创新水平增加，知识转译对于知识转移是必须的，同时知识组合也要求知识转译和知识转移，这也表明了知识转移过程是知识共享的基本要素。但是，3T 理论模型仅仅基于企业双方（行动者 A/B）的知识共享和评估，对于异质性主体的知识共享则没有涉及。借鉴跨边界知识管理中对知识共享流程的论述，本章将创新街区内异质性主体的知识共享流程分为三个阶段：获取知识（A：acquisition）、转译知识（T：translation）、组合知识（T：transformation），并根据多元主体的异质性区分不同阶段的知识共享（表 7-1）。

表 7-1 创新街区知识共享的主体异质性比较

创新主体	U（研究性高校）	R（研究机构）	L（大型企业）	S（中小企业）	M（创客：知识工作者）	I（协作组织）
角色作用	顾问/联系人	顾问/联系人	顾问/联系人	协调者/守门人/代理人	代理人	联络人
知识类型	技术	技术	技术/管理/市场	技术/管理/市场	技术/市场	技术/管理
共享流程	获取—转译	转译—组合	获取—转译—组合	获取—转译—组合	转译—组合	转译—组合

资料来源：作者绘制。

在进行知识的转移、转译、转换的过程中，需要明确知识跨越边界时的权利归属，当这种确权关系越明确，知识共享的有效性越高。

如何在创新街区中实现知识边界的明晰划分，从而提升创新绩效，是需要关注的重要问题。创新集群理论中，认定其主要靠市场调节，对于政府参与的创新集群，更多地认为是小的区域创新系统。在创新街区发展中，政府发挥了重要作用，如何界定政府的作用，政府如何发挥作用促进创新，关键在于明确各个主体在知识共享过程中的权利归属。

四、确权约束下创新街区多元主体知识共享有效性模型与实证

（一）确权约束下创新街区知识共享有效性的理论分析框架

创新街区中的知识共享机制属于跨组织的知识共享，其主体既包括个体间，也包括团队间和组织间，是一种更高维度的跨越边界的知识流入和流出过程。在先前的研究中，对于员工间的知识共享是以公司内部的文化、制度建设为基础。例如，公司的共享文化氛围、信息技术和组织的支持，以及员工的工作成就感、工作挑战性、组织信任度、组织归属感及组织宽容度等因素，影响员工进行知识共享。而创新街区中的知识共享是跨越组织边界的，既包括正式的知识共享，也包括非正式的知识共享。甚至有研究表明，创新街区中非正式的知识共享在创新形成过程中发挥主要作用。

正式的知识共享是以正式组织结构为依托的知识共享模式，包括基于团队任务的知识共享模式；基于运作流程的知识共享模

式。基于团队任务的知识共享是从团队执行任务到知识形成、知识共享和知识的再创新过程；基于运作流程的知识共享是一种与组织的运作流程紧密结合在一起，以改善和提高组织绩效为目的的知识共享。而非正式组织活动中的非正式知识共享，是个人或组织通过非正式途径和方式来共享超越自己知识范围和其他个人或组织的经验知识。对于创新街区中第三空间的研究，如邓智团于2017年的研究所示，其正是基于非正式的知识共享理论建立的渠道平台。

借鉴3T理论模型中知识边界复杂性的设定，本章构建创新街区异质性主体间的6D知识共享理论框架（图7-2）。其中，获取知识是对外部知识的吸收；转译知识是对获取知识的转译；共享知识则是在集群中传播知识。

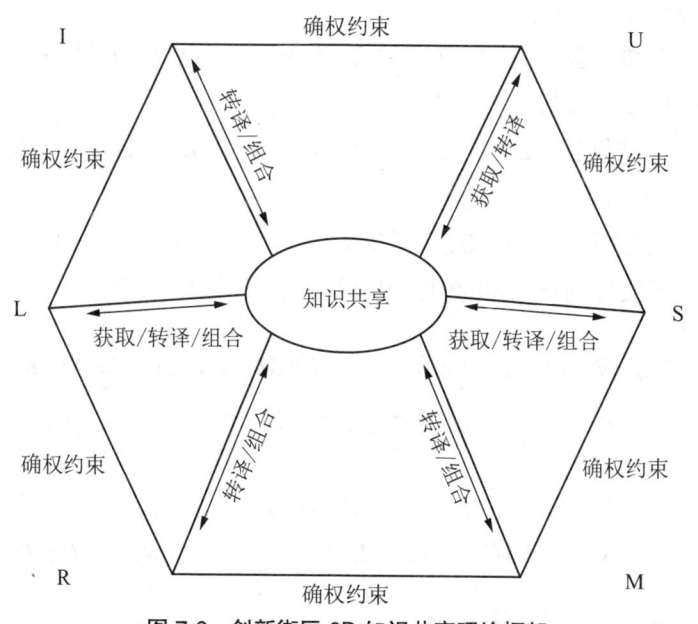

图 7-2　创新街区 6D 知识共享理论框架

（二）确权约束下创新街区知识共享有效性的实证模型构建

依据本章设定的创新街区"六维"（6D）主体，不同主体相互组合形成不同维度的知识共享，也形成不同程度的确权需求，在没有政府相关政策的约束下，创新主体的知识共享仅依靠自身约束或采取授权、许可、协议等知识产权约束方式，所形成的知识共享效率低，单位时间创新产出少。而在政府的相关政策约束下，可以形成对不同主体之间协作的确权约束，有利于增加创新产出。

异质性创新主体知识共享的组合分为以下几种。

二维模型：$A=\{\{U, R\}, \{R, L\}\cdots\{S, I\}, \{M, I\}\}$，$a_i \in A$（$i=1, 2\cdots C_6^2$）

三维模型：$B=\{\{U, R, L\}, \{U, L, S\}\cdots\{M, I, S\}\}$，$b_j \in B$（$j=1, 2\cdots C_6^3$）

四维模型：$C=\{\{U, R, L, S\}\cdots\{I, L, S, R\}\}$，$c_k \in C$（$k=1, 2\cdots C_6^4$）

五维模型：$D=\{\{U, R, I, S, L\}\cdots\{L, U, M, I, S\}\}$，$d_m \in D$（$m=1, 2\cdots C_6^5$）

六维模型：$E=\{U, R, I, L, S, M\}$，$e_n \in E$（$n=1$）

异质性创新主体的创新组合矩阵：

$$\begin{pmatrix} \{U,R\} & \{U,R,L\} & \cdots & \{U,L,M\cdots I\}_5 & \{U,L,S\cdots R\}_6 \\ \{R,L\} & \{U,L,S\} & & \{L,M,U\cdots S\}_5 & \{M,L,S\cdots I\}_6 \\ \vdots & \vdots & \ddots & \vdots & \vdots \\ \{M,I\} & \{U,I,L\} & \cdots & \{M,U,I\cdots S\}_5 & \{I,L,R\cdots U\}_6 \\ \{S,I\} & \{M,I,S\} & & \{I,L,U\cdots R\}_5 & \{R,S,I\cdots L\}_6 \end{pmatrix}$$

政府对不同维度创新主体组合的政策约束簇为：

$$\begin{cases} C_{a_i} \\ C_{b_j} \\ C_{c_k} \\ C_{d_m} \\ C_{e_n} \end{cases}$$

于是有以下假设。

假设 1：同一维度模型中，政府政策条目越多，说明对权益分配的约束越明显，将有效增加单位时间创新效率

设定政府政策条目的确权阈值为 ε，不同主体之间进行创新的知识共享受到政府相关政策条目的限制，从而形成不同程度的确权。

在 C_ε 条目的约束下，各主体的权益划分是更加明确的，而在 $C_{\varepsilon-1}$ 条目的约束下，各主体的权益划分弱于在 C_ε 条目的约束，即：

$$若\ C_{a_i} \geqslant C_{a_{i'}} \geqslant \varepsilon, 则\ R_{C_{a_i}} \geqslant R_{C_{a_{i'}}}$$

明确创新街区中知识共享的强约束为：$R_{C_{a_i}}$；弱约束为：$R_{C_{a_{i'}}}$。

在强约束下，创新街区中各创新主体开展知识共享过程中形成了强烈的确权关系，确权程度较高的创新组合比弱约束下的创新组合将容易实现知识的转移、转译和吸收，降低知识跨越边界流动的时间成本和交易成本，因而可以产生更多的创新成果。

假设 2：同一政策约束条件下，更高维度的创新组合对

确权的敏感程度更高，强约束将产生更多的创新收益

设定政府政策条目约束为 C_y，对不同维度的确权模型产生的创新效益是不等价的，即在等价的确权条件下，不同维度的创新组合中，各个主体知识共享的复杂程度是不同的。可以认为 n 维知识共享的确权复杂程度是高于 $n-1$ 维知识共享的，在固定政府条目模型下的确权条件下，更复杂的知识共享权益划分将会影响单位时间的创新产出，在此条件下，对更高维度的知识共享模型实施强约束，将有利于创新产出的提升，即：

$$在固定 C_y 约束条件下，若 R_{C_{b_j}} \geqslant R_{a_i}，则 Y_{b_j} \geqslant Y_{a_i}$$

创新街区的各种创新主体组合中，维度越高，主体之间知识共享的复杂程度越高，对确权的敏感度越高，政府实施政策约束的难度越大。因此，在维度越高的组合中，需要以强约束明确各主体权利，有利于提升创新产出效率。

（三）杨浦区知识共享有效性的实证检验

伴随当前国际城市发展呈现的新趋势，发达国家高新技术企业区位选择发生变化，创新集聚偏好从郊区科技园区（如硅谷、128公路）转变为中心城市。在中心城区形成的创新街区成为新时期驱动城市乃至一国创新发展的重要基础。美国剑桥肯戴尔广场、纽约硅巷、英国伦敦硅环、波士顿海港广场等已经成为全球知名的创新街区。而在我国，创新街区也在不断涌现，以北京海淀中关村创新创业大街和上海杨浦大创智功能区为代表的创新街区已经发展较为成熟，成为推动区域创新活力的重要载体。本研究以上海杨浦创新街区为例，运用卡方检验方法，论证创新街区

中不同维度主体知识共享机制，探寻创新街区知识共享的运用机制以及如何提升区域创新活力。

上海杨浦区具有百年工业的产业基础，在经济转型升级的换挡中，依托区域内高校和科研院所集聚的优势，探索实施科技创新转型路线，成功践行知识创新区的建设，形成具有全国影响力的创新型试点城区。2003年起，杨浦区针对科技创新、知识创新区的建设出台了一系列促进和培育创新产业的政策。2015年，国家提出"大众创业、万众创新"国家战略，上海承担了践行"建设具有全球影响力的科创中心"国家战略的重任。这些政策给杨浦区创新创业发展提供新的载体和平台。在多年来紧扣创新发展的主线下，杨浦区成为上海唯一的国家创新型试点城区、创业先进城区、大众创业万众创新区域示范基地、建设具有全球影响力的科创中心重要承载区。杨浦区在创新创业的定位下，建设了创智天地、长阳创谷、凤城巷、宝地互联等多个创新创业街区，形成了一套系统和完善的科技创新政策体系。

本章依据杨浦区科技创新引导政策体系建立的杨浦科技创新引导政策条文数据库，按照创业引导、企业创新、研发转化、科技人才、产业发展等类别归纳整理，根据创新创业"六维"创业主体，采用关键词搜索确定各主体的约束条目，构建创新街区知识共享模型。

本研究采用非参数检验的分析方法，根据不同政策，针对各主体的条目数统计，总共372条，设定中值为阈值，区分强约束和弱约束，创新主体的创新产出效率以全年专利申请数为统计值，界定时间参数为2017年，杨浦区专利申请总数为8 783件。

假设 1　验证结论：政策确权约束越强，创新街区的创新效率越高

为验证政策确权约束强弱对创新产出的影响，"假设 1"采用曼-惠特尼 U 检验（Mann-Whitney U test），可以考虑到每个样本中各观察值所处的次序，是功效较强的检验方法，可以较好地适用于本研究对于政策条目约束下的不同创新主体组合知识共享强度的检验。

H_0：政策确权约束强弱对创新效率无显著影响
H_1：政策确权约束强弱对创新效率有显著影响

建立如表 7-2 所示检验表，验证在政府强约束下，是否有效促进创新。

表 7-2　Mann-Whitney U 检验调查表

	强约束	弱约束
2 维：A	10	6
3 维：B	9	4.5
4 维：C	7.5	2
5 维：D	7.5	3
6 维：E	4.5	1

其中，$TR_1=38.5$；$TR_2=16.5$。计算可得 $U=\min\{U_1, U_2\}=1.5$，临界值为 $U_r(0.05/2, 5, 5) > U$，故拒绝 H_0，即认为政策确权约束的强弱对创新街区的创新产出具有显著影响，在同一维度下，创新主体知识共享的确权约束越强，能够促进创新效率的提升。

假设 2　验证结论：创新主体维度越高，越需要更强的确权约束来提升创新效率

为检验创新主体异质性和创新效率的关系，"假设 2"采用费里德曼（Friedman）双向评秩方差分析方法进行验证。在 Friedman 双向评秩方差中，更关注变量的水平高低，对于本研究中评判创新街区的创新产出水平更加有效。

H_0：不同维度的创新主体的创新效率没有差异

H_1：不同维度的创新主体的创新效率有显著差异

表 7-3　Friedman 检验调查表

维度＼强度	2维：A 评秩	3维：B 评秩	4维：C 评秩	5维：D 评秩	6维：E 评秩
强约束	4.5	3	4.5	2	1
弱约束	3	1.5	4	5	1.5
合　计	6	4.5	8.5	7	2.5

采用 SPSS 软件计算，χ^2 统计量值为 10.8，在 0.05 显著性水平条件下，$\chi^2_{0.05}(4)=9.49$，可知，$\chi^2_r=10.8>\chi^2_{0.05}(4)=9.49$，故拒绝 H_0，认为不同维度的创新主体对创新街区创新效率的影响有显著差异。说明在同一政策约束强度下，主体维数越高，面临的确权难度越大，由此对创新产出造成负面影响。因此，政策约束力越强，其对高维主体的作用力越大；作用力越大，则创新产出越多。

五、案例研究：上海杨浦的开放式创新实践

杨浦区位于上海市区东北部，面积 60.61 平方千米，常住人口约 131 万，是上海市面积最大、人口最多的中心城区。区域内有复旦大学、同济大学等 10 所高校，科研院所 100 余家；国家和市级工程技术中心 21 家，占上海的 1/10；国家和市级重点实验室 33 个，占上海的 1/5。

（一）老工业基地的成功转型

杨浦是中国近代工业的发源地之一，中国最早的发电厂、水厂、煤气厂都诞生在杨浦。20 世纪七八十年代杨浦国有企业达 1 200 多家，产业工人 60 多万，工业总产值占上海的 1/4，占全国的 1/20，孕育了永久牌自行车、上海牌手表、回力牌球鞋等一批民族工业品牌，曾被联合国教科文组织专家称为"世界上仅存的工业锈带"。

20 世纪 90 年代，随着浦东开发开放，上海城市功能进行战略性调整，杨浦传统大工业优势逐步弱化，大批工厂关停并转。2002 年，杨浦 1 200 多家大中小国有企业只剩下 200 家，60 万产业工人只剩下 6 万，工业总产值占全市的比重下滑至 3%，大批失业工人转入社区，全区失业人口一度高达 17 万人。杨浦陷入了最困难的境地，变成了一个产业结构老化、社会负担沉重的旧城区。

经过十多年的探索和实践，2000 年 7 月，杨浦把目光投向了区域丰富的科教资源，提出了"两个依托"的思路，即依托高校和国有大中型企业，以调整经济结构和优化城区功能为主线，积极推进以生产功能为主向综合功能复合的战略性调整。此后，杨浦抓住了"三次重大机遇"，成功转型为以知识创新为特色的创新要素集聚、创新系统完备、创新氛围浓厚、创新行动活跃的

| 第七章　基于区块链的耦合型开放式创新分布式协作

科技创新城区。

第一次重大战略机遇是2003年4月15日，上海市委、市政府作出建设杨浦知识创新区的重大战略决策，解决了发展的思路依赖、模式依赖、路径依赖问题。从2002年到2010年，杨浦区级财政收入从16亿元增长至50亿元，初步摆脱了产业结构老化、社会包袱沉重、历史欠账多、基础设施落后的传统工业区面貌。

杨浦区举全区之力编制转型发展规划，用一年的时间形成了《杨浦知识创新区发展规划纲要》，经2004年4月19日上海市政府常务会议审议通过。规划奠定了五大战略问题：开发建设核心理念、发展目标、产业发展方向、空间布局、重点开发区域和功能性项目。规划创新了城区发展理念，即大学校区、科技园区和公共社区的"三区融合、联动发展"，为传统的校区、园区和社区赋予了知识创新的新内涵，突破了大学与城区的"围墙"，找到了一条产学研融合发展的道路。杨浦在与高校共同发展中，做到"三个舍得"：舍得腾出最好的土地支持大学就近、就地拓展；舍得把商业和地产项目让出来建设大学科技园；舍得投入人力、物力、财力，整治和美化大学周边环境。除了与高校资源整合外，还与国有企业合作，并在市区联动、与浦东和长三角地区联动等方面做出了大胆的探索和努力。

上海市"十一五"规划把杨浦知识创新区纳入上海的创新基地之一。2007年2月，杨浦知识创新基地获上海市政府有关部门正式批准。2008年8月，市政府批复同意杨浦知识创新基地规划范围从2.2平方千米调整为9.46平方千米，并纳入张江开发体制和政策扶持范围。

为了全面推进知识创新区的建设，杨浦区委始终坚持大学校区、科技园区、公共社区"三区融合、联动发展"的理念，还先后就创建文明城区、文化强区、法治化城区、学习型城区、环境友好型城区以及加强和改进党组织的建设制定了一系列文件,提出和践行了"一线工作法"(知民情,情况在一线了解;解民忧,问题在一线解决;暖民心,感情在一线融合;听民意,干部在一线考评。)和"四敢精神"(敢于负责、敢于碰硬、敢破难题、敢担风险)。

	2002年	2003年	2004年	2005年	2006年	2007年	2008年	2009年	2010年
区级财政收入(亿元)	16.2	22.75	29.01	35.55	29.8	35.34	40.78	44.05	50.07
地区生产总值(亿元)	279.2	326.4	385.39	422.29	482.29	579.69	715.52	774.18	894.69

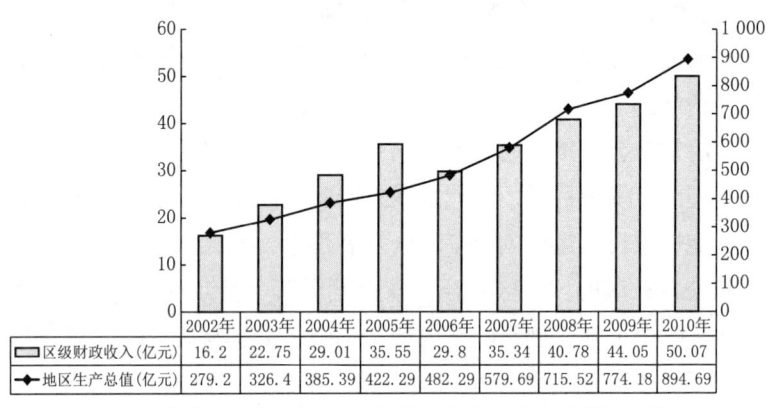

图 7-3　杨浦区 2002—2010 年地区生产总值和区级财政收入

第二次重大机遇是 2010 年 1 月,科技部批准杨浦区为全国首批国家创新型试点城区,杨浦的转型得到了国家部委的肯定和支持,解决了创新转型的动力和活力问题。杨浦区也被纳入上海市"十二五"发展规划。1 月 16 日,区委召开八届十二次全会,审议通过《关于全面建设国家创新型试点城区的决定》;1 月 20 日,区十四届人大五次会议审议通过了《杨浦国家创新型试点城区发展规划纲要》;3 月,区政府常务会议通过了《上海市杨浦区国家创新型试点城区工作实施方案》。这些文件确立了杨浦区建设国家创新型试点城区的战略定位,即把杨浦区建设成为"四地、四区":知识创新策源地与新兴产业引领区、创新创业集聚地与服务经济先行区、高端人才汇聚地与高教改革试验区、先进文化弘扬地与品质生活示范区。基本原则是"六个坚持"：坚持创新驱动，推进内涵式发展；坚持"三区融合、联动发展"，推进体制机制创新；坚持城区结构调整，完善区域创新服务体系；坚持国际化战略，增强自主创新能力；坚持以人为本，推动民生改善；坚持解放思想，弘扬"四敢精神"。2010年12月，市政府办公厅印发了《关于推进杨浦国家创新型试点城区建设指导意见》，要求充分认识推进杨浦国家创新型试点城区建设的重要意义，提出推进杨浦国家创新型试点城区建设的主要任务：着力在体制机制创新上先行先试；着力在构建新型产业体系上先行先试；着力在科技金融服务创新上先行先试；着力在提升国际化水平上先行先试；着力在塑造百年滨江工业文明与知识文明结合上先行先试。要求建立试点工作保障体系，加强组织领导，加大扶持力度，强化考核评估。

2011年4月，上海市召开杨浦国家创新型试点城区建设推进大会。时任上海市长韩正在会上指出，加快杨浦国家创新型试点城区建设，是上海"十二五"创新驱动、转型发展的重要内容。试点的关键是解放思想、敢闯敢试，创造性地开展工作，围绕股权激励、人才集聚、财政金融扶持和政府管理模式创新，加强协调，形成合力聚焦突破。

杨浦抓住机遇，围绕增强自主创新能力、促进科学发展这条主线，着力调整经济结构和转变发展方式，充分发挥科技对促进区域经济社会发展的支撑引领作用；着力创新体制机制，推进区域创新体系建设；着力加强创新人才培养和创新基地建设，提升可持续创新能力；着力落实完善自主创新政策和制度条例，不断优化创新环境。

经过5年努力，杨浦国家创新型试点城区建设交出了"答卷"。从2010年到2015年,杨浦高新技术企业从120家增长至272家;500强地区总部从一家都没有,到西门子、德国大陆、IBM、耐克、李尔等纷纷入驻;申请发明专利数从2 799项增长至4 254项,位居上海市前列,基本形成了鼓励创新、宽容失败的社会环境和高校、科研院所等主体积极参与区域创新转型的内生驱动力。上海社会科学院政府绩效评估中心对杨浦国家创新型试点城区建设进行了绩效评估。相关评估报告对建设国家创新型试点城区的定性目标和定量目标进行分析,认为创建目标已经实现。通过和全国4个直辖市中同期首批确定的"国家创新型试点城区"对比,以及和上海市各区县对比,得出的结论是:其在全国同类试点城区中发展水平跃居前列,在上海市各区县中的创新态势也处在领先水平。

杨浦区抓住了转型的第二次重大战略机遇,解决了创新发展的动力和活力问题。在这一阶段,杨浦区圆满完成国家创新型试点城区建设第一轮各项目标任务,在2015年5月,被市委、市政府确定为上海科创中心重要承载区。2016年12月,杨浦区被科技部和国家发改委列入创新型城区建设名单。

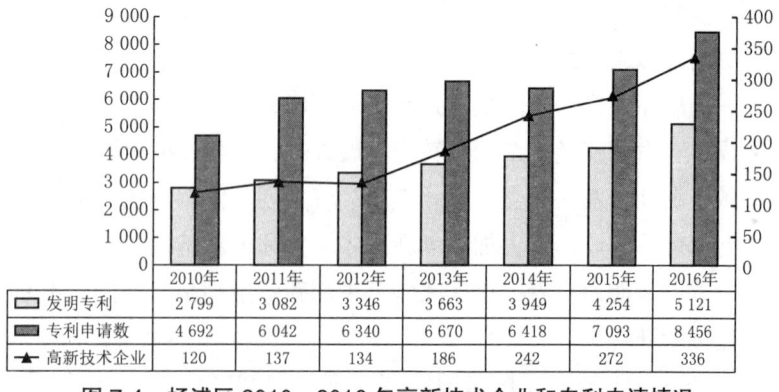

	2010年	2011年	2012年	2013年	2014年	2015年	2016年
发明专利	2 799	3 082	3 346	3 663	3 949	4 254	5 121
专利申请数	4 692	6 042	6 340	6 670	6 418	7 093	8 456
高新技术企业	120	137	134	186	242	272	336

图 7-4 杨浦区 2010—2016 年高新技术企业和专利申请情况

第三次重大机遇是 2015 年 5 月，杨浦区被上海市委、市政府确定为上海建设具有全球影响力的科创中心重要承载区；2016 年 5 月，成为全国首批、上海唯一的国家双创区域示范基地；2016 年 12 月，被科技部和国家发改委列入创新型城区建设序列。杨浦区的转型再次被国家、上海肯定和聚焦，城区建设的标准和要求得到了进一步明确，城区建设的支持和保障得到了进一步加强。这次机遇解决了杨浦创新发展的系统推进问题。2016 年，杨浦实现区级财政收入 118.98 亿元，首次突破百亿元大关，智力密集型现代服务业增加值 274 亿元。

杨浦区被国务院确定为国家双创示范基地，成为全国首批 17 个区域示范基地之一，是杨浦转型发展征程中赢得的第三个重大战略机遇，解决的是创新发展的系统推进问题。杨浦区委、区政府提出了"双创航船上，众人划桨没有看客"的建设理念，依托浓厚的双创基础，凝聚区域内高校、科研院所、众创空间、双创企业等各类创业创新主体，紧密协作，联动互补，不断提升创新驱动能级和区域经济运行质量。

在国家发改委的具体部署指导下，杨浦区积极贯彻落实好市政府下发的《关于全面建设杨浦国家大众创业万众创新示范基地的实施意见》，扎实推进双创的重点工作，全面实施指标、任务、政策、项目四张清单。杨浦在全国区域双创示范基地中，率先发布双创指数、双创地图。出入境便利、双创小巨人、知识产权保护等一批突破性创新政策落地实施。优化营商环境，推广"政银通"服务点，全面辐射区域企业，为企业提供包含注册登记、账户开立、资金结算等内容在内的"一站式"服务。创智天地、国定东路、长阳路、环上理工四大创新创业街区建设取得积极进展，复旦创新走廊、环同济知识经济圈、财大金融谷、上理工太赫兹产业园等"一廊、一圈、一谷、一园"建设稳步推进,启动建设一批功能性技术产业化平台。连续两年被国家发改委评为"真抓实干成效明显的区域双创示范基地",在中科协组织的首批区域双创示范基地评估中名列前茅。

双创示范基地创新要素加快集聚,截至2017年,全区的中央、市千人计划人才达到318名,每万人发明专利拥有量达到66.9件。全区众创空间、孵化器和创服组织发展到78家,服务总面积30万平方米。全区科技型中小企业发展到7 000余家。阿里体育、优刻得等企业已经成长为"独角兽",流利说、爱回收等企业已经成长为细分行业的"隐形冠军"。全区累计有94家企业在各类资本市场上市挂牌。发挥杨浦双创母基金杠杆作用,带动社会资本合作设立3家创投子基金,总规模达到120亿元。与建设银行、上海银行、上海农商银行等机构共同成立"科创保"融资平台,与中国银行、浦发硅谷银行、江苏银行合作开展贷投联动试点。

杨浦区大力营造双创氛围,打造杨浦品牌。2017年全国双创周主会场活动在杨浦区圆满举办。活动期间,全国153个高水平双创项目在长阳创谷展示,12场创新创业论坛、大赛以及各类主题活动精彩纷呈,吸引超过15万人次前来参观。区域内高校、企业、社区等各方联动呼应,配合主会场举办了五角场创业大赛、上海青年创新文化节、海纳百创创客节等多场双创活动,营造了浓厚的区域双创氛围。国家发改委评价主会场活动有水平、有特色、有颜值、有温度。全国双创周结束后,2017 Slush上海国际创投大会、杨浦创新创业论坛、全球创业周中国站暨创响中国上海站、中国天使投资人峰会等一系列活动相继举办,双创周后续效应持续释放。2018年4月,"创响中国"首站系列活动在杨浦举办,并以此为契机成立长三角双创示范基地联盟。

2018年4月,国务院总理李克强参观双创周主会场长阳创谷寄语:"百年的老厂房创出了今天的新天地,这是新旧动能转换最生动的缩影。希望你们充分发掘人才人力资源,打造双创'升级版',把长阳创谷早日建成世界级创谷"。这是对杨浦区双创基地成绩的肯定,也是对杨浦未来的期许。

2019年11月,习近平总书记考察上海期间,在杨浦滨江鲜明提出了"人民城市人民建,人民城市为人民"的重要理念,深刻揭示了中国特色社会主义城市的人民性,赋予上海建设新时代人民城市的新使命。杨浦作为人民城市重要理念的首发地,正努力当好践行人民城市重要理念的先锋和表率,成为全市乃至全国人民城市建设的标杆区域,为奋力创造新时代上海发展新奇迹,谱写"城市,让生活更美好"的新篇章作出更大贡献。

(二)校区、社区、园区的开放式创新探索

首先是创新发展理念。理念是行动的先导,其管全局、管根本、管方向、管长远。《杨浦区知识创新区发展规划纲要》创新提出了大学校区、科技园区、公共社区"三区融合、联动发展"的理念。该发展理念的核心是高校同园区和社区通过发展思路对接、战略和规划对接、重大项目和重大活动合作、人才和文化共建,形成融合共生格局,促成高校的知识创新资源溢出校区、催生园区、融入社区。为了落实"三区联动"的发展理念,杨浦坚定不移地规划建设大学科技园,作为高校和科研院所知识和技术溢出的空间承载和区域产业能级提升的重要支撑。目前,杨浦已建成20家科技园区,面积184万平方米。复旦大学、同济大学、上海财经大学、上海理工大学、上海电力学院、上海海洋大学、上海体育学院等7个科技园为国家大学科技园,占上海总数

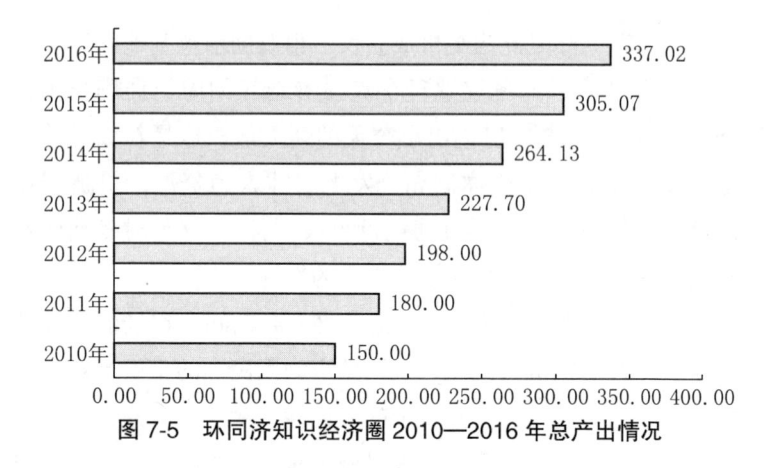

年份	总产出
2016年	337.02
2015年	305.07
2014年	264.13
2013年	227.70
2012年	198.00
2011年	180.00
2010年	150.00

图 7-5　环同济知识经济圈 2010—2016 年总产出情况

的一半以上。其中，以同济大学科技园为核心的"环同济知识经济圈"，成为国家级环同济研发设计服务特色产业基地，已聚集 2 000 多家以研发设计为主的知识创新型企业，总产出 2000 年近 30 亿元，2016 年已突破 330 亿元。

其次是优化空间布局。空间布局是落实功能定位及各项任务的载体。合理的空间布局可以对新兴产业的发展提供有效的载体，促进新兴产业快速发展。杨浦区在原有重点功能区建设基础上，细化形成"西中东"战略布局。西部核心区构建以五角场城市副中心为核心，以复旦全球创新中心、环同济知识经济圈、大连路总部研发基地为支撑的创新经济走廊。中部提升区建设一批国际化、市场化、专业化、网络化的众创空间，构筑创客生态社区。东部战略区建设杨浦滨江国际创新带。在此基础上，推进创智天地、国定东路、长阳路、环上理工等一批创业街区和"一廊、一圈、一谷、一园"等深层次合作项目。"复旦创新走廊"建设产业技术研究院、城市发展研究院和大学生创业联盟、江湾产学研联盟，构建创新资源开放共享机制；"环同济知识经济圈升级版"推进国际项目建设;"环财大金融谷"重点聚焦互联网金融产业的人才培训、信用服务和投融资服务体系建设;杨浦区与上海理工大学共同推进太赫兹国际协同创新研发平台项目,建设"太赫兹工程院和产业园"。

与此同时,五角场也彰显活力魅力。1991年,上海市城市总体规划把五角场列入全市四个城市副中心之一,城市化进程加速。杨浦区委、区政府紧紧抓住发展这个第一要务,始终坚持聚焦五角场战略,举全区之力,依托"三区融合、联动发展"理念,给五角场城市副中心开发建设注入了强大动力。一个集科技创新、商业商务、文化休闲、交通集散于一体的市级副中心初具规模,为杨浦知识创新区建设增添了浓墨重彩的一笔。

进入新世纪,五角场地区由于高校集中,智力资源丰富,被规划为杨浦知识创新区建设的地标性区域,实施聚焦五角场的战略。围绕知识创新区建设,为将"大学校区、科技园区、公共社区"连接起来,把"生活、工作、休闲、学习"放在一起,杨浦区联合瑞安集团在五角场打造了创智天地。创智天地是对"三区联动"理念的一次探索和实践,这个超前理念在规划空间融合上、在产学研一体化上得以体现。

2006年12月,建筑面积达33.5万平方米的万达广场在邯郸路淞沪路口开业。2007年初,淞沪路翔殷路口百联又一城开业,建筑面积12.6万平方米。加上四平路黄兴路口的东方商厦和四平路邯郸路口的苏宁电器,五角场开发建设初具规模。由艺术大师陈逸飞领衔设计的环岛立交装饰工程——"彩蛋",更是以独特的造型和变幻的灯光,为五角场增色添彩。2016年,五角场的"最后一只角"——位于翔殷路黄兴路一角的合生汇广场开业,成为五角场商圈内最大的商业载体。合生汇总建筑面积36万平方米,其中包括15万平方米购物中心、五星级凯悦酒店、5A甲级写字楼等,整个项目花费8年的时间,打造成一个兼具工作、娱乐、生活、休闲的"创新智慧城市体"。

随着城市空间更新、互联网电商冲击以及人群消费行为改变,五角场商圈也在面临新的机遇与挑战,这对五角场广场的综合功能提出了更高的要求。杨浦区于2017年开始对五角场广场的改造,主要目的是提升商圈能级,重塑五角场广场功能,打造"不打烊的公共客厅",改造后的五角场被赋予"交通场""展示场"和"孵化场"的新内涵,突出智慧、生态、历史、活力、文化五大要素,不仅成为整个五角场商圈的"交通中庭",也成为杨浦区文化形象展示和商圈服务的窗口。

杨浦区按照聚焦发展重点、聚焦核心项目的总体要求,不断加快重点区域建设,形成了区域特色鲜明的五大功能区。五角场作为其中之一,大力落实功能性项目,完善交通基础设施规划建设,积极打造创新创业基地,建成一批商业载体,创智天地成为"三区联动"的典型示范区,城区创新服务中心和公共活动中心功能凸显。党的十八大以来,全面对标《上海市城市总体规划(2017—2035年)》,着力构建包含中央活动区、城市副中心、地区中心、社区中心的公共活动中心体系。杨浦区立足加快提升五角场功能区发展能级,推进商圈与周边街区更好联动,释放更多有活力的公共空间,努力打造更高品质、更有格调的城市副中心。

在滨江开放开发上,杨浦区也树立了标杆。杨浦滨江被称为"中国近代工业文明长廊",拥有15.5千米的岸线。20世纪90年代以后,面对产业结构调整,杨浦滨江老工业基地陷入了产业升级的困境。21世纪以来,杨浦区作出重大战略决策,将滨江建设纳入区委区政府重点工作当中。2002年,时任上海市委书记黄菊指出黄浦江将成为上海新世纪的大亮点，按照"百年大计，世纪精品"要求，高标准、高水平实施两岸的规划和开发。同年，杨浦成立了"上海市黄浦江岸线杨浦段综合开发领导小组办公室"。2013年12月成立"上海市黄浦江杨浦段滨江综合开发指挥部"，下设办公室，与滨江投资开发有限公司一起构成了"三位一体"的组织架构，杨浦滨江综合开发正式拉开帷幕。

作为上海市黄浦江两岸45千米公共空间贯通工程的重要组成部分，杨浦滨江具有岸线长、资源独特、历史文化底蕴丰厚等特点。杨浦正着力把滨江打造成为城市新名片、产业新高地、宜居新家园、宜业新空间、宜游新地标。开发规划呈三段式：南段（秦皇岛路至定海路）加快基础开发，中段（定海路至翔殷路，含复兴岛）严格落实土地房屋管控，北段（翔殷路至闸北电厂）推动产业能级提升和技术改造。

在土地收储中，杨浦区创新机制，按照"合作共赢"思路，加强政企合作，全力突破土地收储瓶颈。注重南段滨江协调区与核心区的"南北联动""东西策动"，全面完成南段滨江核心区居民房屋征收。土地出让也有序推进。贯彻"基础先行，交通优先"的开发理念，杨浦滨江地区杨树浦路综合改造等市政基础配套工程相继启动建设。

杨浦滨江的开发既体现国际化大都市的风范，又注重还江于民，不是大拆大建，而是践行城市有机更新的理念。在滨江开发建设过程中，杨浦区始终坚持保护与开发并重的原则，充分挖掘杨浦滨江百年工业的历史文化底蕴。在规划设计和保护开发利用过程中，坚持"修旧如旧、功能现代、节能环保、杨浦特色"的指导思想，对有形和无形历史文化元素充分保护利用，重塑功能形象。梳理、修缮了一批如黄浦码头旧址（东码头）、日商上海纺织株式会社（新益棉办公楼）等优秀历史建筑，延续百年工业历史文化；利用工业遗存、历史元素，丰富滨江公共空间的历史文化内涵；建成并开放了杨树浦自来水科技博物馆、交通运输部打捞救助历史陈列馆，延续工人革命运动、创业励志的爱国敬业精神，打造宣传教育阵地。

截至2016年7月，滨江示范段（怀德路至丹东路）建成开放，还同步落实了网上滨江系统建设和后期运营维护管理制度，体现了贯通、亲水、生态、历史传承等设计理念。随着滨江南段工程的开发与建设，一个高起点、高标准的滨江国际创新带初见雏形。2017年6月底，杨浦大桥以西2.8千米全线贯通，沿线共94个景观节点、26.2万平方米工业遗存皆保留了下来，并在注入全新内涵后对市民开放，杨树浦水厂、公共空间示范段、渔人码头等充满历史感的沿线景观给广大市民带来了别样而深刻的感受。目前，杨浦滨江对标最高标准、最好水平，正向着以科技创新、文化创意、科技金融为主导，以基础配套、环境提升、服务完善、文化弘扬为依托，以产城融合、新旧交融、智慧低碳为特色的滨江国际创新带的建设目标不断迈进。

（三）创新生态系统构建

创业创新仅有"种子"和"土壤"是不够的，需要"热带雨林"式的生态系统。杨浦注重聚合双创资源，推动资本、人才、技术政策等优势资源加快集聚，构建双创生态，激发双创活力，逐步形成助推创业创新的完备体系。

首先是形成创新引领型产业体系。经济发展方式转变的基础在于产业转型，产业转型的关键是确立产业导向。杨浦提出"两个优先"的产业发展方针，优先发展以现代设计、科技金融为主导的知识型现代服务业，优先发展以信息服务业为主导的高新技术产业，培育发展战略性新兴产业，初步形成了以服务经济为核心的新型产业体系。到 2016 年底，杨浦第二、第三产业增加值比重为 16.5∶82.9，其中智力密集型现代服务业占第三产业比重达到 40%，区级财政收入同比增长 24.2%，位居全市前列。国家技术转移东部中心、中国工业技术研究院等一批国家级重大功能性平台先后落户，集聚和培育了位置网、太赫兹、流利说等一批行业龙头项目，科技企业达到 6 700 余家。

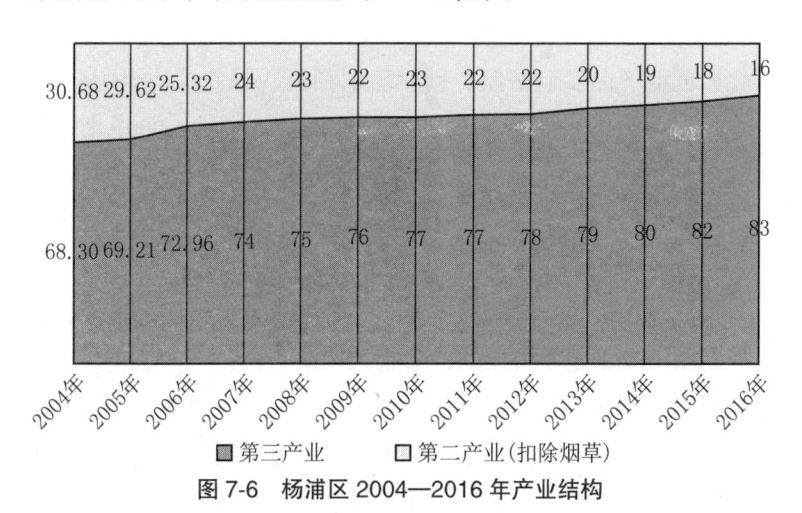

图 7-6　杨浦区 2004—2016 年产业结构

其次是完善创业创新孵化体系。创业孵化是培育科技型中小企业、加速科技成果转化、推动协同创新的重要手段，是创新体系的重要组成部分。以创业带动就业，可以实现创新、创业、就业的有机结合和良性循环，为促进经济社会发展发挥重要作用。杨浦提出"立志成为上海乃至全国创新最活跃、创业最容易成功的地区之一"的双创建设目标，高度注重孵化模式创新。首创"苗圃＋孵化器＋加速器"模式，建立大学生创业示范园，在创业孵化的基础上，服务链不断前伸和后移，形成了"创业前—创业苗圃—孵化器—加速器"四级孵化体系。启动"基金+基地"孵化模式,与上海市大学生科技创业基金会合作共建"创业接力大楼",开创了"基金+基地"模式。拓展"天使投资+全方位孵化"模式,与李开复创新工场合作,共建创新工场上海基地。探索"技术支持+产品试制"孵化模式,为创业者提供先进的技术设备、专业的技术支持、一流的办公环境和便捷的信息交流,降低创业者的成本投入,减少创业者的创业风险。例如,区域内11万平方米的中国(上海)创业者公共实训基地,设置了创业孵化、创业产品实验试制、创业培训和公共服务等功能性平台,设立了"一门式"服务中心,累计扶持创业项目近2 000个,约50%的项目成功孵化。目前,杨浦区每年孵化大学师生创业企业近300家,初创企业的成活率达31.4%,创业带动就业率达1:11,位于上海各区前列。

第三是拓展科技金融服务体系。金融是现代经济的血液,在科技创新活动中是不可或缺的关键因素。科技创新产业化,需要经历研发、创业、产业化等多个阶段,每一个阶段都离不开金融的支撑。科技金融的使命,就是围绕创新链完善资金链,让资源配置流向高成长的小微企业。杨浦区在上海率先实施了"政府引导+市场主导+专业化运作"的科技金融服务模式,大力支持各类专注于服务创新型企业的投融资机构发展。吸引科技部国家重大专项成果转化基金和上海双创孵化母基金落户杨浦区。科技部国家重大专项成果转化基金首期募集资金100亿元;上海市和杨浦区政府共同出资20亿元,设立支持创业创新的投资基金;通过母基金带投,引导和撬动社会资金支持创业创新,累计吸引集聚各类投资基金规模300亿元。率先开展"贷投联动——双创贷"试点,以"银行贷款+认股权证"的创新融资服务方式,为初创期的科技型企业提供银行信贷资金支持。比如，中国银行上海分行和浦发硅谷银行，为辖区内数千家科技型中小企业提供了新的融资渠道。探索"双创"融资风险补偿机制，与上海市中小微企业融资担保基金创新开展贷投联动的市区合作模式，进一步扩大科技型中小微企业受益面。

六、基于区块链的多元主体协作创新

治理机制对创新网络的创新效率具有决定性作用。本部分聚焦耦合型开放式视角下创新街区的多元主体怎样共同协作，为创新流程创造新知识输入。本节拟运用区块链技术分布式协作理念，构建多元主体知识共享模型，探索有效平衡异质性创新主体之间强耦合关系的方法，建立有效的协作创新模式。

知识产权是创新的推动机制，是推动创新输入的开放式交流的有效方法。但是知识产权确权的滞后性也是阻碍创新的最大因素。如何建立有效的治理机制，制定可实施的规则来增强各主体之间的信任，是提升创新效率的关键。区块链记录具有可靠又可追溯的优势，天然适合于权属的登记和确权，可以有效解决在耦合型开放式创新中多元主体知识共享过程中知识（技术）的确权问题。本文构建多元主体协作创新的"知识认证—知识转移—知识共享"概念模型，主要包括多元主体知识认证（确权）、知识交易机制、主体激励机制。主要分为以下三个步骤。

（一）基于数字时间戳的多元主体知识认证

将创新主体的知识资源加密后形成凭证文档，用来验证知识资源在某个特定时间之前的存在性、完整性和可验证性，更好地与其他创新主体进行有效互动。创新主体知识资源的时间戳信息由 Hash 函数完成，在网络中通过随机散列加上时间戳，将其打包成一个区块，形成有效的知识认证。Hash 函数是将任意长度的数据 m 进行杂糅，输出另一段固定长度的数据 $h = H(m)$，作为这段数据的特征。消息 m 的任意改变都会导致哈希值 h 发生改变。如果给定某个哈希函数 H 和哈希值 h 的情况下，得出 m 在计算上是不可行的，则无碰撞性。

对于 $m1$ 和 $H(m1)$，找到 $m2$ 使得 $H(m1) = H(m2)$，在计算上不可能；找到任意两个 $m1$ 和 $m2$，使得 $H(m1) = H(m2)$，在计算上不可行。其本质在于对信息的完整性进行效验。例如，将一段消息比作一个人，这段消息的哈希值就是这个人的指纹，是这个人独一无二的特征。创新主体经过认证的知识或者信息资源，会将企业信息、内容描述信息、认证时间、授权协议等多维信息共同加密记入区块链中进行登记，生成独一无二的 DNA 标签，形成知识产权赋予不可篡改的数字身份（图 7-7）。

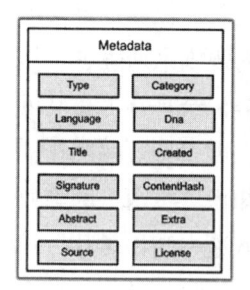

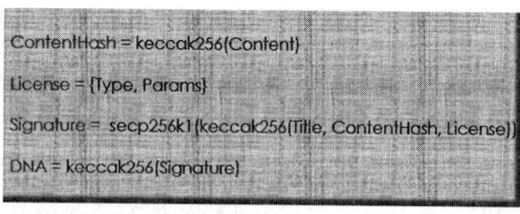

图 7-7 基于数字时间戳的知识认证模型

（二）多元主体间的知识交易机制

创新主体的知识共享网络使用 P2P 网络中众多节点构成分布式数据库来确认并记录所有的交易行为。在信息传递过程中，知识资源的发送方通过一把密钥将信息加密，知识资源的接受方在收到信息后,再通过配对的另一把密钥对信息进行解密,保证了知识信息传递的私密性和安全性。DNA 标签包含各主体自定义的对知识(产权)的授权协议,无论是在系统内还是系统外,知识无论流转到哪里,都能被溯源,相当于为知识打上了特有标签,帮助交易自助并持续地发生,极大地提高了授权效率(图 7-8)。

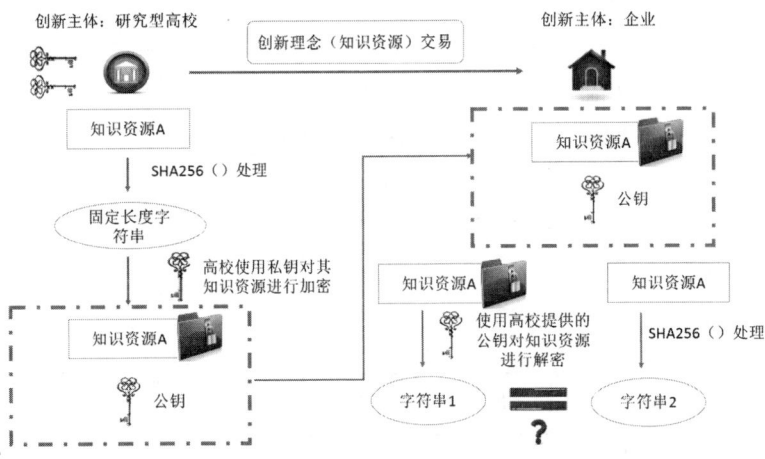

图 7-8 多元主体间知识交易机制(以高校—企业为例)

(三)多元主体协作创新治理机制

通过激励体系和智能合约等功能,鼓励知识高效流动,打破主体间固有边界,将知识共享系统中所需要的资源进行合理调配并吸引更多的主体参与到创新街区建设当中来。采用创新积分鼓励网络中各个参与节点共同认定记录的模式,各个主体可以采用创新街区的平台创新券对外部组织或个体进行激励。创新积分根据创新主体的贡献度进行发放,参与方可以使用积分在街区内进行街区服务相关消费活动。创新积分的发行、分配和交易全部使用区块链的分布式账本进行管理,公开透明。创新街区也可以考虑根据创新券的获取数量来评估参与方对街区的贡献度，甚至可以考虑以积分持有比例来进行街区的管理决策，调动街区参与方的积极性，有助于在知识共享网络中，激励各创新主体的精确化协作（图7-9）。通过奖励回馈机制和智能合约等功能，可以将知识共享网络中所需要的资源进行合理调配，吸引更多的创新主体参与到系统中。

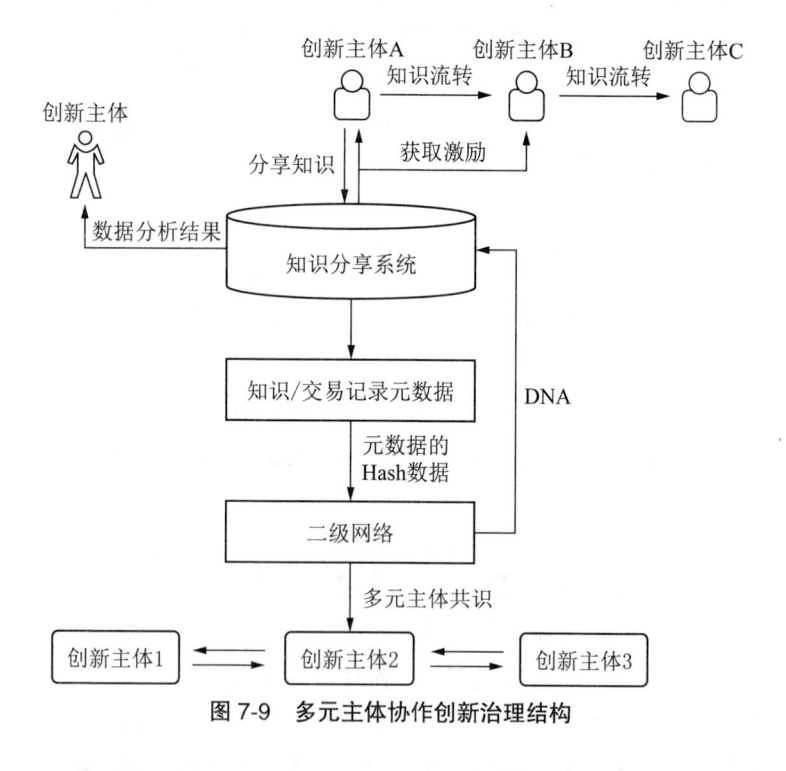

图 7-9 多元主体协作创新治理结构

在协作创新中，治理结构、治理机制对创新效率具有重要影响。创新街区属于多元主体协作的生态型组织，很难建立类似传统的中心化管理架构和层级，即使强行搭建出层级框架，也会由于信任的不足无法形成有效的协作机制。为打破主体间的信任壁垒从而进行高效率的"横向协作",可以建立基于区块链技术的创新街区多元主体治理机制,由创新主体知识共享系统以及分布式治理机制达到无需第三方机构进行管理和信任背书的目的,实现无障碍、低成本、零摩擦的知识共享与创新协作。

七、小　结

本章以创新街区为例,论证治理机制对耦合型开放式创新的创新效率具有决定性作用。通过构建确权约束下创新街区多元主体知识共享有效性模型,发现多元主体知识共享对创新产出的显著作用:在创新主体呈现多元化的趋势下,政策的强约束将提升知识共享的有效性;在确定政府政策约束强度的前提下,创新主体维度越多,知识共享复杂度越高,则需要更强的确权约束,才能提升知识共享的有效性。为解决传统模式下多元主体创新网络所形成异构网络的低效沟通困难,采用分布式点对点知识流传输机制,打破原有模块边界,提高创新主体之间协作创新的效率。运用区块链技术构建了多元主体协作创新的治理框架,包括多元主体知识认证(确权)、知识交易机制和主体激励机制。建立基于区块链技术、无需第三方机构进行管理和信任背书的知识共享系统以及配套的治理机制,让多元主体可以进行无障碍、低成本、零摩擦的知识共享与协作创新。

参考文献

一、中文文献

1. 切萨布鲁夫，范哈弗贝克，韦斯特. 开放式创新——创新方法论之新语境［M］.扈喜林，译.上海：复旦大学出版社，2016.
2. 波兰尼. 个人知识——迈向后批判哲学［M］.许泽民，译.贵阳：贵州人民出版社，2000：62—63.
3. 王缉慈. 创新的空间——产业集群与区域发展［M］.北京：科学出版社，2019.
4. Eric von Hippel. 创新民主化［M］.陈劲，朱朝晖，译.北京：知识产权出版社，2007.
5. 刘志彪. 产业经济学［M］.北京：机械工业出版社，2020.
6. 让·梯若尔. 共同利益经济学［M］.张昕竹，马源，等，译.北京：商务印书馆，2020.
7. CCG全球化智库. 知识产权与亚太经贸一体化研究报告［R/OL］.（2020-09-08）. https://wenku.baidu.com/view/e82b53a165ec102de2bd960590c69ec3d4bbdb5a.html.
8. 张红宇，蒋玉石，杨力，刘敦虎. 区域创新网络中的交互学习与信任演化研究［J］.管理世界，2016，14（3）：170—171.
9. 芮明杰，霍春辉. 知识型企业可持续竞争优势的形成机理分析［J］.管理学报，2009（3）：327—330.
10. 芮明杰，刘明宇. 模块化网络状产业链的知识分工与创新［J］.当代财经，2006（4）：83—86.
11. 邓智团. 创新街区研究：概念内涵、内生动力与建设路径［J］.城市发展研究，2017，24（8）：42—48.
12. 胡琳娜，张所地，陈劲. 锚定+创新街区的创新集聚模式研究［J］.科学学研究，2016，34（12）：1886—1896.

13. 党兴华，肖瑶. 基于跨层级视角的创新网络治理机制研究［J］. 科学学研究，2015，33（12）：1894—1908.

14. 李志宏，朱桃. 基于加权小世界网络模型的实践社区知识扩散研究［J］. 软科学，2010，24（2）：51—54.

15. 李丹，俞竹超，樊治平. 知识网络的构建过程分析［J］. 科学学研究. 2002，20（6）：620—621.

16. 王国红，周建林，唐丽艳. 小世界特性的创新孵化网络知识转移模型及仿真研究［J］. 科学学与科学技术管理，2014，35（5）：53—63.

17. 江丽萍，康平立. 知识型组织中基于本体的知识推送系统研究［J］. 情报杂志，2007（8）：79—81.

18. 胡媛. 虚拟知识社区中的知识链接关系分析［J］. 情报科学，2012，31（10）：139—140.

19. 姜益民，乐庆玲. 基于知识共享的虚拟社区构建研究［J］. 情报杂志，2008，27（4）：15—17.

20. 应力，钱省三. 企业内部知识市场的知识交易方式与机制研究［J］. 上海理工大学学报，2001（2）：167—170.

21. 袁勇，王飞跃. 区块链技术发展现状与展望［J］. 自动化学报，2016，42（4）：481—494.

22. 邓智团. 创新型企业集聚新趋势与中心城区复兴新路径——以纽约硅巷复兴为例［J］. 城市发展研究，2015，22（12）：51—56.

23. 刘立，党兴华. 企业知识价值性、结构洞对网络权力影响研究［J］. 科学学与科学技术管理，2014，35（6）：164—171.

24. 谢永平，韦联达，邵理辰. 核心企业网络权力对创新网络成员行为影响［J］. 工业工程与管理，2014，19（3）：72—78.

25. 潘闻闻，邓智团. 多元主体、确权约束与创新街区知识共享的有效性研究［J］. 南京社会科学，2019，263（3）：78—89.

26. 朱少英，齐二石，徐渝. 变革型领导、团队氛围、知识共享与团队创新绩效的关系［J］. 软科学，2008，22（11）：1—4.

27. 蔡彬清，陈国宏. 链式产业集群网络关系、组织学习与创新绩效研究［J］.研究与发展管理，2013，25（4）：126—133.

28. 张春辉，陈继祥.渐进性创新或颠覆性创新：创新模式选择研究综述［J］.研究与发展管理，2011，23（3）：88—96.

29. 刘兰剑.渐进、突破与破坏性技术创新研究述评［J］.软科学，2010，24（3）：10—14.

30. 高伟，柳卸林.嵌入全球产业链对中国新兴产业突破性创新的影响研究［J］.科学学与科学技术管理，2013，34（11）：31—42.

31. 倪自银，张思强，韩玉启.基于产品创新的顾客能力管理及其竞争优势［J］.科学学与科学技术管理，2005（10）：66—70.

32. 杨波，刘伟.从CRM到客户并购：客户创新源管理发展趋势［J］.科技进步与对策，2011，28（7）：111—114.

33. 薛佳奇，王永贵.前瞻型与反应型客户对创新绩效的影响［J］.经济管理，2013，35（12）：78—86.

34. 刘顺忠，官建成.区域创新系统创新绩效的评价［J］.中国管理科学，2002（1）：75—78.

35. 官建成，刘顺忠.区域创新机构对创新绩效影响的研究［J］.科学学研究，2003（2）：210—214.

36. 吴玉鸣，何建坤.研发溢出、区域创新集群的空间计量经济分析［J］.管理科学学报，2008，11（4）：59—66.

37. 余泳泽.创新要素集聚、政府支持与科技创新效率——基于省域数据的空间面板计量分析［J］.经济评论，2011（2）：94—101.

38. 郝斌，ANNE MARIE GUERIN.组织模块化对组织价值创新的影响：基于产品特性调节效应的实证研究［J］.南开管理评论，2011，14（2）：126—134.

39. 王伟光，冯荣凯，尹博.产业创新网络中核心企业控制力能够促进知识溢出吗？［J］.管理世界，2015（6）：99—109.

40. 李晓东，龙伟.基于联盟知识获取影响的信任与契约治理的关系研究［J］.管理学报，2016，13（6）：821—828.

41. 吴晓波，胡松翠，章威.创新分类研究综述［J］.重庆大学学报（社会科学版），2007，13（5）：35—41.

42. 郭树龙，李启航.中国制造业市场集中度动态变化及其影响因素研究［J］.经济学家，2014（3）：25—36.
43. 王斌，谭清美.市场因素与高技术产业创新成果转化：促进还是抑制？［J］.科学学研究，2016，34（6）：850—859.
44. 李湛，张彦.长三角一体化的演进及其高质量发展逻辑［J］.华东师范大学学报（哲学社会科学版），2020，52（5）：146—188.
45. 陈磊，黄书立.知识产权交易平台发展现状与未来展望初探［EB/OL］.［2020-06-22］.https：//www.douban.com/note/768171634/.html.
46. 高良谋，马文甲.开放式创新：内涵、框架与中国情景［J］.管理世界，2014，13（6）：157—169.
47. 潘闻闻，芮明杰.基于产业层面的耦合型开放式创新影响机制研究［J］.复旦学报（社会科学版），2021，3（3）：174—185.
48. 约瑟夫·熊彼特.经济发展理论［M］.北京：商务印书馆，2019.
49. 张振刚，王华岭，陈志明，高晓波.企业内向型开放式创新对根本性创新绩效的影响［J］.管理学报，2017，14（10）：1465—1474.
50. 陈平.代谢增长论——技术小波和文明兴衰［M］.北京：北京大学出版社，2020.
51. 徐德英.区域开放式创新及空间溢出效应研究［D］.北京：北京理工大学，2016.
52. ［美］詹姆斯·勒沙杰.空间计量经济学导论［M］.肖充恩，译.北京：北京大学出版社，2014.
53. 王远飞.空间数据分析方法［M］.北京：科学出版社，2008.
54. 长江产业经济研究院（南京大学）.长三角地区高质量一体化发展水平研究报告［R/OL］.［2019-04-02］.https：//idei.nju.edu.cn/06/11/c26484a525841/page.htm.
55. 刘志彪.长三角区域市场一体化与治理机制创新［J］.学术月刊，2019，51（10）：31—38.
56. 何万篷，金颖婷.以要素自由流通打造长三角科技创新共同体［J］.群众，2021（6）：20—22.
57. 蔡剑，朱岩.数字经济的开放式创新模式［J］.清华管理评论，2021（6）：14—20.

58. 江小涓. 以开源开放为抓手形成科技与产业新优势［N］. 人民日报，2021-08-21（9）.
59. 长铁，韩铎，等. 区块链：从数字货币到信用社会［M］. 北京：中信出版社，2016.
60. ［美］梅兰妮·斯万. 区块链：新经济蓝图及导读［M］. 北京：新星出版社，2016.

二、外文文献

1. Andrés Barge-Gil. Cooperation-based innovators and peripheral cooperators：An empirical analysis of their characteristics and behavior［J］. Technovation，2010，30（3）：195—206.
2. Adner，R.，Levinthal，D.A. The Emergence of Emerging Technologies［J］. California Management Review，2002，45（1）：50—66.
3. Agostini，L.，Caviggioli，F. R&D collaboration in the automotive innovation environment［J］. Management Decision，2015，53（6）：1224—1246.
4. Ahuja，G.，Katila，R. Technological acquisitions and the innovation performance of acquiring firms：A longitudinal study［J］. Strategic Management Journal，2001（22）：197—220.
5. Ahuja，G.，Lampert，C.M. Entrepreneurship in the large corporation：a longitudinal study of how established firms create breakthrough inventions［J］. Strategic Management Journal，2001，22（6）：521—543.
6. Al-Ashaab，A.，Flores，M.，Doultsinou，A.，Magyar，A. A balanced scorecard for measuring the impact of industry-university collaboration［J］. Production Planning & Control，22（5/6）：554—570.
7. Al-Laham，A.，Schweizer，L.，Amburgey，T.L. Dating before marriage? Analyzing the influence of pre-acquisition experience and target familiarity on acquisition success in the "M&A as R&D" type of acquisition［J］.

Scandinavian Journal of Management, 2010, 26（1）: 25—37.
8. Almirall, E., Casadesus-Masanell, R. Open versus closed innovation: a model of discovery and divergence［J］. Academy of Management Review, 2010, 35（1）: 27—47.
9. Amin, A., Cohendet, P. Architectures of knowledge: Firms, communities and competencies［M］. Oxford: Oxford University Press, 2004.
10. Andries, P., Thorwarth, S. Should Firms Outsource their Basic Research? The Impact of Firm Sizeon In-House versus Outsourced R&D Productivity［J］. Creativity and Innovation Management, 2014, 23（3）: 303—317.
11. Archibugi, D., Pianta, M. Measuring technological change through patents and innovation surveys［J］. Technovation, 1996, 16（9）: 451—468.
12. Argote, L. Organizational learning: creating, retaining and transferring knowledge［M］. Boston: Kluwer Academic Publishers, 1999.
13. Argyres, N. Capabilities, technological diversification and divisionalization［J］. Strategic Management Journal, 1996, 17（5）: 395—410.
14. Arthur, W.B. Industry location and the importance of history［R］. Centre for Economic Policy Research, Stanford University, 1986.
15. Arts, S. Path dependency and recombinant exploration: how established firms can outperform in the creation of technological breakthroughs［Z］. Working paper, Katholieke Universiteit Leuven, Faculty of Business and Economics, 2012.
16. Arts, S., Veugelers, R. The technological origins and novelty of breakthrough inventions［Z］. Working paper, 2012.
17. Arvanitis, S., Stucki, T. How Swiss small and medium-sized firms assess the performance impact of mergers and acquisitions［J］. Small Business Economics, 2014, 42（2）: 339—360.
18. Ayari, N. Internal Capabilities, R&D Cooperation and firms'

Innovativeness Level [J]. Gestion 2000, 2013, 30 (2): 33—53.
19. Ayerbe, C., Lazaric, N., Callois, M., Mitkova, L. The new challenges of organizing intellectual property in complex industries: A discussion based on the case of Thales [J]. Technovation, 2014, 34 (4): 232—241.
20. Alexander Ardichvili, Vanghn Page, Tim Wentling. Motivation and Barriers to Participation in Virtual Knowledge Sharing Communities of Practice [J]. Journal of Knowledge Management, 2003 (7): 64—77.
21. Almirall, E., Casadesus, R. Open Versus Closed Innovation: A Model of Discovery and Divergence [J]. The Academy of Management Review, 2010, 35 (1): 27—47.
22. Arora, A., Gambardella, A. Complementarity and External Linkages: The Strategies of the Large Firms in Biotechnology [J]. The Journal of Industrial Economics, 1990, 38 (4): 361—379.
23. Arrow K.J. The economic implications of learning by doing [J]. Review of Economic, 1962, 29 (1): 155—173.
24. Al-Aali, A.Y., Teece, D.J. Towards the (strategic) management of intellectual property [J]. California Management Review, 2013, 55 (4): 15—30.
25. Alexy, O., Crscuolo, P., Salter, A. Does IP strategy have to cripple open innovation? [J]. MIT Sloan Management Review, 2009, 51 (1): 71—77.
26. Arora, A., Gambardella, A. Ideas for rent: an overview of markets for technology [J]. Industrial and Corporate Change, 2010 (19): 775—803.
27. Arundel, A. The relative effectiveness of patents and secrecy for appropriation [J]. Research Policy, 2001, 30 (4): 611—624.
28. Baron, R. M., Kenny, D. A. The moderator-mediator variable distinction in social psychological research: Conceptual, strategic and statistical considerations [J]. Journal of Personality and Social Psychology, 1986 (51): 1173—1182.

29. Wim Vanhaverbeke. Researching Open Innovation in SMEs [M] // Bigliardi, Barbara, F. Galati. An Open Innovation Model for SMEs. Singapore: World Scientific Publishing, 2018: 71—113.
30. Bogers, M. The open innovation paradox: knowledge sharing and protection in R&D collaborations [J]. European Journal of Innovation Management, 2011, 14(1): 93—117.
31. Bogers, M., Bekkers, R., Grandstrand, O. Intellectual Property and Licensing strategies in open collaborative innovation [C]. Carmen De Pablos Heredero (Ed.), Open Innovation at Firms and Public Administration: Technologies for Value Creation, Hershey, PA: IGI Global, 2012.
32. Ballinger, G. A. Using Generalized Estimating Equations for Longitudinal Data Analysis [J]. Organizational Research Methods, 2004, 7(2): 127—150.
33. Bayona, C., García-Marco, T., Huerta E. Firms' Motivations for Cooperative R&D: An Empirical Analysis of Spanish Firms [J]. Research Policy, 2001(30): 1289—1307.
34. Bahemia, H., Squire, B. A contingent perspective of open innovation in new product development projects [J]. International Journal of Innovation Management, 2010, 14(4): 603—627.
35. Banerjee, T., Nayak, A. Comparing Domestic and Cross-Border Mergers and Acquisitions in the Pharmaceutical Industry [J]. Atlantic Economic Journal, 2015, 43(4): 489—499.
36. Belderbos, R., Cassiman, B., Faems, D., Leten, B., Van Looy, B. Co-ownership of intellectual property: Exploring the value-appropriation and value-creation implications of co-patenting with different partners [J]. Research Policy, 2014, 43(5): 841—852.
37. Belderbos, R., Faems, D., Leten, B., Van Looy, B. Technological activities and their impact on the financial performance of the firm: exploitation and exploration within and between firms [J]. Journal of

Product Innovation Management, 2010, 27（6）: 869—882.
38. Bena, J., Li, K. Corporate Innovations and Mergers and Acquisitions [J]. The Journal of Finance, 2014, 69（5）: 1923—1960.
39. Benner, M.J., Tushman, M. Process management and technological innovation: a longitudinal study of the photography and paint industries [J]. Administrative Science Quarterly, 2002, 47（4）: 676—706.
40. Boudreau, K.Does opening a platform stimulate innovation? Effects on modular and systemic innovation [J/OL]. MIT Sloan Research Paper No.4611—06, 2006 [2006-06-01]. http://ssrn.com/abstract=913402.
41. Bouncken, R.B., Pesch, R., Gudergan, S.P. Strategic embeddedness of modularity in alliances: Innovation and performance implications [J]. Journal of Business Research, 2015, 68（7）: 1388—1394.
42. Brusoni, S., Prencipe, A., Pavitt, K. Knowledge, specialization, organizational coupling, and the boundaries of the firm: why do firms know more than they make? [J]. Administrative Science Quarterly, 2001, 46（4）: 597—621.
43. Bostrom R.P. Successful Application of Communication Techniques to Improve the Systems Development Process [J]. Information & Management, 1989（16）: 279—295.
44. Cammarano A., Caputo M., Lamberti E., et al. Open innovation and intellectual property: A knowledge-based approach [J]. Management Decision, 2017, 55（6）: 1182—1208.
45. Chesbrough, H. Open Innovation: The New Imperative for Creating and Profiting From Technology [M]. Boston: Harvard Business School Press, 2003.
46. Chesbrough, H. Open Business Models: How to Thrive in The New Innovation Landscape [M]. Boston: Harvard Business School Press, 2006.
47. Chiang, Y.H., Hung, K.P. Exploring open search strategies and perceived innovation performance from the perspective of inter-

organizational knowledge flows [J]. R&D Management, 2010, 40 (3): 292—299.

48. Cassiman, B., Veugelers, R. In Search of Complementarity in Innovation Strategy: Internal R&D and External Knowledge Acquisition [J]. Management Science, 2006, 52 (1): 68—82.

49. Cohen, W.M., Levinthal, D. Reviewed Absorptive Capacity: A New Perspective on Learning and Innovation [J]. Administrative Science Quarterly, 1990, 35 (1): 128—152.

50. Chesbrough H., Rosenbloom, R. S. The Role of the Business Model in Capturing Value from Innovation: Evidence from Xerox Corporation's Technology Spin-Off Companies [J]. Industrial and Corporate Change, 2002, 11 (3): 529—555.

51. Christensen, J.F., Olesen, M.O., Kjær, J.S. The Industrial Dynamics of Open Innovation-Evidence From the Transformation of Consumer Electronics [J]. Research Policy, 2004, 34 (2): 1533—1549.

52. Campbell, G.A. Diversification or specialization: the role of risk [J]. Resources Policy, 1990, 16 (4): 293—306.

53. Cappa, F., Laut, J., Nov, O., Giustiniano, L., Porfiri, M. Activating social strategies: Face-to-face interaction in technology-mediated citizen science [J]. Journal of Environmental Management, 2016 (182): 374—384.

54. Caputo, M., Lamberti, E., Cammarano, A., Michelino, F. Exploring the impact of open innovation on firm performances [J]. Management Decision, 2016, 54 (7): 1788—1812.

55. Cesaroni, F. Technological outsourcing and product diversification: do markets for technology affect firms' strategies? [J]. Research Policy, 2004, 33 (10): 1547—1564.

56. Carlile, P. R. Transferring, Translating, and Transforming: An Integrative Framework for Managing Knowledge Across Boundaries [J]. Organization Science, 2004, 15 (5): 555—568.

57. Chuang, W.B., Chang, T.H., Lin, H. The productivity effects of local R&D outsourcing: the moderating role of subsidiary mandate and internal R&D [J]. Technology Analysis & Strategic Management, 2015, 27 (10): 1239—1254.

58. Ciravegna, L., Maielli, G. Outsourcing of new product development and the opening of innovation in mature industries: a longitudinal study of Fiat during crisis and recovery [J]. International Journal of Innovation Management, 2011, 15 (1): 69—93.

59. Clausen, T.H., Korneliussen, T., Madsen, E.L. Modes of innovation, resources and their influence on product innovation: Empirical evidence from R&D active firms in Norway [J]. Technovation, 2013, 33 (6/7): 225—233.

60. Cohen, W.M., Levinthal, D.A. Absorptive capacity: a new perspective on learning and innovation [J]. Administrative Science Quarterly, 1990, 35 (1): 128—152.

61. Contractor, F.J., Lorange, P. The growth of alliances in the knowledge-based economy [J]. International Business Review, 2002, 11 (4): 485—502.

62. Czarnitzki, D., Thorwarth, S. Productivity effects of basic research in low-tech and high-tech industries [J]. Research Policy, 2012, 41 (9): 1555—1564.

63. C. Berger, F. Piller. Customers as co-designers [J]. Manufacturing Engineer, 2003, 82 (4): 42—45.

64. Dan, S.M., Zondag, M.M. Drivers of alliance terminations: An empirical examination of the biopharmaceutical industry [J]. Industrial Marketing Management, 2016 (54): 107—115.

65. Das, T.K., Teng, B.S. A resource-based theory of strategic alliances [J]. Journal of Management, 2000, 26 (1): 31—61.

66. De Clercq, D., Dimov, D. Internal Knowledge Development and External Knowledge Access in Venture Capital Investment Performance

[J]. Journal of Management Studies, 2008, 45（3）：585—612.
67. del Henar Alcalde Heras, M. Building product diversification through contractual R&D agreements [J]. R&D Management, 2014, 44（4）：384—397.
68. Dunlap, D., McDonough, E.F., Mudambi, R., Swift, T. Making Up Is Hard to Do：Knowledge Acquisition Strategies and the Nature of New Product Innovation [J]. Journal of Product Innovation Management, 2016, 33（4）：472—491.
69. Duysters, G., Hagedoorn, J. Core competences and company performance in the world-wide computer industry [J]. The Journal of High Technology Management Research, 2000, 11（1）：75—91.
70. Dzikovski, P. Sources of information for innovation and innovation activities in the high technology sector in Poland [J]. Global Management Journal, 2015, 7（1/2）：40—49.
71. Dahlander, L., Gann, D. M. How Open is Innovation? [J]. Research Policy, 2010, 39（6）：699—709.
72. Dobson, A. J. An Introduction to Generalized Linear Models [M]. London：Chapman & Hall, 2008.
73. Dussauge, P., Garrette, B., Mitchell. W. Learning from Competing Partners：Outcomes and Duration of Scale and Link Alliances in Europe, North America and Asia [J]. Strategic Management Journal. 2000（21）：99—126.
74. Dahlin, K.B., Behrens, D.M. When is an invention really radical? Defining and measuring technological radicalness [J]. Research Policy, 2005, 34（5）：717—737.
75. Dixon N.M. Common Knowledge：How Companies Thrive on Sharing What They Know [M]. Cambridge：Harvard University Press, 2000：30—32.
76. Davis, J.L., Harrison, S.S. Edison in the boardroom：How leading companies realize value from their intellectual assets [M]. New

York: John Wiley & Sons, 2001.

77. Drechsler, W., Natter, M. Understanding a firm's openness decisions in innovation [J]. Journal of Business Research, 2012, 65 (3): 438—445.

78. Enkel, E., Lenz, A. Open Innovation Metrics System [C/OL]. in Proceedings of the R&D Management Conference, Vienna, Austria. [2009-06-24]. http: //www.epo.org/about-us/annual-reports-statistics/statistics.html.

79. Ethiraj, S.K., Ramasubbu, N., Krishnan, M.S. Does complexity deter customer-focus? [J]. Strategic Management Journal, 2012 (33): 137—161.

80. Ebersberger, B., Bloch, C.W., Herstad, S.J., van de Velde, E. Open innovation practices and their effect on innovation performance [J]. International Journal of Innovation and Technology Management, 2012, 9 (6): 1—22.

81. Ensign, P.C., Lin, C.D., Chreim, S., Persaud, A. Proximity, knowledge transfer, and innovation in technology-based mergers and acquisitions [J]. International Journal of Technology Management, 2014, 66 (1): 1—31.

82. Ethereum White Paper. A next-generation smart contract and decentralized application platform [R/OL]. [2015-11-12]. https: //github.com/ethereum/wiki/wiki/White-Paper.

83. Eric Davidson. Hive mentality or blockchain bloat [J]. New Scientist, 2015, 228 (3043): 52.

84. Fan, J.P.H., Goyal, V.K. On the patterns and wealth effects of vertical mergers [J]. The Journal of Business, 2006, 79 (2): 877—902.

85. Fang, E., Pamaltier, R.W., Evans, K.R. Influence of customer participation on creating and sharing of new product value [J]. Journal of the Academy of Marketing Science, 2008, 36 (3): 322—336.

86. Felin, T., Zenger, T.R. Closed or open innovation? Problem solving

and the governance choice [J]. Research Policy, 2014, 43(5): 914—925.
87. Festel, G., Schicker, A., Boutellier, R. Performance improvement in pharmaceutical R&D through new outsourcing models [J]. Journal of Business Chemistry, 2010, 7(2): 89—96.
88. Fetterhoff, T.J., Voelkel, D. Managing open innovation in biotechnology [J]. Research-Technology Management, 2006, 49(3): 14—18.
89. F. Piller, P. Schubert, M. Koch, K. Moslein. Overcoming mass confusion: Collaborative customer co-design in online communities [J]. Journal of Computer-Mediated Communication, 2005, 10(4): 257—284.
90. Fosfuri, A. The licensing dilemma: understanding the determinants of the rate of technology licensing [J]. Strategic Management Journal, 2006, 27(12): 1141—1158.
91. Goya, E., Vayá, E., Suriñach, J. Do sectoral externalities affect firm productivity regardless of technology level? evidence from Spain [J]. Cuadernos económicos de ICE, 2012(84): 57—76.
92. Granstrand, O. The Economics and Management of Intellectual Property: Towards Intellectual Capitalism [M]. Cheltenham: Edward Elgar, 1999.
93. Granstrand, O., Holgersson, M. The challenge of closing open innovation-the intellectual property disassembly problem [J]. Research Technology Management, 2014, 57(5): 19—25.
94. Greene, W.H. Econometric Analysis, 2nd ed [M]. New York, NY: Macmillan, 1993.
95. Guimón, J., Salazar-Elena, J.C. Collaboration in innovation between foreign subsidiaries and local universities: evidence from Spain [J]. Industry and Innovation, 2015, 22(6): 445—466.
96. Gans, J.S., Hsu, D.H., Stern, S. The impact of uncertain intellectual property rights on the market for ideas: Evidence from patent grant

delays [J]. Management Science, 2008, 54（5）：982—997.
97. Garcia Martinez, M., Lazzarotti, V., Manzini, R., Sánchez García, M. Open innovation strategies in the food and drink industry: determinants and impact on innovation performance [J]. International Journal of Technology Management, 2014, 66（2—3）：212—242.
98. Gassmann, O., Enkel, E. Open Innovation [J]. ZfO Wissen, 2006, 3（75）：132—138.
99. Geroski, P.A. Innovation, Technological Opportunity, and Market Structure [J]. Oxford Economic Papers, New Series, 1990, 42（3）：586—602.
100. Gooroochurn, N., Hanley, A. A Tale of Two Iteratures: Transaction Costs and Property Rights in Innovation Outsourcing [J]. Research Policy, 2007, 36（10）：1483—1495.
101. Gadde, L.E. Strategizing at the Boundaries of Firms [J]. The IMP Journal, 2014, 8（2）：51—63.
102. Galasso, A., Schankerman, M., Serrano, C.J. Trading and enforcing patent rights [J]. The RAND Journal of Economics, 2013, 44（2）：275—312.
103. Garriga, H., von Krogh, G., Spaeth, S. How constraints and knowledge impact open innovation [J]. Strategic Management Journal, 2013, 34（9）：1134—1144.
104. Gassmann, O., Reepmeyer, G., von Zedtwitz, M. Leading Pharmaceutical Innovation: Trends and Drivers for Growth in the Pharmaceutical Industry, 2nd revised edition（1st ed. in 2004）[M]. Berlin: Springer, 2008.
105. Gomes, C.M., Kruglianskas, I., Scherer, F.L. Analysis of the relationship between practices of managing external sources of technology information and indicators of innovative performance [J]. International Journal of Innovation Management, 2011, 15（4）：709—730.
106. Granstrand, O., Patel, P., Pavitt, K. Multi-technology corporations:

why they have distributed rather than distinctive core competencies [J]. California Management Review, 1997, 39（4）：8—25.

107. Grant, R.M., Baden-Fuller, C. A knowledge accessing theory of strategic alliances [J]. Journal of Management Studies, 2004, 41（1）：61—84.

108. Griliches, Z. Patent statistics as economic indicators: a survey [J]. Journal of Economic Literature, 1990, 28（4）：1661—1707.

109. Grimpe, C., Hussinger, K. Resource complementarity and value capture in firm acquisitions: The role of intellectual property rights [J]. Strategic Management Journal, 2014, 35（12）：1762—1780.

110. Guadamillas, F., Donate, M.J., Sánchez de Pablo, J.D. Knowledge management for corporate entrepreneurship and growth: a case study [J]. Knowledge and Process Management, 2008, 15（1）：32—44.

111. Gupta, A.K., Smith, K.G., Shalley, C.E. The interplay between exploration and exploitation [J]. Academy of Management Journal, 2006, 49（4）：693—706.

112. Hagedoorn, J., van Kranenburg, H., Osborn, R.N. Joint patenting amongst companies-exploring the effects of inter-firm R&D partnering and experience [J]. Managerial and Decision Economics, 2003, 24（2/3）：71—84.

113. Hall, B., Jaffe, A., Trajtenberg, M. The NBER patent citations data file: lessons, insights and methodological tools [Z]. Working paper, National Bureau of Economic Research, 2001.

114. Hall, B., Jaffe, A., Trajtenberg, M. Market value and patent citations [J]. The RAND Journal of Economics, 2005, 36（1）：16—38.

115. Hargadon, A., Sutton, R.I. Technology brokering and innovation in a product development firm [J]. Administrative Science Quarterly, 1997, 42（4）：716—749.

116. He, Z.L., Wong, P.K. Exploration vs. exploitation: an empirical test of the ambidexterity hypothesis [J]. Organization Science, 2004,

15（4）：481—494.
117. Henderson, R.M., Clark, K.B. Architectural innovation: the reconfiguration of existing product technologies and the failure of established firms［J］. Administrative Science Quarterly, 1990, 35（1）：9—30.
118. Herzog, P., Leker, J. Open and closed innovation-different innovation cultures for different strategies［J］. International Journal of Technology Management, 2010, 52（3/4）：322—343.
119. Hoang, H., Rothaermel, F.T. Leveraging internal and external experience: exploration, exploitation, and R&D project performance［J］. Strategic Management Journal, 2010, 31（7）：734—758.
120. Hoberg, G., Phillips, G. Product Market Synergies and Competition in Mergers and Acquisitions: A Text-Based Analysis［J］. Review of Financial Studies, 2010, 23（10）：3773—3811.
121. Howells, J., Gagliardi, D., Malik, K. Sourcing knowledge: R&D outsourcing in UK pharmaceuticals［J］. International Journal of Technology Management, 2012, 59（1/2）：139—161.
122. Huang, F., Rice, J. The role of absorptive capacity in facilitating "open innovation" outcomes: A study of Australian SMEs in the manufacturing sector［J］. International Journal of Innovation Management, 2009, 13（2）：201—220.
123. Hung, S.W., Tang, R.H. Factors affecting the choice of technology acquisition mode: an empirical analysis of the electronic firms of Japan, Korea and Taiwan［J］. Technovation, 2008, 28（9）：551—563.
124. H. Chesbrough, W. Vanhaverbeke, J. West（Eds.）. Open innovation: Researching a New Paradigm［M］. Oxford: Oxford University Press, 2016：1—12.
125. Hakonsson H. Industrial Technological Development: A Network Approach［M］. London: Croom Helm, 1987：132—136.
126. Jinho C., Ahn S.H., Min S.C. The Effects of Network Characteristics

on Performance of Innovation Clusters [J]. Expert Systems with Applications, 2013, 40(11): 4511—4518.
127. Jawroski, B.J., Kohli, A.K. Market orientation: antecedents and consequences [J]. Journal of Marketing, 1993, 57(3): 53—70.
128. Jacobides, M.G., Knudsen, T., Augier, M. Benefiting from innovation: Value creation, value appropriation and the role of industry architectures [J]. Research Policy, 2006, 35(8): 1200—1221.
129. Jaffe, A., Trajtenberg, M., Henderson, R. Geographic localization of knowledge spillovers as evidenced by patent citations [J]. Quarterly Journal of Economics, 1993, 108(3): 577—598.
130. Jaspers, F., Prencipe, A., van den Ende, J. Organizing Interindustry Architectural Innovations: Evidence from Mobile Communication Applications [J]. Journal of Product Innovation Management, 2012, 29(3): 419—431.
131. Johnstone, N., Haščič, I., Poirier, J., Hemar, M., Michel, C. Environmental policy stringency and technological innovation: evidence from survey data and patent counts [J]. Applied Economics, 2012, 44(17): 2157—2170.
132. Kale, P., Singh, H., Perlmutter, H. Learning and protection of proprietary assets in strategic alliances: building relational capital [J]. Strategic Management Journal, 2000, 21(3): 217—237.
133. Kaplan, S., Vakili, K. Identifying breakthroughs: cognitive vs. economic [Z]. Working paper, DRUID 2012, Denmark.
134. Katila, R., Ahuja, G. Something old, something new: a longitudinal study of search behavior and new product introduction [J]. Academy of Management Journal, 45(6): 1183—1194.
135. Khansa, L. M & As and market value creation in the information security industry [J]. Journal of Economics and Business, 2015, 82: 113—134.
136. Kim, C., Song, J. Creating new technology through alliances: an

empirical investigation of joint patents [J]. Technovation, 27（8）：461—470.
137. Kirchhoff, M., Schiereck, D. Determinants of M & A Success in the Pharmaceutical and Biotechnological Industry [J]. The IUP Journal of Business Strategy, 2011, 8（1）：25—50.
138. Kleyn, D., Kitney, R., Atun, R. Partnership and innovation in the life sciences [J]. International Journal of Innovation Management, 2007, 11（2）：323—347.
139. Kraft D. Difficulty control for blockchain-based consensus systems [J]. Peer-to-Peer Networking and Applications, 2016, 9（2）：397—413.
140. Katz B., Wagner J. The rise of innovation districts: A new geography of innovation in America [R]. Brookings Report, 2014.
141. Kypriotaki K.N., Zamani E.D., Giaglis G.M. From Bit-coin to decentralized autonomous corporations: extendingthe application scope of decentralized peer-to-peer networks and blockchains [C]. Proceedings of the 17th International Conference on Enterprise Information Systems（ICEIS2015）, 2015, 3：284—290.
142. Kurt T. Dirks, Donald L. Ferrin. The Role of Trust in Organizational Settings [J]. Organization Science, 2001, 12（4）：450—467.
143. Larsson R., Bengtsson L., Henriksson K., Sparks J. The interorganizational learning dilemma: collective knowledge development in strategic alliances [J]. Organization Science, 1998（9）：285—305.
144. Laursen, K., Salter, A. Open for innovation: the role of openness in explaining innovation performance among U.K. manufacturing firms [J]. Strategic Management Journal, 2006, 27（2）：131—150.
145. Laursen, K., Salter, A. The paradox of openness: Appropriability, external search and collaboration [J]. Research Policy, 2014, 43（5）：867—878.
146. Lee, S., Park, G., Yoon, B., Park, J. Open innovation in SMEs-

An intermediated network model [J]. Research Policy, 2010, 39 (2): 290—300.
147. Leten, B., Belderbos, R., Van Looy, B. Technological diversification, coherence, and performance of firms [J]. Journal of Product Innovation Management, 2007, 24 (6): 567—579.
148. Lew, Y.K., Sinkovics, R.R., Yamin, M., Khan, Z. Trans-specialization understanding in international technology alliances: The influence of cultural distance [J]. Journal of International Business Studies, 2016, 47 (5): 577—594.
149. Leea S., Parkb G., Yoonc B., et al. Open Innovation in SMEs: An Intermediated Network Model [J]. Research Policy, 2010, 39 (2): 290—300.
150. Lingfei Wu, Dashun Wang, James A. Evans. Large teams develop and small teams disrupt science and technology [J]. Nature, 2019, 566 (2): 378—382.
151. March, J. Exploration and exploitation in organizational learning [J]. Organization Science, 1991, 2 (1): 71—87.
152. Marco, A.C., Rausser, G.C. The Role of Patent Rights in Mergers: Consolidation in Plant Biotechnology [J]. American Journal of Agricultural Economics, 2008, 90 (1): 133—151.
153. Martinez-Noya, A., Garcia-Canal, E., Guillen, M.F. International R&D service outsourcing by technology-intensive firms: Whether and where? [J]. Journal of International Management, 2012, 18 (1): 18—37.
154. Messeni Petruzzelli, A., Natalicchio, A., Garavelli, A.C. Investigating the determinants of patent acquisition in biotechnology: an empirical analysis [J]. Technology Analysis & Strategic Management, 2015, 27 (7): 840—858.
155. Michelino, F., Cammarano, A., Lamberti, E., Caputo, M. Knowledge domains, technological strategies and open innovation

[J]. Journal of Technology Management and Innovation, 2015, 10 (2): 5078.

156. Miller, D.J., Fern, M.J., Cardinal, L.B. The use of knowledge for technological innovation within diversified firms [J]. Academy of Management Journal, 2007, 50 (2): 308—326.

157. Miner, A.S., Bassoff, P., Moorman, C. Organizational improvisation and learning: a field study [J]. Administrative Science Quarterly, 2001, 46 (2): 304—337.

158. Mothe, C., Nguyen-Thi, T.U. Sources of information for organisational innovation: a sector comparative approach [J]. International Journal of Technology Management, 2013, 63 (1/2): 125—144.

159. Martensson M. A Critical Review of Knowledge Management as a Management tool [J]. Journal of Knowledge Management, 2000, 4 (3): 204—216.

160. McCullagh, P., Nelder, J.A. Generalized Linear Models [M]. 2th ed. New York: Chapman and Hall/CRC, 1989.

161. Makri, M., Hitt, M.A., Lane, P.J. Complementary technologies, knowledge relatedness, and invention outcomes in high technology mergers and acquisitions [J]. Strategic Management Journal, 2010, 31 (6): 602—628.

162. Nakamura, M. Research alliances and collaborations: introduction to the special issue [J]. Managerial and Decision Economics, 2003, 24 (2/3): 47—49.

163. Nelder, J. A., Wedderburn, R.W. Generalized Linear Models [J]. Journal of the Royal Statistical Society, 1972, 135 (3): 370—384.

164. Ostrom, E. Toward a behavioral theory linking trust, reciprocity and reputation [C] //Ostrom, E., Walker, J. (Eds.) Trust and Reciprocity. New York: Russell Sage Foundation, 2003: 19—79.

165. Patrick Das, Robert Verburg, Alexander Verbraeck, Lodewijk Bonebakker. Barriers to Innovation within large financial services

firms: An indepth study into disruptive and radical innovation projects at bank [J]. 2018, 21 (1): 96—112.
166. Piga, C. A., Vivarelli, M. Internal and External R&D: A Sample Selection Approach [J]. Oxford Bulletin of Economics and Statistics, 2004, 66 (4): 457—482.
167. Quinn, J.B., Hilmer, F.G. Strategic outsourcing [J]. Sloan Management Review, 1994, 35 (4): 43—55.
168. Rothaermel, F.T. Incumbent's Advantage Through Exploiting Complementary Assets via Interfirm Cooperation [J]. Strategic Management Journal, 2001, Special Issue 22: 687—699.
169. Rosenkopf, L., Nerkar, A. Beyond local search: boundary-spanning, exploration, and impact in the optical disk industry [J]. Strategic Management Journal, 2001, 22 (4): 287—306.
170. Roy, S., Sivakumar, K. Managing Intellectual Property in Global Outsourcing for Innovation Generation [J]. Journal of Product Innovation Management, 2011, 28 (1): 48—62.
171. Rothaermel, F.T., Deeds, D.L. Exploitation and Exploration Alliances in Biotechnology: A System of New Product Development [J]. Strategic Management Journal, 2001 (25): 201—221.
172. Stefano B., Francesco L. Localized Knowledge Spillovers vs. Innovative Milieu: Knowledge Tackiness Reconsidered [J]. Papers in Regional Science, 2001, 90 (2): 255—273.
173. Santalo, J., Becerra, M. Competition from specialized firms and the diversification-performance linkage [J]. The Journal of Finance, 2008, 63 (2): 851—883.
174. Santamaría, L., Nieto, M.J., Barge-Gil, A. The relevance of different open innovation strategies for R&D performers [J]. Cuadernos de Economíay Dirección de la Empresa, 2010, 13 (45): 93—114.
175. Schroll, A., Mild, A. Open innovation modes and the role of internal R&D: An empirical study on open innovation adoption in

Europe [J]. European Journal of Innovation Management, 2010, 14（4）：475—495.
176. Sears, J., Hoetker, G. Technological overlap, technological capabilities, and resource recombination in technological acquisitions [J]. Strategic Management Journal, 2014, 35（1）：48—67.
177. Shane, S. Technological opportunities and newfirm creation [J]. Management Science, 2001, 47（2）：205—220.
178. Sosa, M.E., Eppinger, S.D., Rowles, C.M. The misalignment of product architecture and organizational structure in complex product development [J]. Management Science, 2004, 50（12）：1674—1689.
179. Spithoven, A., Frantzen, D., Clarysse, B. Heterogeneous Firm-Level Effects of Knowledge Exchanges on Product Innovation: Differences between Dynamic and Lagging Product Innovators [J]. Journal of Product Innovation Management, 2010, 27（3）：362—381.
180. Spithoven, A., Vanhaverbeke, W., Roijakkers, N. Open innovation practices in SMEs and large enterprises [J]. Small Business Economics, 2013, 41（3）：537—562.
181. Stettner, U., Lavie, D. Ambidexterity under scrutiny: Exploration and exploitation via internal organization, alliances, and acquisitions [J]. Strategic Management Journal, 2014, 35（13）：1903—1929.
182. Stiebale, J., Trax, M. The effects of cross-border M&As on the acquirers' domestic performance: firm-level evidence [J]. Canadian Journal of Economics, 2011, 44（3）：957—990.
183. Stolwijk, C.C.M., Vanhaverbeke, W.P.M., Ortt, J.R., Pieters, M.W., den Hartigh, E., van Beers, C. The effect of internal and external technology sourcing on firm performance throughout the technology life cycle [J]. Technology Analysis & Strategic Management, 2012, 24（10）：1013—1028.
184. Su, Y.S., Tsang, E.W.K., Peng, M.W. How do internal capabilities and external partnerships affect innovativeness? [J]. Asia Pacific

Journal of Management, 2009, 26（2）：309—331.

185. Stiebale, J. The impact of cross-border mergers and acquisitions on the acquirers' R&D-Firm-level evidence［J］. International Journal of Industrial Organization, 2013, 31（4）：307—321.

186. Swan M. Blockchain thinking：the brain as a decentralized autonomous corporation［J］. IEEE Technology and Society Magazine, 2015, 34（4）：41—52.

187. Satoshi Nakamoto. Bitcoin：A Peer-to-Peer Electronic Cash System［J］. Consulted, 2008.

188. Sleuwaegen L, Boiardi P. Creativity and regional innovation：Evidence from EU regions［J］. Research Policy, 2014, 43：1508—1522.

189. Trajtenberg, M., Henderson, R., Jaffe, A. Ivory tower versus corporate lab：an empirical study of basic research and appropriability［Z］. Working paper, National Bureau of Economic Research, 1992.

190. Trajtenberg, M., Jaffe, A., Henderson, R. University versus corporate patents：a window on the basicness of invention［J］. Economics of Innovation and New Technology, 1997, 5（1）：19—50.

191. Teirlinck, P., Spithoven, A. The spatial organization of innovation：open innovation, external knowledge relations and urban structure［J］. Regional Studies, 2008, 42（5）：689—704.

192. Teirlinck, P., Spithoven, A. Research collaboration and R&D outsourcing：Different R&D personnel requirements in SMEs［J］. Technovation, 2013, 33（4/5）：142—153.

193. Teirlinck, P., Poelmans, E. Open innovation and firm performance in small-sized R&D active companies in the chemical industry：the case of Belgium［J］. Journal of Business Chemistry, 2012, 9（3）：117—132.

194. Teece, D.J. Profiting from technological innovation：implications for integration, collaboration, licensing and public policy［J］. Research Policy, 1986（15）：285—305.

195. Teece, D.J. Capturing value from knowledge assets: the new economy, markets for know-how, and intangible assets [J]. California Management Review, 1998, 40 (3): 55—79.
196. van Beers, C., Zand, F. R&D Cooperation, Partner Diversity, and Innovation Performance: An Empirical Analysis [J]. Journal of Product Innovation Management, 2014, 31 (2): 292—312.
197. van de Vrande, V., de Jong, J.P.J., Vanhaverbeke, W., de Rochemont, M. Open Innovation in SMEs: Trends, Motives and Management Challenges [J]. Technovation, 2009, 29 (6/7): 423—437.
198. Veugelers, R., Cassiman, B. Make and buy in innovation strategies: evidence from Belgian manufacturing firms [J]. Research Policy, 1999, 28 (1): 63—80.
199. Wilson D., Ateniese G. From pretty good to great: enhancing PGP using Bitcoin and the blockchain [C]. Proceedings of the 9th International Conference on Network and Sys-tem Security. NewYork: Springer International Publishing, 2015, 9408: 368—375.
200. Watts D.J., Strogatz S.H. Collective Dynamics of Small-World Networks [J]. Nature, 1998, 393: 397—498.
201. West, J. Does appropriability enable or retard open innovation? [C] //H. Chesbrough, W. Vanhaverbeke, J. West (Eds.). Open innovation: Researching a new paradigm. Oxford: Oxford University Press, 2006.
202. Wubben, E.F.M., Batterink, M., Kolympiris, C., Kemp, R.G.M., Omta, O.S.W.F. Profiting from external knowledge: the impact of different external knowledge acquisition strategies on innovation performance [J]. International Journal of Technology Management, 2015, 69 (2): 139—165.
203. Xu, S., Wu, F., Cavusgil, E. Complements or Substitutes? Internal Technological Strength, Competitor Alliance Participation, and Innovation Development [J]. Journal of Product Innovation

Management, 2013, 30（4）: 750—762.
204. Yamakawa, Y., Yang, H., Lin, Z. Exploration versus exploitation in alliance portfolio: Performance implications of organizational, strategic, and environmental fit［J］. Research Policy, 2011, 40（2）: 287—296.
205. Yang, H., Zheng, Y., Zhao, X. Exploration or exploitation? Small firms'alliance strategies with large firms［J］. Strategic Management Journal, 2014, 35（1）: 146—157.
206. Zhang, J. Facilitating exploration alliances in multiple dimensions: the influences of firm technological knowledge breadth［J］. R&D Management, 2016, 46（S1）: 159—173.
207. Zhou, K.Z., Wu, F. Technological capability, strategic flexibility, and product innovation［J］. Strategic Management Journal, 2010, 31（5）: 547—561.
208. Zyskind G., Nathan O., Pentland A.S. Decentralizing privacy: using blockchain to protect personal data［C］//Proceedings of the 2015 IEEE Security and Privacy Workshops（SPW2015）, San Jose, CA: IEEE, 2015. 180—184.
209. Zeger, S. L., Liang, K. Longitudinal Data Analysis For Discrete and Continuous Outcomes［J］. Biometrics, 1986, 42（1）: 121—130.
210. Zanini M., Migueles C.P. Trust as an element of informal coordination and its relationship with organizational performance［J］. Economia, 2013, 14（2）: 77—87.
211. Francesco D.S., Menendez J.F., Duarte A.R., et al. Testing the Schumpeterian hypotheses on an open innovation framework［J］. Management Decision, 2012, 50（7）: 1222—1232.
212. Gambardella Alfonso, Giarratana Marco S. General technological capabilities, product market fragmentation, and markets for technology［J］. Research Policy, 2013, 42（2）: 315—325.
213. Teece D.J. Profiting from technological innovation: Implications for integration, collaboration, licensing and public policy［J］. Research

Policy, 1986, 15（6）：285—305.
214. Murray E. Jennex. Knowledge Exchange in Networks of Practice ［R］. Knowledge Management Concepts Methodologies Tools & Applications, 2008.
215. Nishaal Gooroochurn, Aoife Hanley. A tale of two literatures: Transaction costs and property rights in innovation outsourcing ［J］. Research Policy, 2007, 36（10）：1483—1495.
216. Ulrich Lichtenthaler. Alliance portfolio capability: a conceptual framework for the role of exploration or exploitation alliances ［J］. Journal of Strategy and Management, 2008, 9（3）：281—301.
217. Anne-Laure Mention. Co-operation and co-opetition as open innovation practices in the service sector: Which influence on innovation novelty? ［J］. Technovation, 2011, 31（1）：44—53.
218. James H. Love, Stephen Roper. Internal Versus External R&D: A Study of R&D Choice with Sample Selection ［J］. International Journal of the Economics of Business, 2012, 9（2）：239—255.
219. Enkel E., Gassmann O. Driving Open Innovation in the Front End: The IBM Case ［Z］. Working Paper, University of St, Gallen, 2008.
220. Fleming, L. Recombinant uncertainty in technological search ［J］. Management Science, 2001, 47（1）：117—132.
221. Agostini, L., Caviggioli, F. R&D collaboration in the automotive innovation environment ［J］. Management Decision, 2015, 53（6）：1224—1246.
222. Rebecca M. Henderson, Kim B. Clark. Architectural Innovation: The Reconfiguration of Existing Product Technologies and the Failure of Established Firms ［C］. Administrative Science Quarterly, 35（1）, Special Issue: Technology, Organizations, and Innovation 1990（3）：9—30.
223. Miller, D.J. Technological diversity, related diversification, and firm performance ［J］. Strategic Management Journal, 2006, 27（7）：601—619.

后　记

　　天边已经泛白，窗外的鸟儿在清晨欢快地叫着，看着天空一点一点亮起来，我忽然有种豁然开朗的感觉。作为政府决策咨询工作者，我的主要职责就是围绕市委、市政府的中心工作深入一线开展调查研究，通过运用综合分析、总体归纳、理论提升、创新思维，以此形成政策咨询报告，为发布的政策文件提供智力支持和理论支撑。从事政府的决策咨询工作需要有强烈的使命感、创新精神和协调能力。"周虽旧邦，其命维新。"这种使命感需要以人民为中心，不断实现人民对美好生活的向往。"以史为鉴，开创未来。"这种工作精神就是不断创新，用辩证唯物主义和历史唯物主义世界观和方法论，正确处理改革与发展、实践与理念、创新与发展的关系。"高树靡阴，独木不林。"这种协调能力就是实现同事、部门间的协作，技术赋能合作，数字触发转型，将创新的思维和创造的流程升级为集体的结晶。使命感、创新精神和协调能力是政府决策咨询工作必不可少的要素。

　　刚刚博士毕业时，我在从事政府决策咨询工作时面临许多困难。从学术研究到政策研究，是一个话语体系的转变。学术研究是"过程导向"，讲究精准、精确、精细。要从已有的研究成果中找到理论发展的方向，解决或者验证"过程"。从因果论的角度理解，是要弄清楚原因如何导致结果。而决策研究则是"结果导向"，讲究高效、快速、可操作，要从发生的问题、困难、瓶颈入手，关键是如何解决问题。从因果论的角度理解，就是要得到可以实施的结果。初期我面对政策研究时有一个很大困惑，为何我国的政策研究成果中必然有一章节是对国外的经验借鉴，无论是来源于新加坡的公积金政策，还是来源于英国的 PPP 政策等，似乎每一个政策的实施必须要找到一个国外范本，才可以操作。想到我国拥有五千年灿烂文明，为何仅仅因为历经一百多年的沉睡，就经常出现崇洋的现象，不免有心酸之感。其实，我国改革开放后，经济社会发展取得的巨大成就已超出了西方经济学理论的视域。实践是检验真理的唯一标准，为何我们在 21 世纪仍有部分领域和部分学科将西方标准作为国际标准？面对这一困惑，直到"四个自信"的提出，其道路自信、理论自信、制度自信、文化自信的内涵直击我的内心；学术领域开始纠正崇洋的风气，政策实施开始以高度自信讲好中国故事为中心，终于呈现了令人振奋的新时代、新气象。

从学术思维角度来看，如果将完成一项工作看成创新的过程，实现创新需要协作，就涉及几个重要的问题：创新的过程是怎样的？协作的目标是什么？如何协作？如何实现成功协作？传统观念中，将创新、研发等词汇默认为自然科学领域的专属，似乎只有研发新产品、改进工艺流程、试验新品种等活动才是创新。这是由于自然科学与人文科学在评判标准上的差别所导致。自然科学的创新具有二元（0—1）评判标准性和溯源性。例如，在芯片制造环节，7 纳米、5 纳米等不同规格的核心芯片能够研制生产出来，就是创新的成功；反之，没有研制生产出来，就是没有实现创新。但是，在人文社科领域，不具有简单易得的评判标准，更多需要长时间的积累、沉淀，或是潜移默化，或是国际通行等多种形式，形成共识之后，才作为评判标准，更强调影响力。这也是人文社科领域创新活动一定难以被界定的根本原因。

特别是在决策咨询领域，观察现有的经济社会发展现状，总结、归纳、分析、预判未来的发展趋势，制定推动经济社会发展的政

| 后 记

策，也是一项重要的创新活动。

基于此，我怀揣着父亲一直倡导的"将工作当作学问做"的理念，将完成一项政策研究工作视为完成一项创新活动，在自己平时的工作实践中，观察、体会完成政策研究所需处理的组织关系、层级关系、合作关系等。多年的工作感悟使我认识到，在一个偏向行政机关化的研究机构中，个人的实践调研、理论探索、创新能力固然重要，但是在工作中并不能起到决定性作用。真正影响创新活动成功的关键因素是在实践活动中融合和参与主体之间的组织关系、情感关系。用学术名词可以表示为社会关系、人际关系、技术关系、认知关系等。由此，激发了我对创新和协作机制的兴趣。

某个周日的午后，无意中在街边的书店看到了《知识经济与创新人才》《开放式创新》等书，也许是冥冥中的注定，翻阅之后不仅瞬间有了解惑之感，而且结合自己亲身经历，对开放式创新这个概念也有了更深的感悟。要实现每个创新主体高效协作的美好场景，就要引申出"信任"这一概念。小组成员之间的知识能够高效流动的前提是成员之间的信任。经济学、心理学、政治学都对主体之间信任的建立进行了不同的定义，从制度、情感、层级出发，都可以建立信任。先不论从制度、情感、层级建立信任形成的效果如何，其都存在不可量化、非物理性的影响作用。由此激发了我对信任机制的思考：能否构建不受人际情感、层级缺陷影响的信任，使得在创新主体为陌生人、关系不好的同事、具有技术竞争关系的同行等情况下，也能为实现创新成果而形成较好的协作机制。

2016年，区块链一词开始兴起，这个源于比特币的技术名词突然成为当年的"热词"。区块链并不是一个新技术，是由较多已经成熟的技术重新组合而成。区块链技术让我看到了解决信任机制的可能，从制度信任到技术信任，真正解决创新成员之间的协作困难，实现我脑海中一直萦绕的场景。创新小组成员之间不必在意因内部情绪因素、外部环境而影响知识流动，最后也能完成创新工作，形成创新成果。带着对这个美好场景的向往，我于 2016 年在复旦大学开展博士后的研究工作，选择了关于开放式创新的研究，对开放式创新的分布式协作机制开始了研究和思考。

毋庸讳言，每一本书的付梓都不是一帆风顺的，每一项成果的产生都有着背后的逆境和艰辛。艰难困苦，玉汝于成。在写作的途中，繁重的工作、艰苦的环境就像打磨玉石一样磨砺我的意志。以最大的努力、最真的态度开展研究工作，是我一直以来的坚持。虽然，繁重又紧迫的工作常让我陷入疲惫之困，但为了著作的连续性、完整性，我仍在例行工作完成后继续开展研究工作至深夜。坎坷挫折令人痛苦，但也能使人"穷且益坚，不坠青云之志"，不断追求卓越。

在写作路途上，"行之力则知愈进，知之深则行愈达"，以知促行，以行促知，知行合一，是大道之行。人的实践活动都是依据所认知的事物，实践越深入则认知越深入，生产活动如此，写作活动亦然。认知越深入则实践越广博。学习与协作，实践与理论，必然始终相互随行。这正是"天行健，君子以自强不息；地势坤，君子以厚德载物"的辩证统一关系。

在写作路途上，唯改革者进，唯创新者强，唯改革创新者胜。写作的过程，也是折射出不断更新自己，主动适应时代，积极提升创新思维的进程。这在写作过程中，表现为文字的张力。潜藏在内的心灵，方能与时俱进，锐意进取，勤于探索，勇于实

后 记

践，达到"苟日新、日日新、又日新"的新境界。

唯谨记，"事者，生于虑，成于务，失于傲"。伟大梦想不是等来的、喊来的，而是拼出来的、干出来的。

专著付梓之时，感谢引航指路的各位导师，让我以更专业、更深刻的视角思考政策研究工作；感谢帮助我的各位同仁、编辑，让我在完成书稿过程中精益求精、勤耕不辍。写作过程中每一时每一刻的感受，都是完成本书最好的见证，感谢这段美好的时光！

潘闻闻
2021年9月于上海

图书在版编目(CIP)数据

耦合型开放式创新协作机制研究 / 潘闻闻著.— 上海：上海社会科学院出版社，2022
ISBN 978-7-5520-3783-8

Ⅰ.①耦… Ⅱ.①潘… Ⅲ.①创新管理—研究 Ⅳ.①F273.1

中国版本图书馆 CIP 数据核字(2022)第 002076 号

耦合型开放式创新协作机制研究

著　　者：	潘闻闻
责任编辑：	曹艾达
封面设计：	周清华
出版发行：	上海社会科学院出版社
	上海顺昌路 622 号 邮编 200025
	电话总机 021-63315947 销售热线 021-53063735
	http://www.sassp.cn E-mail：sassp@sassp.cn
照　　排：	南京理工出版信息技术有限公司
印　　刷：	上海新文印刷厂有限公司
开　　本：	890 毫米×1240 毫米 1/32
印　　张：	8.875
插　　页：	2
字　　数：	210 千
版　　次：	2022 年 1 月第 1 版　2022 年 1 月第 1 次印刷

ISBN 978-7-5520-3783-8/F·693　　　　　　　定价：69.00 元

版权所有　翻印必究